ラテン語入門

呉 茂一 著

岩波全書 172

はしがき

　すでに岩波全書には，田中・松平兩氏著「ギリシア語入門」があるので，本書はその體裁，要綱とも大體これに倣って，ラテン語文法の概要を讀者に提示し，直接にローマ古典を讀むための準備楷梯たらんことを期した．本來からいうと秩序をととのえた文法のほうがはるかに通鑑にも參照にも便であるが，入門としてはやはり階次的に練習をつみながら進むのが適當と考えられるので，この方法をとることにした次第である．練習問題として，和文羅譯はおのずから制限があり，なるべく容易なものを擇び，主としてその項目の知識を復習記憶させるのを主眼としたが，羅文和譯のほうは，努めて古典に準じ，ことにキケロー，カエサル，その他古典期の作家からの引用を支援とした．句が多く接續法がすぐに飛び出すラテン文章の特質から，いきおい長い文章はかなり進んでからでないと，古典作家からは求め得ないので，初歩のうちは多少とも無味乾燥の弊を免れがたいとも思惟されるが，若干のカトゥルス，ホラーティウスなど詩人からの引用はその間の息拔きともなろうか．もとより入門書とて文法の委細をつくすことは期していないので，さらに一歩を進めんとされる學者には，下に記す歐米のラテン文法書を閱讀されようことを勸める．

　なお例文，問題については卷尾に添えた羅和，和羅の兩語彙をたえず參照されたく，また文法に關する事項のためには要項一覽を附して參考とした．その他動詞變化はギリシア語は固よりながら，ラテン語でも相當に厄介なので，動詞變化基本形表をも參照され，完了幹，過去分詞幹の出來かた，ありかたを把握されるよう（不明の場合は基本形表について檢べられたい）お勸めする．

　その他種々不足なところ，可能な過誤，誤植などについては，幸に著者または發行所まで御敎示に預りたい．なお出刊にあたり種々

助力を與えられ，支援を吝まれなかった岩波書店の方々，わけても波木居齊二氏，城塚榮子氏，および面倒な語彙の作成に協力された仲澤規雄氏らに，著者の深甚な謝意をささげる．

昭和二十七年五月　　　　　湘南寓居において

呉　茂　一

今回の増刷に際して

初刊後早くも十數年を經て活字の鎖磨も時に見られ，かつまた母音長音符の調整も考慮すべく若干の訂正や更改を可とする點など，版を改めるに當たってその機を與えられたことを岩波書店の方々に謝しなければならない．また全體に亙り委細の檢討を加えられた北海道大の田中利光君，東大の井上忠君その他の方々にも併せて著者の謝意をこの機會に表すことをゆるされたい．

昭和四十三年　秋

著者併記

参 考 文 献

(A. は高級. M. は中等程度. P. は初歩.)

ラテン文法書
1. Sloman, A.: A Grammar of Classical Latin. Cambridge (M.)
2. Gildersleeve-Lodge: A Latin Grammar. Macmillan, London (M.)
3. Harkness, A.: A Complete Latin Grammar. New York. (M.)
4. Kieckers, E.: Historische lateinische Grammatik. Max Hueber, München (A.)
5. Kühner, R.: Ausführliche Grammatik d. latein. Sprache in 3 Bden. Hahn, Hannover. (A.)
6. Sommer, Ferdinand: Handbuch d. latein. Laut- u. Formenlehre. 3. Aufl. 1914, K. Winter, Heidelberg. (A.)
7. Leumann-Hofmann-Szantyr: Lateinische Grammatik. 1963-4. (Müller'sche Handbuch d. Altertums wissenschaft) Beck, München. (A.)
8. Skutsch, Fr.: Die lateinische Sprache (Die Kultur d. Gegenwart. I. VIII. 3.) 1912. Teubner. (M.—A.)
9. Stolz-Debrunner: Geschichte d. latein. Sprache[3]. (Samml. Göschen 492), 1953, W. Gruyter. Berlin. (A.)
10. Meillet, A.: Esquisse d'une histoire de la langue latine[5]. 1948. Paris. (M.—A.)
11. Niedermann, M.: Historische Lautlehre d. Lateinischen[3]. 1953, C. Winter, Heidelberg. (A.)
12. Ernout, A.: Morphologie historique du latin. 1945, Klincksieck, Paris. (A.)
13. Ernout-Thomas: Syntaxe latine. 1951, Klincksieck, Paris. (M.—A.)

14. Juret, A. C.: Système de la syntaxe latine². 1933. Les Belles Lettres, Paris. (A.)

これらのうち 1. 2. 3. は孰れも High School 程度の教科書でそれぞれ特長もあるが，実用的には 2. が一番要領を得ようか．Kieckers は言語学者で比較言語学上の説明に富み，5. は例証に豊かに委細をつくすが，学問的には 7. がもっとも高い水準を示している．6. は純粋に言語学的に解説し，その方面では年代の些か古いのを除けば，最も信拠すべきものである．8, 10 はともに名著の評判が高いラテン語史で，共に近代ロマンス諸語に至るまでのラテン語の諸相を解明し，これを読めば必ず獲るところがあろう．ことに 8 は簡要，9 は当代比較言語学の第一人者たる D が最近に書改めたもの，小冊子ながら内容豊富に，碑文等の実証的資料をよく用いている．11—13 は相並んで現在フランス学界の水準の高さを示す最も新しい業績である．14 はやや旧著となったが資料をよく集め，今なお有益である．11 はフランス版もあり，12 はドイツ訳も出ている．

辞典としてはイギリスでは，Oxford 大学出版部の，Lewis and Short 著の A Latin Dictionary が，いちばん引例に富み，優れているが，初学者には訳語がやや見出しにくい難があるかも知れない．学生用には同出版部でこれを簡約した Elementary Latin Dictionary か，もう少し進んでは同著者の A Latin Dict. for Schools がよいであろう．拉英―英拉をかねた Cassel (Marchant and Charles) も個有名詞を多く含み便利な点もある．ドイツでは Georges の Ausführliches latein-deutsches Handwörterbuch (Hahn, 拉独―独拉とも 4 冊) がもっとも好評であるが，活字が大きいので量のわりに語数は少い．その他 Heinichen, Menge などの Schulwörterbuch (Teubner 版) があるが，それらよりは 1952 年に出た Haas-Kienle の Lat-deutsch. Wörterbuch (Heidelberg, Kerle) が言語学的の説明もあり優れている．フランスでは今のところ F. Gaffiot の Dictionnaire illustré Latin-Français (1934 より) がよかろう，その学生用 D. abrégé もあるが (共に Hachette), これは更に簡略でごく初学用である．

目　　次

- I　ラテン語とは何か …………………… 1
- II　字母．發音．音韻の分類 …………… 3
- III　音節・アクセント・句讀 …………… 8
- IV　動詞の變化：規則動詞の直說法・現在・能動相 ……………………………………11
- V　名詞の變化：第一變化名詞 …………16
  不規則動詞 Dō および Sum の變化
- VI　直說法・能動・未完了過去 …………21
  不定法について (1). Eō, Possum Volō の變化
- VII　第二變化名詞．-o- に終る語幹 ……25
- VIII　規則動詞の未來・直說法・能動． ………30
  語順および疑問文について
- IX　形容詞の變化：第一，第二變化 …………35
- X　動詞の變化：直說法・完了・能動． ……40
- XI　代名詞の變化，および關係代名詞句………46
  關係代名詞，疑問代名詞，不定代名詞
- XII　過去完了および未來完了・直說法・能動．‥51
  不定法およびその用法 (2)
- XIII　第三變化の名詞 (1). -i- 語幹 ……………56

XIV 動詞の變化：接續法・能動相．單文における接續法の意味 ……………62
XV 形容詞の變化：第三變化，-i- 語幹………67
　　人稱代名詞，所有代名詞
XVI 動詞の變化：直說法・受動相．現在，未完了過去，未來 ………………73
XVII 完了受動分詞および Supīnum について ……………………………79
XVIII 動詞の變化：直說法・受動・完了系の三時稱および Deponent Verbs について …………………………85
XIX 第三變化の名詞 (2)．Mute 語幹，および分詞について ……………91
XX 動詞の變化；接續法・受動相．時稱の對應および間接疑問文 ………97
XXI 第三變化の名詞(3)．Sibilant, nasal and liquid stems；第三變化子音幹形容詞……102
XXII 第四變化および第五變化所屬の名詞　前置詞について………………108
XXIII 動詞の變化：命令法．副詞について……115
XXIV 指示代名詞，代名形容詞および數詞について………………………121
XXV "非人稱動詞"，Verba Impersonālia

　　　　およびGerundia, Gerundīvaについて …127
XXVI　形容詞と副詞の"比較"Comparātiō
　　　　について……………………………………134
XXVII　接續詞および文の構造について
　　　　不定法句，理由句……………………………141
XXVIII　目的句，傾向結果句およびその展開……147
XXIX　時の句，CumおよびSiの句．條件文
　　　　の構成について………………………………155
XXX　讓步句，比較句，および間接話法につ
　　　　いて．間接表明における條件文……………163
附錄　I　特異なる變化を示す名詞および動詞に
　　　　ついて …………………………………………174
　　II　ギリシア名詞の變化（ラテン文中にお
　　　　ける）……………………………………………180
　　III　古風な名詞および動詞の語形について　183
　　IV　動詞現在幹の形成法について …………185
　　V　ラテン語における母音交替Ablautに
　　　　ついて……………………………………………188

　　　　　　變　化　表

　　I　名詞の變化 ……………………………195
　　II　形容詞の變化 …………………………202
　　III　代名詞の變化 …………………………206

目次

　　Ⅳ　數詞 …………………………………210
　　Ⅴ　動詞の變化 …………………………214

主要動詞基本形表 ……………………………236
語　彙（羅―和）………………………………248
　　　（和―羅）………………………………293
文法用語索引 …………………………………303
　問題解答 ………………………………………313

I. ラテン語とは何か

ラテン語 Lingua Latīna というのは，つまり古代のローマ市民の用語であって，その地がイタリアの中のラティウム Latium という區域に屬していたことによる名稱である．よってローマ人はまた Latīnī と呼ばれることもあるが，嚴密には Latīnī のほうが內容のひろい名稱である．

ラテン語も文學として廣く用いられるようになった紀元前三世紀頃から中世までその歷史が長く，その間には語形や發音や用法にも非常な變化があるのは當然であろう．一般に正しいラテン語と認定されているのは，その中でも古典時代と呼ばれる，紀元前一世紀から紀元後第二世紀頃の言語で，殊に大雄辯家で多くの著述もあるキケロー Mārcus Tullius Cicerō (106—43 B.C.) や大政治家のカエサル Gāius Iūlius Caesar (102—44 B.C.)，ついで詩文ではウェルギリウス Pūblius Vergilius Marō (70—19 B.C.) やホラーティウス Quīntus Horātius Flaccus (65—3 B.C.) らの作品に用いられているものは標準的なラテン古典文語として重きをなしている．ラテン語は一方公用語として廣くローマ帝國の版圖內に流通し，その滅亡後は地方的分化を遂げて今日のフランス語，イタリア語，スペイン語，ポルトガル語，プロヴァンス語，ルーマニア語等となった．つまりフランス語以下とラテン語とは，現代日本語や琉球語と古事記や萬葉集の言葉との關係に相似た關係に立っているといっても差支えない．言語の推移に重大な交涉をもっているのはこれを使用する種族の受けた內的及び外的な變化である．ことにその文化に對する，社會的政治的な國外からの影響は著しい變化をこれに與える．いまラテン語についてこれを擧げれば，建國當初におけるエトルスキー Etruscī 人と，共和制（殊に後半）時代のギリシア文化との影響はともに注目さるべく，殊にギリシア語とその文物とは，ちょう

ど漢語や漢文化が上代の日本に與えたのに平行する影響力をローマの上に有していた．この點はいろんな場合に記憶さるべきものとして現れよう．

　ラテン語は古くはギリシア語やインドのサンスクリト語，新しくは現代のロシア，ドイツ，イギリスその他歐洲の大部分の地方に行われる言語と等しく，いわゆる印歐語族 Indo-european languages に屬する．その近緣關係はことに音韻變化や重要な單語の語根の同一に顯著であるが，一般にラテン語は原形より見てギリシア語やサンスクリトよりは壞れた狀態を示している．しかしまだまだ相當古い段階を示してはいるので，これら諸語の基本的な理解にラテン語が，またラテン語の理解にそれらが，役立つところは極めて大きい．

II. 字母. 發音. 音韻の分類

§1. 古典期末において常用された**字母** Elementa は次の 23 である。

大文字	小文字	名 稱	音 價
A	a	ā	a, aː
B	b	bē	b
C	c	kē	k
D	d	dē	d
E	e	ē	ɛ, eː
F	f	ef	f
G	g	gē	g
H	h	hā	h
I	i	ī	i, iː ; j
K	k	kā	k
L	l	el	l
M	m	em	m
N	n	en	n
O	o	ō	ɔ, oː
P	p	pē	p
Q	q	kū	k(w)
R	r	er	r
S	s	es	s
T	t	tē	t
V(U)	v(u)	ū	u, uː ; w
X	x	ix	ks
Y	y	ȳ (ȳ psīlon)	y, yː
Z	z	zēta	z

§2.　**ラテン文字**，即ちローマ字はもとギリシア文字から出ていて，その中でも西ギリシア文字系に屬する．しかしその發展途上でエトルスキー人の影響を受けたものと考えられ，ギリシア文字の Γ (〈) を淸音 C にし，のち濁音 G をその變形から造り出したのもその關係からと推察される．キケローの時代までは X までの 21 字だったが，紀元の初めにギリシア語からの借用語に宛てて，Y と Z とが加えられた（尤も Z は古くは使用されたことがある）．

いわゆる**大文字**が大體古く一般に使用された字形を傳えるもので小文字は草書體から後世に區別のため撰り出し，近代の印刷業者の習慣から生じたものである．V を子音に，U を母音に區別使用するのも，J を I の子音に用いるのも同じ習慣による．

§3.　ラテン文字には **K 音**を表すのに，C と K と Q の三文字がある．このうち K は特に A の前に，C は E, I の前に，Q は O, U の前に使用されてそのエトルスキー起源を示していたが，古典期では K は Kalendae 朔日の外は常用されることがなくなった．また Q は專ら qu の結合にのみ用いられ，他の K 音は悉く C で表わされるのが常である．

なお I と V とは，母音にも子音にも同字形が用いられていた（§2 末項參照）．

發　　音

§4.　ラテン語の發音は大體 §1 の右欄に示した音價による．その他の細かい點は次項 §5 について知られたい．なおこの發音は專ら古典時代によったもので，その以後では母音，子音ともに相當の變異がうかがわれることを諒知されたい．その傾向は大體現代のイタリア語やフランス語が示すところと見てよかろう．

母　音　組　織

§5.　**母音** Vōcālēs を表す文字は a, e, i, o, u とギリシアからの

借用語に專ら用いられる y の六字で，この各々に**長音**と**短音**がある（本書では區別するため，本文中の長母音には ā, ē の如く長音符を付けることにしたが，これは便宜上のことで，勿論通例は付されていない）．この音の長短は語形の變化にも意義の相違にも大切なことなので，十分注意して分別されたい．一般に a 以外の母音は，長音では狹く (close)，短音では廣い (open) 傾向にある．

大體にいって a は'ア，アー'，e は'エ，エー'，i は'イ，イー'（日本語のイは甚しく狹い，平たいから，それよりはずっと廣い，ことに短音で然り），u は'ウ，ウー'（日本語のウは正しいウでなく，ウとイの合の子である，從ってもっと唇を丸くすること），o は オ，オーとしてよかろう．

§ 6. その他に若干の**重母音** Diphthongī がある．卽ち本來の重母音には：

  ae⁽¹⁾ [ae] 例 aedēs(アエデース), saeclum(サエクルム)

  oe⁽²⁾ [oe]   poena(ポエナ), foedus(フォエドゥス)

  au⁽³⁾ [au]   Faunus(ファウヌス), aurum(アウルム)

外來語または偶然の合音によるものには：

  ei⁽⁴⁾ [ei]   eius(エイユス), rei(レイ)

註　(1) 古くは ai だったが，紀元前二世紀初めから i が廣くなり，前二世紀末の金石文ではもっぱら ae と記され，發音の變化を示す，これは進んでついには ɛ: となるもので，俗語や田舎ではその頃すでに ae＞ē と發音されていたと推定される．
(2) 同じく古くは oi．しかし元來の oi は通例 ū，時に ī となり，oe として殘ったのはむしろ特別な一部にすぎない（唇音後の六語）．例えば poena（ギリシア語 poinē より，償，罰金）: pūniō (罰する)．この語は後さらにフランス語で peine，英語で pain（苦痛）と變化していった．
(3) au は古くから殘った重母音だが，卑語や田舎語では ō と發音されていたらしい．ラテン俗語や近代ロマンス語もその系統である．例．aurum＞イタリア oro，フランス or（金）．
(4) 昔からあった ei は古典期には ī となった（ギリシア語から入ったものも同樣）．それで新しいのは本當の重母音ではない．この ei, eius は時に re-ī, ē-ius などとも發音される．いわゆる diaeresis である (§ 352 參照)．

ui	[ui]	フイト fuit,	クイユス cuius
eu⁽¹⁾	[eu]	エーヘウ ēheu,	エウルス eurus

がそれである．

子 音 組 織

§7. ラテン字母ののこりのものは**子音** Consonantes を表すが，いまこれを類別すると下のようになる．

單子音 ｛ 默音 mutae　p, b, t, d, c, k, q, g.
　　　　流音[2] liquidae　l, r, m, n.
　　　　擦音 fricativa et sibilantes　f, s, z (i̯, u̯). [3]

二重子音： x

半母音： i̯, u̯, l, r, m, n[4]

§8. このうち**默音**はさらに次の如くに分類される．

	唇音 labiales	齒音 dentales	口蓋音 palatales
無聲音 tenues	p	t	c, k, q
有聲音 mediae	b	d	g

口蓋音中 k は殆んど使用されず，q は qu- の結合（もと labio-velar sound）にのみ用いられ，他は悉く通例 c で間に合わされる

註 (1) 昔からの eu, ou はみな ū になったので，新しいのはギリシア語から入った語か偶然の結合である．*e.g.* neuter＜ne-uter
(2) m, n はまた區別して鼻音 nasales とも呼ばれる．共にその通有性は持續的な有音聲音なることで，この點において母音と同性質を有する．從って下記の如く半母としても働くのである．
(3) h はごく弱く，またギリシア文法の影響からして純然たる子音ではなく，むしろ母音の發音の仕方（粗い發音）を表すものと考えられた．i̯, u̯ はそれぞれ子音として作用する i, u (iam [jam], vōs [wōs] のごとく) であって，本來は有聲の擦音であるが，また半母音とも考えられる．つまり擦音はその發音の mode をいうので，半母音はその機能面の稱呼である．
(4) 半母音とは，母音たり得るものが子音として，つまり母音と結合して子音的に使用されるのをいうので，i̯, u̯ (=j, w) と l, r, m, n とは音韻變化及び作用上で平行した現象を示している．

§ 9. この他 mūtae には，ギリシア語から入った **帶氣音** aspīrātae の系列，即ち ph, th, ch がある．その發音は p+h, t+h, k+h であって，これを f, θ, x のように發音するのは古典ラテン語ではない．なおこの帶氣音は本來ギリシアからの借用語に限られていたが，間々固有のラテン語にも誤用され，それが通例の綴りとなったのもある．pulcher 美しい，Cethēgus 人名 などはその一例．

§ 10. その他子音の發音について注意すべき點は下の如きものである．

1) 母音に續いて語尾におかれた m は，弱く發音されたらしい．殊に次の語が母音で始まるときは，殆んど消滅した（前の母音を多少鼻音化したとも考えられる）．この點は h も同樣である．それで例えば animum advertō '注意する' は約めて animadvertō とも記される．vēnum eō＞vēneō '賣られる' も同樣．この事實はまた詩の計測 scansion に大切なことである（§ 15 参照）．

2) s はつねに淸んで發音される．母音間でも同樣．もともと古典期前には濁った s (=z) もあり，母音間の s はみな濁って發音されたが，それ（元來の母音間の s）はみな r に轉化してしまった (rhotacismus と呼ばれる現象)．それで古典ラテンに殘っているのは淸音（概ね ＜ss）のみとなったのである．

§ 11. **練習問題 1.** 次の語を音讀せよ．

Cicerō, Pȳthagorās, Symmachus, Dionȳsius Thrāx, Iūlius Caesar, Gesta dīvī Augustī, Aulus Gellius, Aristophanēs Cōmoedus. Nunc et in aeternum. Quot hominēs tot sententiae. Requiēscat in pāce.

III. 音節・アクセント・句讀

音　節

§12. ラテン語の單語も，母音または重母音の數だけ**音節** Syllaba を有するとされる．これを分つときには，各母音（重母音）は各一音節をなし，その間にある子音は一つならば，次の音節に附屬させられる（日本語と同樣である）．

　　例　a-la-cer 輕捷な，a-di-tus 到達.

§13. 母音間に子音が二つ以上あるときは，槪ね兩方の音節に分屬させられる．この際**傳統文法**では，その子音の組合せが，單語の語頭に使用されうる組合せであるときは，次の音節の初めにまとめて編入される，という．

　　例　ca-stra 陣營，i-gnis 火，など.

しかし**事實**はそれが mūta+liquida（例. gr, tl）の組合せの外は，前後の母音（に因る音節）に分屬せしめられると考うべく，アクセントの法則や詩の格律，その他古碑文における實際の區分法も，これを實證している．卽ち cas-tra, ig-nis, ma-gis-ter. 但し pe-re-grī-nus, re-ple-ō.

§14. 音節の長短 Quantitās というのは，つまりこれを發音するに要する時間によるので，本來長い母音や重母音，例えば ā, ae などを含む音節は無條件に長い．こういう音節を**本質的に長い** long by nature という．

しかしこれを構成する母音が短い場合でも，その音節が母音の後に（事實において）子音を有する場合は，そのため發音にも時間がかかる譯なので，長い音節となる．例えば ma-gis-ter の第二綴は，その母音は短いが次に s を含むため長いと數えられる．これを**位置によって長い** long by position という．

§15. 詩などの**計測** Scānsiō においては，長音節は大體短音節の二倍の長さを有するものと勘考される．そしてこれを表すのに長音節は ― で，短音節は ⌣ で示す．從って ― は ⌣⌣ と等價である．また長とも短とも判じ難いもの（例えば語尾の短母音で次に一子音を有するもの (-ter の如く）は anceps 不定であって，これを示すに > を以てする．例えば magister は ⌣―>, Quīntiliā-nus は ―⌣―> となる．

アクセント

§16. ラテン語の**アクセント**の性質は必ずしも明かでなく，學者の間でも說が一致していない．殊に有識階級と卑語とでは趣が異っていたらしく考えられる．しかし**大體古典期**においては音調の高低 pitch accent を主とし，またこれに多少の stress も加っていたらしい（卑語では stress の要素がさらに大）．

元來ラテン語のアクセントはその發展の途上でいろんな變遷を經てきたと思考され，そのためギリシア語のような，印歐語古來の自由なアクセントを失ってしまった．殊に**前四・五世紀**の交はエトルスキー人の勢力下に（その影響?）極めて强い强弱アクセント stress を，語の最初の音節に有していたらしく，この事實はラテン語の語形や語音に甚大な變化をひき起す原因となった．その後また變じて恐らくギリシア語の影響下に pitch の要素を增加したものと考えられる．古典期以後はまた stress を增加し中世に至る．

§17. ラテン語の，アクセントを有する音節についての法則は頗る簡單である．卽ち**二音節およびそれ以上**の語については：

終りから二番目の音節が**長い**ときは，その音節が；もしこれが**短い**ときは，その前，つまり終りから三番目の音節が；アクセントを有する．（ここでいう音節の長短とは §14 にいうものであって，母音だけのことではない）．例えば

crū-dḗ-lis, gen-tí-lis: dif-fí-ci-lis, grá-ci-lis: ma-gís-ter, dif-fi-cíl-limus.

二音節の語は勿論最初の音節に；一音節のみならばその上に；アクセントがある.

§ 18. 前倚辭と後倚辭 ラテン語にも勿論それ自身にアクセントを有しない輕い語がある（多く單音節のもの）. 卽ち次に來る語につけて發音される**前倚辭** proclitica や，前にある語と共に發音をつづける**後倚辭** enclitica がこれである.（英語の多くの前置詞や my, your のような語；I'm, you are, I saw him における am, are や him などは明らかにこれに當る）.

しかしラテン文法ではこれらはあまり仔細に勘考されていない. ただ enclitica は前の語につけて連書され，發音の際には對照的に，すぐ前の音節（前の語の最後の音節である）を揚げる結果となる，といわれる. 卽ち：-que 'また，と'，-ve 'または'，-ne 'か？' などがそれで，terrā marīque '陸と海とで'（-que の位置に注意），scīs-ne？'do you know？' などとなる.

句　讀

§ 19. ラテン語の句讀點に用いられる記號は現代の英，佛などで使用されるものと同一である. つまりラテン語以來の傳統なのである. 終止符・，コンマ comma，，コロン cōlon：，セーミコロン Sēmicōlon；，疑問符？，感嘆符！ がそれである.

§ 20. 練習問題 2. 次の語にアクセントを付けて讀め.

Quō ūsque tandem abūtēre, Catilīna, patientiā nostrā? quem ad fīnem sēsē effrēnāta iactābit audācia? Nihil-ne tē nocturnum praesidium Palātī, nihil urbis vigiliae, nihil timor populī, nihil hōrum ōra voltūsque mōvērunt?

これは Cicero の Catilina 彈劾演說第一の冒頭の數句である.

IV. 動詞の變化： 規則動詞の
直說法・現在・能動相

§21. ラテン語の文章で，その根本をなすのは述語動詞である（もっともこれは述語が名詞またはその等價物なる場合を除いてのことであるが）．述語としての動詞つまり**定動詞** verbum finītum とはその名稱の如く，種々な限定によって特殊化された場合に採られる動詞形であって，この限定には次のような種々な範疇がある．

相 genera (voices)，**法** modī (moods)，**人稱** persōnae (persons)，**數** numerī (numbers)，**時稱** tempora (tenses)．

§22. 相には**能動相** āctīvum と**受動相** passīvum とが區別される．

ラテン語の passīvum は，ギリシア語などの**中動相** medium を根本とするもので，これはいわゆる受動相形式動詞 dēpōnentia (§249) に明かに認められる．「ギリシア語入門」§190–192 參照．

§23. 法には**直說法** modus indicātīvus, **接續法** m. coniūnctīvus, **命令法** m. imperātīvus の三つがある．これに**不定法** infīnītīvum を加えることもある．

§24. **人稱**には，一人稱，二人稱，三人稱の三種が，英語などと同樣にある．

§25. **數**には**單數** singulāris と**複數** plūrālis とがある．古くは**兩數** duālis もあったが(ギリシア語のように)，消滅して終った(16頁註1.參照)．

§26. 時稱は六つある．**現在** tempus praesēns, **未完了過去** t. imperfectum, **未來** t. futūrum, **完了** t. perfectum, **過去完了** t. plūsquamperfectum, **未來完了** t. futūrum exāctum がこれである．

§27. これらのうち前三者を**未完了系** Infectum の時稱とし，後の三を**完了系** Perfectum の時稱とする．ラテン語では各自でま

とまった變化形式をもつ特徵がある．能動相では未完了系三時稱は同一の時稱幹から誘導し出される．これは現在時稱に明らかなので現在時稱幹と呼ばれる．

§28. ラテン語の**定動詞形**は，以上の諸限定を受けたそれぞれの幹（基本的なのは直說法，現在と完了との時稱幹である）と，これに對應する人稱語尾から成っている．

§29. ラテン語では，**現在時稱幹**の表示に一人稱單數の能動相直說法形で代表させるのが常である（時に現在能動不定法形も用いられるが）．これは例外（所謂不規則變化動詞の若干）を除き，みな -ō で終る．

§30. ラテン語の動詞の殆んどは，所謂**規則動詞**に屬する．そして傳統的な文法では，これらを第一變化から第四變化までの四種類に分類している．その一人稱單數（能動相直說法）と，現在時稱幹及び現在能動不定法形を示せば下の如くである．

	(1)	(2)	(3)	(4)
一人稱單數	-ō	-eō	-ō	-iō
現 在 幹	-ā-	-ē-	-e-	-ī-
不 定 法	-āre	-ēre	-ere	-īre

§31. これをギリシア語動詞變化に比較すると，大體第三變化というのが，基本的な正則の -ō 動詞變化を示し，他は主としてこれの變化である二次的な構成の結果を示すものである．殊に第一，第四には名詞や他の動詞からの派生動詞が多い．

§32. 第三變化の中には，多少異った幹を有するものがあり（短い -i̯- を幹尾に有する），[1] この i が -o- (時に -u- として現れる）の前だけで出てくる．一人稱單數能動は -iō である．例 capiō '捉える'．これをいま假りに **3 b** 類と名づけておこう．

§33. 第三變化動詞の**直說法現在能動**の變化を例示すれば下の

註 (1) これは學問的には i̯o-praesentia という現在幹構成法に屬するものである．附錄 iv 參照．

如くである.

  (3 a) mittō 送る   (3 b) faciō 爲す

單數 { 1 mittō 私は送る faci**ō** 私はする
  2 mitti-s 君は送る faci-s 以下同左
  3 mitti-t 彼は送る など faci-t

複數 { 1 mitti-mus 我々は送る faci-mus
  2 mitti-tis 君らは送る faci-tis
  3 mittu-nt 彼らは送る fac**iu-nt**

不定法 mitte-re   face-re
現在時稱幹 mitte-   fac(i)e-

§34. 上の變化形を檢すれば, mittō 以下の語形は現在時稱幹 (時に多少變形する) と人稱語尾とから成り立っているのが判ろう. **人稱語尾**は, 一人稱單數では無く (その代りに -ō と長母音化している), 他は **-s, -t, -mus, -tis, -nt** である.

§35. 現在時稱幹はその末部に槪ね **i** を有するのが知られる. これは本來 **e** で, この e は時に **o** に變る (これがさらに **u** になる. 例 mittunt). つまり本來 o/e という母音を有するので, これが**幹母音** thematic vowel と呼ばれるものである. ラテン語では **o/e** は槪ね **i/u** として現れる (語頭アクセントの影響による弱化 §16).

§36. 第一, 第二, **第四變化動詞**の直說法現在能動相を例示すれば下の如くである.

  (1) cantō 歌う (2) habeō 持つ (4) veniō 來る

單數 { 1 cant-ō hab-eō ven-iō
  2 cant-ās hab-ēs ven-īs
  3 cant-at hab-et ven-it

複數 { 1 cant-āmus hab-ēmus ven-īmus
  2 cant-ātis hab-ētis ven-ītis
  3 cant-ant hab-ent ven-iunt

不定法 cant-āre hab-ēre ven-īre

現在時稱幹 cant-ā-　　　hab-ē-　　　ven-ī-

§37. 第一，第二，第四變化はいずれも母音に終る幹を有し，原理的には概ね -i̯ō 動詞（3b 類と同じく）に屬する．つまり -ā-i̯ō, -ei̯ō, -ii̯ō 以下から -ō, -eō, -iō 以下の形が出てきたのである．（3b と違う點は，3b は子音幹+i̯ō なことである．例．fac-iō）．しかしラテン語では一般に諸形の均等化が進み，大體並行した變化形ができ上った．但し (4) は (3b) と元來同原理のものを含むので似たところがある．換言すれば (3b) は (3a) と (4) との合の子なのである．

§38. 以上の如く，(1), (2), (4) は**母音幹動詞**であり，(3) は概ね**子音幹動詞**である．但し (3) 中には -uō (-ui̯ō なる，-u に終る名詞幹からの派生動詞．例．statuō '立てる，定める'：status) の如き -u- 幹の動詞が含まれている．

§39. ラテン語では，定動詞形で主語の人稱は明らかであるから，特にこのため**代名詞**を用いて（英，獨，佛語のように I see, he sends などと）表す要がない．かえって代名詞があるのは**強意** emphasis を示すこととなる．

例．mittimus.　　'我々は（いつも）送る．'

§40. **直說法・現在**は主として次のような表明に用いられる．

1) 現在行われていること．*e.g.* videō. '私は見ている(見える)．'
2) 習慣，反覆，度々おこなわれること．(semper) sērō venit. '彼はいつも遲く來る．'
3) 一般的な事實や原理，眞理の表明．*e.g.* ōtia dant vitia. '閒暇は不善を生む．'
4) 時には敍述において過去の出來事を活々と表すのに．これを**歷史的現在** historical present という．tunc ita dīcit. 'そのとき彼はこう言うのだ．'

§41. 次によく使用される規則動詞の若干を例として擧げよう．

amō	(1)	愛する	cōgitō	(1)	考える，思う
cantō	(1)	歌う	habitō	(1)	住まう

IV. 動詞の變化： 規則動詞の直說法・現在・能動相

errō	(1) 迷う, 誤つ	vīvō	(3) 生きる, くらす
peccō	(1) 罪を犯す, 過つ	capiō	(3 b) 捕える, とる
saltō	(1) 踊る, 跳ぶ	cupiō	(3 b) 欲する, 望む
salūtō	(1) 挨拶する	faciō	(3 b) する, 作る
habeō	(2) 持っている	iaciō	(3 b) 投げる
iaceō	(2) 横たわる, 臥す	sapiō	(3 b) 賢くある, 辨えがある
maneō	(2) 留る, 殘っている	audiō	(4) 聞く
rīdeō	(2) 笑う	dormiō	(4) 眠る
sedeō	(2) 坐っている	sciō	(4) 知る
taceō	(2) 默っている	ne-sciō	(4) 知らない
valeō	(2) 丈夫である, 値がある	sentiō	(4) 感ずる, 思う
videō	(2) 見る	veniō	(4) 來る
agō	(3) 追う, する	et	そして, また, と
cadō	(3) 落ちる	sed	だが, しかし
dīcō	(3) 言う	nihil	何も…ない
discō	(3) 學ぶ	nōn	(否定辭)…ない
mittō	(3) 送る	quod	(接) because ゆえ

§ 42. 練習問題 3. A. 羅文和譯.

cantās. peccant. sedētis. errāmus et nihil discimus. vīvunt sed nōn valent. nōn sapiunt et nihil sentiunt. videō et audiō. sedēs et dormīs. rīdētis sed nōn cōgitātis. nesciō quod nihil audiō.

§ 43. 3. B. 和文羅譯.

私は何も欲しない. 彼らは臥している. 君らは罪を犯している. 我々は挨拶する. 君は聞いているが何も學ばない. 彼らは眠っているので (quod) 何も感じない. 君らは坐って默っている. 彼はもう (iam) 生きていない. 我々は落ちて横たわる. 君は笑っていて, 何もしない.

V. 名詞の變化： 第一變化名詞

不規則動詞 Dō および Sum の變化

§44. ラテン語の名詞は一定の**性**を有し，**數**と**格**に從っていろいろな語形をとる．これを名詞の變化（曲げ，dēclinātiō, declension）という．

§45. **性** Genus には**男性** g. masculīnum, **女性** g. fēminīnum, **中性** g. neutrum の三種がある．これは勿論文法的な性で，直接に自然性とは關係がない．しかし有性動物では勿論大體一致するのは當然であるが，一般の事象や物體はすべて性を與えられているから，各語についてこれを覺える必要がある．

§46. しかし大體は變化の種類や語幹の形成法，または類別で**性**がほぼ定まっているものもある．それらは各變化の項で述べられるであろう．

§47. **數** numerus には，**單數** singulāris と**複數** plūrālis とがある．[1]

§48. **格**には，**主格** c. Nōminātīvus, **呼格** c. Vocātīvus, **對格** c. Accūsātīvus, **屬格** c. Genitīvus, **與格** c. Datīvus, **從格** c. Ablātīvus の六つがある．しかしラテン語では呼格は一部分（第二變化だけ）の外みな特別な格形を失ってしまっている．

§49. **格** Cāsus は，古代語ではことに極めて大切な概念で，つまりあるものが，文章（またはそれを裏付ける思想判斷）の中で，どういう位置を占めているか，互いにどんな關係を有しているかを表示するものである．つまりその語がある動作なり定言なりの主體か，客體か，それを限定説明するものか，またはその場として補助

註 (1) もとはラテン語もギリシア語などのように二や對を表す兩數があったが，duo 二つ，ambō 兩の，の二語以外なくなってしまった．

的な立場にあるかを示している.

§50. 例えば前に擧げた六の格形のうち主格は, 定言の主體を; 對格はその動作の客體, 對象を; 屬格は名詞の限定, 修飾に; 與格は利害關係者の表示に; 從格は副次的な環境をなすものの表示に用いられる. 呼格は'呼びかけ'である. これを日本語の場合と比べて簡單に表せば:

主格	**puella** cantat.	少女は, が歌う.(主語)
呼格	ō **puella**!	おお, 少女よ.(呼びかけ)
對格	**puellam** videō.	少女を私は見る.(目的語)
屬格	pūpa **puellae**	少女の人形.
與格	pūpam **puellae** damus.	少女に人形を我々は與える.
從格	**puellā**	少女から, より, で, と, など.
e.g.	cum **puellā** cantō.	私は少女と共に歌っている.

§51. ラテン語の**名詞變化**は通常傳來文法では第一から第五までの五種に別たれている. その**區別**は專ら**語幹** (stirps, stem) **尾**の語音によるもので, 第一變化は a[1] に終る語幹, 第二は o に終るもの, 第三はすべての子音幹と i に終るもの, 第四は u に終るもの, 第五は ē に終るものである[2].

§52. 第一變化の名詞: a に終る語幹. この變化に屬する名詞の幹は a (ā) に終っている. そしてその性は少數の例外を除き (ギリシア語から入ったものが相當多い. もとの -ας, -ης なる語である) みな女性である. その幹, および格變化を例示すれば下の如くである.

	puella	少女 f.	nauta	水夫 m.
語幹	puellā-		nautā-	格尾

註 (1) 本來はギリシア語と同じく ā-stem だが, 語末のため短くなった (§16 參照).
(2) その他の變種は大體みな第三變化に入って, 類化されている. つまり一般に類化がかなり烈しいのがラテン語の特徴である.

V. 名詞の變化：第一變化名詞

單數	主.呼.	puella	少女は，少女よ	nauta	-a
	對.	puellam	少女を	nautam	-am
	屬.	puellae	少女の	nautae	-ae
	與.	puellae	少女に	nautae	-ae
	從.	puellā	少女から	nautā	-ā
複數	主.呼.	puellae	少女らは，よ	nautae	-ae
	對.	puellās	少女らを	nautās	-ās
	屬.	puellārum	少女らの	nautārum	-ārum
	與.	puellīs	少女らに	nautīs	-īs⁽¹⁾
	從.	puellīs	少女らから	nautīs	-īs⁽¹⁾

§53. 格變化形への注意 第一變化では呼格の特別な形がなく，主格が代用されている．

單數の屬格，與格と複數の主格は三つとも -ae だが，これは偶然の一致なので，決して同語形を流用したわけではない．つまりラテン語では diphthong がひろく單純化されたための偶發的現象にすぎないのである．

§54. 主語と述語との一致

Puellae, filiae dominae, scītē saltant.

'女主人の娘である少女らは，巧妙におどる．'

このように文章の**主語**は，その**述語**たる動詞と人稱，數において一致する．**同格語** Apposition（ここでは filiae）もその說明する語 (puellae) と格において，また能うかぎり數，性においても一致を要求される．

§55. 第一變化所屬名詞のうちごく一般な若干例を次にあげよう．

註 (1) 第一變化，複數の與，從格形には，まれに -ābus という格尾が，ことに第二變化，男性形と紛らわしい filia 娘，dea 女神．gnāta 息女などについて區別のため使用される．

V. 名詞の變化: 第一變化名詞

lūna 月 *f.*
stēlla 星 *f.*
terra 土地 *f.*
aqua 水 *f.*
īnsula 島 *f.*
via 道 *f.*
silva 森 *f.*
causa 原因, 理由 *f.*
cūra 氣遣い, 心配 *f.*
grātia 雅美, 感謝, 恩義 *f.*
opera 仕事 *f.*
dō 與える §56 參照
sum ある, である §57 參照
grātiās agō …に感謝する
　　(與格と共に)
operam dō …に努める,
　氣をつける, 仕える
　　(與格と共に)
cūram dō …に氣をつけ
　る, 配慮する (與格と)

puella 少女 *f.*
fīlia 娘 *f.*
domina 女主人 *f.*
fēmina 婦人 *f.*
rēgīna 女王 *f.*
pūpa 人形 *f.*
epistula 手紙 *f.*
taberna 小屋, 店, 飯店 *f.*
agricola 農夫 *m.*
nauta 水夫 *m.*
poēta 詩人 *m.*
prophēta 豫言者 *m.*
causā *prep.* …のために
　　(屬格をとる)
grātiā *prep.* …のために (〃)
ad *prep.* へ, まで (對格と)
cum *prep.* と, と共に (從
　　格をとる)
in *prep.* において (同上)

§56. **Dō** '私は與える' の直說法現在.

Dō (現在不定法: **dare**) は大體第一變化に準じて變化するが, 單數, 二人稱 **dās** の外は **a** が短いのに注意. 即ち

　　dō, dās, dat; damus, datis, dant. 不定法 **dare.**

'私は與える, 君は與える, 彼は與える' 以下.

dō は, 與えるもの (對格) と, それを與えられる人 (與格) の二つをとる. *e.g.*

　　pūpam puellae damus. '我々は人形を少女に與える.'

§57. **Sum** '私はある, …である' の直說法現在.

Sum (現在不定法： **esse**) は普通の動詞變化と異った特殊な現在形を有する．語根は es- だが，古い變化形に慣用の訛りが加わったのである．卽ち

sum, es, est； sumus, estis, sunt.

'私はある，君はある，彼はある'以下．

§58. **sum** は存在を表すと同時に，敍述のための繫辭 cōpula 'である' としても用いられる．この際，述語である名詞や形容詞は，主語と同じ格（ここでは主格）であり，また能うかぎり同じ性，數をとる． *e.g.*

Iūlia **fīlia** rēgīnae est. 'ユーリアは女王の娘である．'

§59. 練習問題 4. A.

lūnam et stēllās vidēmus. fēmina ad rēgīnam epistulam mittit. fīliae poētae pūpās amant. agricolae estis et in īnsulā habitātis. dominae agricolārum grātiās agimus quod[1] nōbīs[2] cūram dant. in viīs silvae agricolās vident et salūtant. in tabernā puellae saltant. poētae rēgīnae operam datis et fīliābus cantātis. nautae cum cūrā ad īnsulam perveniunt.

§60. 練習問題 4. B.

人形たちの．女王に．婦人らに．感謝と共に (*plur.*)．詩人らのおかげで．水夫の娘と．少女の手紙を．我々農夫らは島の小屋 (*plur.*) に住んでいる．森のために君らは水も月も見ない．少女らは詩人に手紙を氣をつけて書く．女王は娘たちのために水夫らに感謝する．農夫らは女主人に仕える．我々は島々の水夫である．詩人は少女らに人形を與える．

註 (1) because, '…ので'． (2) '我々に'．

VI. 直說法・能動・未完了過去

不定法について (1). Eō, Possum, Volō の變化

§61. ラテン語で過去の狀態や狀況を示す，**未完了過去時稱** Imperfectum は，各規則動詞の現在時稱幹から次のような方式で誘導される．つまり大體幹尾音を長くし（長いものはそのまま．但し，(3 b) と (4) とは -iē- とする），それに -bā- (一人稱，三人稱單數，三人稱複數では -ba に約る) をつけたものが未完了時稱の幹である．

§62. その活用を例示すれば次の如くである．

		cantō (1)	habeō (2)	mittō (3)	veniō (4)
現．幹．		cantā-	habē-	mitte-	veni-
未完．幹．		cantābā-	habēbā-	mittēbā-	veniēbā-
單數	1.	cantābam	habēbam	mittēbam	veniēbam
	2.	cantābās	habēbās	mittēbās	veniēbās
	3.	cantābat	habēbat	mittēbat	veniēbat
複數	1.	cantābāmus	habēbāmus	mittēbāmus	veniēbāmus
	2.	cantābātis	habēbātis	mittēbātis	veniēbātis
	3.	cantābant	habēbant	mittēbant	veniēbant

§63. faciō (3 b) の類は未完了では veniō (4) とすっかり同じ變化をする．つまり (3 b) は (4) とも共通點が多い，(3) と (4) との合の子變化なのである．即ち faciēbam, faciēbās 以下．

§64. **未完了過去**は大體過去の狀態や狀況，その他持續行動，習慣，反復などを示す．從って物語などで，よくある事件の起った時の背後事情を說明するのに用いられる．

§65. **不定法**の**用途**はいろいろあるが（§155 以下，§405 以下參照），その重要な一用途は，他の動詞の意味を補って完くさせる

VI. 直說法・能動・未完了過去

ことである．たとえば

　　cupiō 欲する，doceō 教える，sciō 知る，
　　sinō (3) 許す，iubeō (2) 命ずる，incipiō (3 b) 始める，dēsinō (3) 止める，vetō (1) 禁ずる，soleō (2) 習慣である．

など多くの意志や企圖，習慣，開始などを表す動詞に伴って使用される．この中あるものは目的語と考えられよう．

§ 66. 以上のうち doceō, sinō, vetō, iubeō などは**不定法**のほかに多く人の目的語（對格）をとる．例えば

　　doceō puellās cantāre. '私は少女らに歌うことを教える．'
　　vetās fīliam dormīre. '君は娘に眠るのを禁ずる．'

の如くである．

§ 67. doceō 教える；quaerō 訊ねる，求める；rogō (1) 求める；interrogō 訊ねる；および時に cēlō かくす，などは，人と物との，二つの對格をとることがある．*e.g.* **docēs mē linguam latīnam** '君は私にラテン語を教えている．'

しかし，上記の多くについて dē 'について' と對格とを用いる語法，ab 'から…' と對格との語法なども有している．

§ 68. また creō '…にする，任ずる'；nōminō '…と名づける，任ずる'；facio '…にする'；habeō '…と思う' の類の動詞は，目的語とその述語と，二つの對格とをとる．*e.g.*

　　nōminant fīliam Iūliam. '彼らは娘をユーリアと名づける．'

§ 69. Eō '私は行く' の直說法，現在． Eō（不定法現在：**īre**）の變化は，現在系では大體 (4) に準ずるが，若干變ったところがある．つまり ei：i の Ablaut（附錄 §v）をもち，この ei が o の前以外で ī と變ずるためである．即ち直說法現在では次のようになる．

　　eō, īs, it；īmus, ītis, eunt. '私は行く' 以下．

§ 70. Possum '私はできる' の直說法，現在．possum（不定法現在：**posse**）は元來 pot‐sum (*cf.* potestās 力，ギリシア

des-potēs 主君，サンスクリト pati- 主）であって，この t が母音で始まる sum の變化形の前で現れる．即ち現在直說法では：

possum, potes, potest; possumus, potestis, possunt. '私は…できる，君はできる' 以下．

possum は，英語などと同じく，不定法をとる．*e.g.*

nōn possumus **cantāre**. 私らは歌うことができない．

§71. **Volō** '欲する，I will' の現在および現在不定法．これも不規則變化で，極めて不規則な語形を有する．ことに現在直說法で然り．即ち **volō, vīs, vult; volumus, vultis, volunt.** 不定法：**velle** '私は欲する，汝は欲する' 以下．

この動詞の語根は **wel-**（不定法現在： velle）で，英，獨語その他にひろく存する．意志や意圖，欲求を表す語であって，これも不定法か，または ut＋接續法の句（'…ことを' §416）をとる．また對格と不定法をとることもある．*e.g.*

sī vīs mē flēre… 'もし私が泣くのを君が欲するなら．' Horatius. A. P.

次に上に論じた動詞の例若干を揭げる．

audeō[1]	(2)	敢て…する	creō	(1)	任ずる
incipiō[1](3b)		始める	nōminō	(1)	名づける
iubeō[1]	(2)	命ずる	rogō	(1)	訊ねる，求める
sinō[1]	(3)	許す	interrogō	(1)	訊ねる
vetō[1]	(1)	禁ずる	quaerō	(3)	訊ねる，求める
			cēlō	(1)	かくす

§72. 練習問題 5. A.

habitābātis. mittēbant. sentiēbāmus. iacēbās. cūrābam. nesciēbat. in pueritiā Athēnīs cum amitā vīvēbat et litterīs operam dabat. in lūnā aqua esse nōn potest. sī vultis scītē

註 (1) 不定法をとる．

saltāre, prīmum cantāre discere dēbētis. diū Rōmae habi-
tābant quod exīre nōn audēbant. ita nōn est. neque possumus
nōn rīdēre.　iubēs mē⁽¹⁾ dominae crēdere sed nōn possum.

§73.　練習問題 5. B.

我々は默っていた．　君は臥せっていた．　彼らは踊っていた．
私は知っていた．　君らは住んでいた．　彼は眠っていた．　少女は人形を持っていた．　君らは女の先生と歌っていた．　我々は理由を知りたいと思う（思っていた）．　農夫の娘らは度々伯母さんに會った（見た）．　彼らはまた女神たちに感謝せずにいられない．　君はいつも學問に精を出していた．

註 (1)　me... 私を (*acc.*)

VII. 第二變化名詞． -o- に終る語幹

§74. 名詞の第二變化は，すべての **-o-** に終る語幹をふくむ．その變化は下表の如くである（これには多少例外的な變化のものがあり，それらは §77, 78 で説明されよう）．この類の名詞中，主格が **-us** で終るものは少數以外みな男性名詞で，**-um** に終るものはみな中性である．

§75. 第二變化名詞

例．　　dominus 主人 *m.*　verbum 言葉 *n.*

		語幹	domino-	verbo-	格尾
單數	主．	dominus	verbum	**-us ; um**
	呼．	**domine**	verbum	**-e ; (-um)**
	對．	dominum	verbum	**-um**
	屬．	dominī	verbī	**-ī**
	與．	dominō	verbō	**-ō**
	從．	dominō	verbō	**-ō**
複數	主．呼．	dominī	verba	**-ī ; -a**
	對．	dominōs	verba	**-ōs ; -a**
	屬．	dominōrum[1]	verbōrum[1]	**-ōrum**
	與．	dominīs	verbīs	**-īs**
	從．	dominīs	verbīs	**-īs**

§76. 第二變化の格形についての注意． ラテン語ではこの變化に屬する**男女性名詞だけが**，**特別な**呼格形 vocātīvus を有する．（他の名詞變化では，ことごとく呼格に主格を代用するから併せて記憶されたい．）-e に終る格形がそれである．中性名詞は必ず單數，複數とも主格と對格とが同形で（從って呼格も），また複數では **-a**

註 (1) 屬格複數形は，間々古形として **-um** が用いられることがある． *e.g.* deum 神々の, socium, divum, また nummum, sēstertium など．

に終っている．男女性名詞の單數屬格と複數主格とは同形になっているから注意して區別（文意によって）を要する．

§77. 第二變化名詞中で，**-io-** stem のものと，**-ro-** stem のものは多少異った變化形をもっている．即ち **-io-** に終る語幹の名詞は，**單數屬格**で **-iī**（標準形）のほか，古典期までは **-ī** の形があり，このほうがむしろ正式とされていた (-iī もことに後半からよく見られるが)．また**呼格**でも，人名などで **-ī** の形を示す（この場合アクセントは不動）．卽ちこれを例示すれば：

  fīlius 息子 *cf*. filial, af-filiate stem : fīlio- 單．屬．
  fīlī または fīliī 單．呼．ō fīlī！おお息子よ．

§78. 他方一般に **-ro-** に終る語幹の語は，男女性名詞では．**單數主格**（**呼格**も）で **-er** となる．例えば **agro-** 畑は 單．主．で **ager** である．それ故この類では逆に 單．主．ager から幹 agro- を見つけ出さねばならない．中には **puer** 少年，**socer** 義父のように，幹が puero-, socero- (socro- でなく) のものもあるので，それ故字引を引いても單．主．と單．屬．（または對格でも何でもよいが）とを見て記憶する要がある．從って字引や名詞のリストにはこの兩者がふつう記してある．

なお erus 主人，numerus 數，umerus 肩，mōrus 桑の木，などの如く，必しもこの規則に從わない語も若干ある．

§79. 次に第二變化所屬各種名詞の例を若干あげよう．

  animus 心，意 *m*. fīlius 息子 *m*.
  annus 年 *m*. fluvius 河 *m*.
  amīcus 友人 *m*. gladius 劍 *m*.
  deus 神 *m*.[1] nuntius 使節 *m*.
  dominus 主人 *m*. socius 仲間，友軍 *m*.
  equus 馬 *m*. ager, agrī 畑 *m*.

註 (1) deus は多少異例な格形を有する．例えば，單．呼．deus！；複．主．dī, diī, deī；複．與．從．deīs, diīs, dīs.

VII. 第二變化名詞. o- に終る語幹

hortus 庭苑 *m.*
humus 大地 *f.*
inimicus 敵 *m.*
lupus 狼 *m.*
medicus 醫者 *m.*
numerus 數 *m.*
bellum 戰爭 *n.*
dōnum 贈物 *n.*
caelum 天空 *n.*
oppidum 町 *n.*
speculum 鏡 *n.*
templum 社寺 *n.*
verbum 言葉 *n.*

liber, librī 書物 *m.*
magister, -trī 先生 *m.*
puer, puerī 少年 *m.*
socer, -erī 義父 *m.*
vir, virī 男 *m.*
auxilium 援助 *n.*
cōnsilium 策, 慮 *n.*
odium 憎み *n.*
ōtium 閑暇, 安逸 *n.*
praemium 褒賞 *n.*
proelium 合戰 *n.*
subsidium 護衞, 支援 *n.*

ā, ab[2] *prep.* …から (*c. abl.*)
sine *prep.* …なしに (*c. abl.*)

§ 80. 屬格の用法. 所有および關係の表示.

屬格は一般に言って名詞（ひろくは體言）を限定. 説明するものだが（時に敍述もする. §205), これにも種々な色彩がある. その最も普通なのは, 所有や歸屬の表明 (Gen. Possessīvus), ひろくは關係があることの表示である. *e.g.*

hortus agricolae　'農夫の庭'
fīlia　domini　'主人の娘'
amīcī medicī　'醫者の友人ら'

§ 81. 屬格はしばしば地名などに伴いその説明や限定に, 同位語的 (Gen. Dēfīnītīvus) に用いられる. *e.g.*

oppidum Mediolānī　'ミラノの（という）町'
fluvius Sumidae　'スミダ川'

註 (2) ab は母音と h ではじまる語の前でつねに用いられ, また l, n, r, s, i の前でもよく見られる. ā は一般に, ことにここに擧げない子音の前で用いられる.

§82. 別の面からこれらの屬格を見ると，それらは（主として動詞作用に關係ある語で）そのはたらきの主體，または客體の關係を表している．これをそれぞれ **subjective** または **objective genitive**（**主語的**または**客語的屬格**）という．*e.g.*

  īra **dominī** 主人の怒り（主人が怒ること）
  odium **tyrannī** 暴君の憎惡（暴君を憎むこと）

§83. 與格は一般的にいって關與者，利害關係者など人を表すが，さらに廣く解釋される場合も多い．まず第一義には（間接目的語をも含めて）**利害關係の表示 Datīvus commodī et incommodī**, *Dative of Avantage and Disadvantage* である．'のために' 'for, to.' *e.g.*

  puellīs et **puerīs** cantō. '少女らや少年らのために歌う．'
  epistulam **fīliō** mittit. '彼は手紙を息子に送る．'

またこれは時に**所有**を示す（多く sum と結んで）．

  sunt equī **agricolae**. '農夫には馬がある（馬を持ってる）．'

なおこの所有の與格等についてはさらに詳しく後段§237以下に説くであろう．

§84. 與格はまたしばしば sum や，その他 dō, mittō などの動詞に伴い，'…のために'，'…として'，'…に'（例えば，助け**に**來る，使い**に**やる，などの 'に' と同じく）のような，**目的, 意圖の表示**に用いられる．またこれはしばしば上記利害表明の與格と共に用いられる．

  amīcōs **auxiliō** mittit. '友人らを援けに送る．'
  mihī **odiō** es. '君は私には厭わしい．'
  rēgīnae **subsidiō** veniunt. '彼らは女王に（の）助太刀として來る．'
  magistrō librum **dōnō** dat. '先生に本を贈呈する（贈物として）．'

§85. 練習問題 6. A.

amīcōs dominī. equōrum inimīcōrum. verba medicī. īrae deōrum. subsidiō venīre. speculum amīcitiae. ōtia dant vitia. obsequium amīcōs, vēritās[1] odium parit. templa deōrum vidēmus. socer vītam in ōtiō agēbat. magistrī puerīs librōs, dōna rēgīnae, praemiō dant. sociī cum inimīcīs proelium committunt. fēminae agricolīs odiō sunt, quod grātiās agere nesciunt.

§86. 練習問題 6. B.

主人の息子たちは．友人らの心に．敵軍の數を．友軍の劍によって (abl)．神々の贈物 (plur.) を．少女は女王のつねに憎むところである (odio sum で)．また我々は敵軍と戰うことは欲していなかった．義父は息子らに本を贈物によく送った．戰において君たちは我々[2]の援助にいつもやって來た．私[3]は暇がないので[4], 畑に居る友人の馬たちを見ることはできない．

註 (1) truth (第三變化 §267).　(2) nobis.　(3) mihi (私には).
(4) quod.

VIII. 規則動詞の未來・直說法・能動.

語順および疑問文について

§87. 直說法・能動・未來 Futūrum における四種の規則動詞は次のように活用される. 未來時稱も (未完了過去と) 同じく, 現在時稱幹から誘導される. しかしそれと異って, (**1**), (**2**) と, (**3**), (**4**) とで幹の作り方が**ちがう**. 前者は **-b-** の thematic conjugation (つまり**第三變化形式**と同じ語尾) であるのに對し, (**3**), (**4**) では幹に **-ē-** を加えたもの (つまり**第二變化形**) を用いる. 但しその一人稱單數だけは **-am** (-ā- stem) の形を用いる.

§88. それで未來の活用形を表示すれば結局次の如くである.

		現.幹.	cantā- (1)	habē- (2)	mitte- (3)	venī- (4)
		未來幹	cantāb-	habēb-	mittē-	veniē-
單數	1.		cantābō	habēbō	mitt**am**	veni**am**
	2.		cantābis	habēbis	mittēs	veniēs
	3.		cantābit	habēbit	mittet	veniet
複數	1.		cantābimus	habēbimus	mittēmus	veniēmus
	2.		cantābitis	habēbitis	mittētis	veniētis
	3.		cantābunt	habēbunt	mittent	venient

§89. **facio** (**3 b**) の類は, 未來では veniō (**4**) と すっかり同じ變化をする. (未完了時稱と同樣に).

§90. 未來時稱は, 未來に起ると考えられることを, 一般的に表明するのに用いられる.

ラテン語では, 未來にも不定法を有するが, それについては §155 に, まとめて說明しよう.

sum, possum, dō, eō, volō の未完了過去, 未來

§91. **Sum** '私は…ある' の**未完了過去**および**未來**, 直說法

は次の如くである。これらでは，その語根 es- が，次に來る母音のため er- (§ 10, 2 参照) と變じて現れている。

未完了過去： **eram**, erās, erat; erāmus, erātis, erant. '私は…あった' 以下。

未來： **erō**, eris, erit; erimus, eritis, erunt '私は…あろう' 以下。

§ 92. **Possum** では，この二時稱は sum の變化に準じ，次のようになる。

未完了過去： **poteram**, poterās, poterat, poterāmus, poterātis, poterant. '私は…できた' 以下。

未來： **poterō**, poteris, poterit, poterimus, poteritis, poterunt. '私は…できよう' 以下。

§ 93. **Dō, eō, volō** では次のようになる。つまり dō では da-; eō では ī- としてそれぞれ語根が示されている。

dō の *impf.*： **dabam,** dabās, dabat 以下。'與えた'
〃 *fut.*： **dabō,** dabis, dabit 以下。'與えよう'
eō の *impf.*： **ībam,** ībās, ībat 以下。'行った'
〃 *fut.*： **ībō,** ībis, ībit; ībimus 以下。'行こう'
volō の *impf.*： **volēbam,** volēbās, volēbat 以下。
〃 *fut.*： **volam,** volēs, volet 以下。

§ 94. **目的 (地) を示す對格.**

litterās **ad fīlium** mittet. '彼は手紙を息子に送るだろう'
saepe **Athēnās** ībam. '私はよくアテーナイへ行きました'

こういう風に，對格は，行爲の目的地や人，物を表示するのに用いられる。これを **Terminal Accusative** 「目的 (地，もの) の對格」と名づけている。これは通常名詞では，**ad, in** '…へ，…に對って' などの**前置詞と共に**使用されるが，第二例のように，都市や小地名，また熟語的には，(詩語中でもよく)，**對格のみ**を以てされる。

VIII. 規則動詞の未來・直説法・能動.

§95. 場所を示す從格.

símiae **in silvā** habitant. '猿は森に棲んでいる.'

場所的な環境は **in**＋從格によって示される. 卽ち Local Ablative. **Ablātīvus Locālis** である. この場合も, 都市や小地名 では多く in を用いず, 從格だけで足りるが, 第一, 第二變化名詞の單數形では, この際特別な格形, すなわち**位格 Locātīvus** を有するものがある. 例えば,

 Rōmae ローマに, Corinthī コリントスに, Rhodī ロドス島に, また **humī** 地上に, **domī** 家に.

などで, 卽ち第一變化: **-ae**, 第二變化 **-ī** がその格尾である. 複數では從格形 **-īs** (*e.g.* Athēnīs) を用いる.

§96. 時を示す從格.

auctumnō (Kalendīs Mārtiīs) redībit. '彼は秋 (三月一日) に歸って來るだろう.'

in pueritiā Athēnīs vīvēbat. '(彼は) 少年のころにはアテーナイに暮していた.'

このように從格は單獨で, また時には **in** と共に, 環境としての**時の表示**に用いられる. 卽ち **Ablātīvus Temporis** (時の從格) で, 'いつ?' 'いつの間に' を表す.

§97. 疑問文の形式.

Quō vādis, domine? '主よ, 何處へ赴きたまうか.'

lūnam-ne vidēs? '(君は) 月が見えるかね.'

nōn-ne vidēs lūnam? '月が見えないか (見えるだろう).'

num lūnam vidēs? 'まさか月が見えはしないだらう.'

ラテン語の疑問文にも, 疑問詞 '何, どこ, いつ' 等を用いる形式と, 肯定か否定かを訊ねる式 '…ですか?' とがある. 前者では**疑問詞** (quō) が通例語頭に來り, 後者では通例無色の質問では, **-ne** ('…か' に當る) を, 文初にある重要な語に附し**連書**して表す. この際 -ne の前にある音節にアクセントが付く. (*cf.* §18)

また**肯定**を期待する質問では **nōn-ne**；**否定**を期待する質問では **num** を，文初において表明すること上例の如くである．

§98. ラテン語における語順.

これまでの種々な文例で大體會得されるように，ラテン語は動詞や名詞の變化が委細で意味が明確なため，この明瞭性を語順によって求める近代語とはその性格を異にしている．そしてこの語順は修辭的な目的に專ら使用される．卽ち**文初**を第一，**文尾**を第二とし，重要な語，強調を要する語を此處におき，また語調や口調に從って語を排列するのがならいである．

それ故，文の主語と述語とは通例最も大切なものであるから，これが第一，第二の地位を占めるのが普通で，その間に直接目的語，間接目的語がならび，これらの修飾語が適當にその前(後)に配置されるわけで，これには當然意味の明確と理解の容易さ，音調の美しさ(强さその他)が主眼となる．

§99. 練習問題 7. A.

literāsne scrībēs? librōs mittent. num lupōs capiet fīlius amīcī? in oppidum perveniētis. magistrum salūtābimus. tunc poteris ōtium habēre. quīnque[1] post annīs in patriam redibunt. Scaevola et Scīpiō semper in amīcitiā manēbant. magistrō fīliōrum ōlim grātiās agent. proximō[2] annō linguae Graecae operam dabimus. neque diū dormīre poterunt quod inimīcōrum cōpiae advenient. num odiō eritis dominō dominae-que?[3]

§100. 練習問題 7. B.

彼らはこう言うであろうか．我々は聞くであろう．よもや君らは笑い得ぬであろうが．君は知るだろう．少女は伯母を見るであろう．私は踊るだろう．女王は何も感じないだろうか．そいでけして神に感謝しないだろうか．風と波とのために我々は明日(あ

註 (1) '5'. (2) '次の，となりの'. (3) 'と，そして'.(常に後につく.) *e.g.* a b-que=a et b.

す)アテーナイへ着き得ないだろう. 我々はいつも先生に憎まれていた, けして學業 (disciplina) に精を出さなかったので. 以前は日本にも狼が居た.

IX. 形容詞の變化: 第一，第二變化

§101. ラテン語の形容詞變化は大體三種に分つことができる．第一は**母音幹**の形容詞 (-a, -o) で第一，第二變化に屬し，第二種は **i**-stem (-i に終る語幹を有するもの); 第三種は**子音**に終る語幹を有する形容詞である．

そのうち，第一の**母音幹**はいちばん數も多く，ひろく使用される．その變化は，これが形容，限定，說明または敍述する**名詞の性**（もちろんその**數**や**格**とも能うかぎり**一致する**）に從うもので，それが男性名詞ならば男性形，女性なら女性形，中性なら中性形をとる．

§102. 各性における形容詞の變化を例示すると次の如くである．

語例 bonus 善い　　　sacer 聖い

		m.	f.	n.	m.	f.	n.
單數	主	bonus	bona	bonum	sacer	sacra	sacrum
	對	bonum	bonam	bonum	sacrum	sacram	sacrum
	屬	bonī	bonae	bonī	sacrī	sacrae	sacrī
	與	bonō	bonae	bonō	sacrō	sacrae	sacrō
	從	bonō	bonā	bonō	sacrō	sacrā	sacrō
	呼	bone	bona	bonum	sacer	sacra	sacrum
複數	主	boni	bonae	bona	sacrī	sacrae	sacra
	對	bonōs	bonās	bona	sacrōs	sacrās	sacra
	屬	bonōrum	bonārum	bonōrum	sacrōrum	sacrārum	sacrōrum
	與	bonīs	bonīs	bonīs	sacrīs	sacrīs	sacrīs
	從	bonīs	bonīs	bonīs	sacrīs	sacrīs	sacrīs

§103. つまりこの類の形容詞は，男性と中性とは第二變化，女性では第一變化の名詞と同じに變化をするわけであるから，その記憶は容易であろう．ただ名詞の性に從うことを必ず守られたい．

字典に bonus, a, um, あるいは sacer, -cra, -crum (-ro-stem) などと出ているのは，すなわちこの類で，上の如く變化することを示したものである．今本變化所屬形容詞のうち，英佛語などに多く用いられている常用のものを若干例示すれば：

§104.

alt-us, a, um 高い，深い	prīmus 始めの，第一の
alb-us, a, um 白い	proximus すぐ近い，隣りの
amīcus, a, um 親しい	aeger, gra, grum 病める
bon-us (以下同じく) よい	asp-er, era, erum 峻しい
dignus 價する，ふさわしい	līb-er, era, erum 自由な
grātus 樂しい，有難い	niger, gra, grum 黑い
honestus 節義ある，名譽ある	pulcher, chra, chrum 美しい
iūstus 正しい	ruber, bra, brum 赤い
longus 長い	sacer, cra, crum 聖い
magnus 大きい	meus, a, um 私の
malus 惡い	tuus, a, um 汝の
multus 多量の, *plur.* 多數の	noster, tra, trum 我々の
parvus 小さい	vester, tra, trum 汝らの
plēnus 滿ちたる	suus, a, um その者自身の[1]

§105. 形容詞の位置 ラテン語では，形容詞はふつうその形容する名詞のあとにつづけて書かれる．ただし量を表す形容詞や特に強調される場合，また特殊な用法では多く前におかれる．しかしこれも原則で，ラテン語は §98 で述べたように，非常に語の並べ方が自由なので，その時の都合でかえられることも多い．

§106. 形容詞は單に說明，限定あるいは敍述するほか，しばしば**名詞**として使用される．事實，形容詞は極めて名詞に近いもので，容易に互いに轉換される．*e.g.*

註 (1) suus はいつも reflexive, 卽ち文章の主體(三人稱)に關するものを表すのに用いられる．*cf.* §203, 204.

amīcus 親しいもの, 友人. inimīcī 不和なもの, 敵ら. proximō となりの(月)に, 來月に(時の從格). bona 財產 *n. plur. cf.* goods, Gut, Güter.

§107. 名詞や形容詞はまたはしばしば同位あるいは從屬の位置にありながら, 直接に名詞を修飾・限定するのでなく, その**狀態や働きかたを說明, 敍述**する用をなすことがある. これはことに時や順序などの形容詞に多いが, その他にもこういう副詞的な用に宛てられることがある. これを**述語的用法** predicative use と呼び, こういうあり方を predicative という. *e.g.*

semper **prīmus** venit, et **ultimus** discēdit. '彼はいつも眞先に來て, 一番後に退く.' ego **puer** vulpēculam saepe vidēbam. '私は子供の時分によく小狐を見ました.'

§108. ラテン語の形容詞[1]は, よくその補足語として種々な格の名詞をとる. これは後段でもそれぞれ說くであろうが, 此處に若干の例をあげよう.

1) **與格**をとるもの: 近接, 親近, 類似, 適不適, 等を意味する形容詞. *e.g.* amīcus ……に親しい, proximus ……に隣れる, aequus ……に親切な, 公正な.

2) **屬格**をとるもの: 關與, 充滿, 知識, 欲求など. *e.g.* cupidus ……を欲する, cōnscius ……を知れる, plēnus ……に滿ちた, perītus ……の經驗ある, など.

3) **從格**をとるもの: これには種々な起源のものがあり§222に說くであろう. またその例については練習問題を參照されたい.

§109. 從格の用法・隨伴の表示

從格の意義の大きな區分の一は, 道具や隨伴を表す. '…で, …と共に,' 英語の with の意味である. これらはもと**具格 Instrūmentālis** という獨立の格であったが, ラテン語では從格と倂合した.

註 (1) 實際は英語や獨語などでも同じであるが, これらでは多く phrase によるということになっているだけである.

この‘誰々と共に’という**隨伴者**の表示法を Ablātīvus **Sociā-tīvus,** Ablative of Accompaniment という．例えば，
　　cum fīliīs Athēnīs vīvēbat.‘彼（女）は息子らとアテナイでくらしていた．’
　このように隨伴の從格は，專ら前置詞 **cum** と共に使用される．
　§110　從格の具格的用法はまた，元來の意味である**用具**‘でもって’の表示に用いられる．この場合は cum を要しない．
　　puerī pilā lūdēbant.‘少年らは球で遊んでいた．’
　　equō Rōmam adveniet.‘彼は馬でローマへ着くであろう．’
　§111．これから轉じて抽象名詞や無形なものの從格は，**樣子**や**具合**の表明に使用される．これを **Ablātīvus Modī,** Ablative of Manner という．この際**名詞だけ**の場合はふつう **cum** を伴い，これに附隨する形容詞があるときは cum を省いてもよい．慣用語，熟語には名詞だけのも多く，副詞の用をなしている．下例に見られたい．
　　ōrāre **multīs cum lacrimīs.**‘烈しく泣きながら祈ること．’
　　magnā (cum) glōriā Athēnās redeunt.‘彼らは大なる榮譽と共に（大變に揚々と）アテナイへ戻った．’
　　silentiō cōpiās castrīs ēdūcit. Caesar. B.G.I. 66.‘彼はひそかに（靜かな折に）軍隊を陣營から引出した．’
　その他　　**meritō** 當然；　　**grātiīs** 喜んで，無料で；　　**viā** ちゃんと，組織的に；　　**iocō** 冗談に，cf. joke など，みな第一，第二變化名詞の從格である．
　§112．この從格はまた形容詞と共に，直接に名詞に伴い，その狀態や樣子を說明または敍述するのに用いられる．これを **Ablātīvus Quālitātis,** Ablative of Quality or Description 性質や敍述の從格という．卽ち下のようなものである．e.g.
　　laetō animō es.‘元氣でいなさい．’
　　erat **statūrā parvā.**‘彼は丈のひくい男であった．’

turpiculō puella nāsō. Catullus, 41. 'みっともない鼻をした少女.'

§113. 練習問題 8. A.

templum proximum fluviō. in locō castrīs idōneō. virō perītō belli. cōnsilia plēna sapientiae. nescio quō pāctō hoc rēginae tantae cūrae erat. nōn estis aequī nostrīs filiis. neque equōs sine magnō perīculō in ūnum locum contrahere poterant. paucis annis Galliam cūnctam superābit. gaudet malīs amīcōrum.

  Salvē,[1] nec minimō puella nāsō
  nec bellō pede[2] nec nigrīs ocellīs
  nec longīs digitīs nec ōre[2] siccō
  nec sānē nimis ēlegante[2] linguā,
  dēcoctōris[3] amīca Formiānī.   Catullus 43, 1-5.

§114. 練習問題 8. B.

社のとなりの畑に (in). 女王に親しい詩人らの本 (*plur.*) を. 運命を知らぬ (nescius で) 憐れな少女らに. 星にみちた空から. 來年私は都合よく (commodum で) イタリアへ行く (adeo) ことができるだろう. 女の先生は美しい少女ら大勢と歸って來るだろう. 使節たちは馬でローマにすぐ着くだろう. 我々はその折球戲をしていた. 醫師はいつも憐れな婦人に無料で藥をやっていた. 君らは大きな危險を冒し狼らを生きたまま捕えようと欲する (volo で).

 註 (1) 'ごきげんよう', '今日は'.
  (2) pes 足, os 口, elegans 優雅な, のいずれも *abl.*
  (3) dēcoctor '家産を蕩盡した人, 破産者' の *gen.*

X. 動詞の變化: 直說法・完了・能動.

§115. ラテン語の**完了時稱** Perfectum は，近代歐州諸語のそれとも，ギリシア語の完了とも，大分趣きを異にする．つまりラテン語では完了が，**ただの過去を表す場合が極めて多い**（＝ギリシア語の Aorist）．つまり過去に起った出來事の表示である．從ってギリシアの完了よりはずっとしばしば使用される極めて重要な時稱である．

§116. 完了時稱の變化は，現在時稱幹とは直接に關係なく，**完了時稱幹**から作り出される．この完了幹は派生動詞，ことに**第一變化**と**第四變化**の動詞では，現在時稱幹とほぼ對應しているが，**第二變化**所屬動詞ではこの對應の率がずっと少く，**第三變化**の單純動詞では，直接に語根（語幹でなく）から完了幹がつくられるのがふつうである（但し -uō 動詞を除く）．

一般にいうと，**完了幹**は大體その動詞の基本となる語根から若干の方式に從って作られるもので，從ってこれには現在幹のような四分類は適用しがたい．ただ大凡が上の如く對應するだけである．

§117. 完了の**人稱語尾**も，現在のものとはかなり異っていて，**-ī, -istī, -it; -imus, -istis, -ērunt**（または **-ēre**）である．いま完了幹と，その變化とを從來用いてきた四動詞で例示すると次のようになる．

		現在:	cantō (1)	habeō (2)	mittō (3)	veniō (4)
		現在幹:	cantā-	habē-	mitte-	veni-
		完了幹:	**cantāv-**	**habu-**	**mīs-**	**vēn-**
單數	1		cantāvī	habuī	mīsī	vēnī
	2		cantāvistī	habuistī	mīsistī	vēnistī
	3		cantāvit	habuit	mīsit	vēnit

複數 {
1 cantāvimus　habuimus　　mīsimus　　vēnimus
2 cantāvistis　habuistis　　misistis　　vēnistis
3 cantāvērunt habuērunt　misērunt　vēnērunt
}
　　　または　　-vēre　habuēre　　misēre　　vēnēre

§118. 上に擧げたような現在幹に對應する**完了幹の形成法**は次の方式が多い．しかし要するに完了時稱そのもののもつ變化は一本なので，四種の別はここにはない．

(1) の殆んど全部：　現在幹 cantā-　　完了　cant-āvī
(2) の相當部分：　　 〃　 habē-　　 〃　 hab-uī
(4) の大部：　　　　〃　 audī-　　　〃　 aud-ī vī(-iī)[1]

(1) と (4) はこの方式のものが甚だ多い．若干は (3) と同じ方式，つまり語根から作られる．さて (3) はいろいろな方式で完了幹を作るが，主なのは次の四種である．

1) **-s-** を加える方式．mittō：**mīsī**．vehō：**vēxī**．

2) いわゆる **Reduplicated Perfect** (語頭の子音を e と共に重ねる[2])．canō：**cecinī**．cadō：**cecidī**．

3) 幹母音を**長く**する方式．capiō：**cēpī**．agō：**ēgī**．

4) また **-uō** に終る第三變化動詞では完了も同形で statuō (3)：statuī, solvō：solvī の如く **-uī** に終る (現在との相違は人稱語尾のみ)．

一方他の變化でも，これらの方式に從うことがかなりある．*e.g.*
　　veniō (4)：**vēnī**．　　videō (2)：**vīdī**．　　mordeō (2)：
　momordī．　stō (1)：**stetī**．　maneō (2)：**mānsī**．

逆に (3) から他の變化によくある方式が見出されることもあり，つまり四種變化の區分は根本的でないことが理解されよう．例えば：petō (3)：**petīvī**．　colō (3)：**coluī** など．

註 (1) 完了形變化には §122 に述べるように，一般に -v- のない語形が用いられるが，ことに第四變化にこれが多い．
　(2) この e は時に同音化を受ける．pungō：pupugī など．

X. 動詞の變化：直說法・完了・能動.

§119. 完了時稱の**不定法**は完了幹に -isse を付したものである．卽ち，

cantāvisse, habuisse, misisse, vēnisse, cēpisse など．

§120. **sum** 'ある'，**possum** 'できる' の完了幹はそれぞれ **fu-** および potu-．卽ち sum: fui, fuistī, fuit; fuimus, fuistis, fuērunt (fuēre).

possum: potuī, potuistī, potuit; potuimus *etc.*

§121. **Dō** および **Eō** の完了形．

直說法一人稱單數でそれぞれ **dedī; īvī (iī)** となる．dō の複合動詞は多く第三變化に入り -dere となり，その完了は -didi である．一方 eō の複合動詞は殆ど -iī を用いる．*e.g.*

reddō かえす： reddidī； trā-dō わたす，傳える： trādidī.
redeō かえる： rediī； pereō 亡びる： periī.

§122. これらの完了變化のうち，**-v- を有する語形**は，しばしば **v が消失**した約まった語形をとることがある．例えば， cantāvisse: cantāsse. petīvī: petiī. audīvistī, -vērunt: audīstī, audiērunt. などという風になることを記憶されたい．

§123. **完了時稱の用途**をいますこし委細に述べると，次のようなものがある．

A. 現在完了．

1) 動作，狀態の**終結**．たとえば，

periī! 'I am lost.'

2) これから轉じて，そのもたらした (現在の) **狀態**．若干の動詞は專らこの義で使用される．

meminī. 'I remember.' nōvimus. 'We know.' ōdērunt. 'They hate.'

3) 時には狀態がすでに**過去**に屬すること．

Vīxērunt. '彼らは生きていた' (もう死んだ)．キケローがカティリナ陰謀の首導者たちを死刑にしたときの報告のことば．

X. 動詞の變化：直說法・完了・能動. 43

B. 過去. さらに最も多い用途は，上に述べた如く，**過去の出來事**の表示である．

Quod ubi Caesar **resciit, imperāvit.** 'カエサルはそれを確かめると，命じた．' Caes. B.G. 1. 28.

§ **124.** 語例． pereō, periī. 亡びる，死ぬ (§ 121)

cadō, cecidī	(3)	落ちる	rescīscō, -scīvī	(3)	認む，確かむ
canō, cecinī	(3)	歌う	solvō, solvī	(3)	解く，溶かす，とける
maneō, mānsī	(2)	留まる	statuō, -uī	(3)	たてる，定む
—, meminī		(現在なし) 覺えている	stō, stetī	(1)	立つ
nōscō, nōvī		知る，知っている	vehō, vēxī	(3)	運ぶ
—, ōdī		(現．なし) 憎んでいる	vīvō, vīxī	(3)	生きる

§ **125.** 距離と程度を表す**對格**.

對格はまた時空における幅や高さ，長さの度合(ひろがり)，その他一般に程度を表示するのに用いられる．卽ち Accusative of Extent and Degree である． *e.g.*

Caesar **quīnquāgintā** ferē **annōs** et quīnque vīxit.

'カエサルはほぼ五十五年(間)生きた．'

mūrus **sex pedēs altus** erat.

'城壁は六尺(だけ)の高さであった．'

Dēmosthenēs abhinc **annōs** prope **trecentōs** fuit.

'デーモステネースは今から三百年近い前に居た．' Cicero, Div. 2. 57.

また前置詞 **per** を用いていっそう明かにすることもある． *e.g.*

erat Romae **per tōtum annum.**

'彼は一年中ローマに居た．'

§126. ことに**程度**を示す中性の（形容詞や代名詞の）對格は轉じて副詞のようになることが多い. *e.g.*

  multum 大いに; tantum それほど（それだけ,それきり）;
  parum 少しだけ; nimium あまりに, など.

§127. **内部目的語としての對格.**

對格は動詞の作用の及ぶ對象物を示すだけでなく，時にはその作用自身，また作用の内容を示すことがある．こういう種類の對格を**内部目的語の對格** Acc. of Inner Object または **Internal Acc.** と呼ぶ．その最もわかり易いのは同根語の，即ち Cognate Object である．次の諸例を見られたい.

  mīrum atque **īnscītum somnium** somniāvī.

  '私はへんてこりんなしかも譯のわからん夢を(夢)見た.'

                Plautus Rud. 597.

vītam vīvere '生を生きる', 多少轉化したのでは fābulam nārrāre '話を物語る' などもこの類である. 上記§126 の程度の對格も考えようではこの類に入る. *e.g.*

  ōtiō exultās **nimium**que gestīs.

  '安逸におごり，あまりにも放縦にふるまう.' (Catullus, 51.)
は '過度 (の放縦) を行う' と解しえるからである.

§128. **練習問題 9. A.**

vēnī, vīdī, vīcī (Suetonius, Caesar). Sic trādidērunt nōbīs[1] quī[1] ibi fuērunt et vīdērunt. per decem annōs peregrīnus in Italiā mānsit. Alexander vīgintī ferē annōs nātus regnāre coepit. meministīne amitam meam?

  Ōtium, Catulle, tibī molestum est:
  Ōtiō exultās nimiumque gestīs.
  Ōtium et rēgēs[2] prius et beātās

  註 (1) 我々に. quī, who (…した人らが).

X. 動詞の變化: 直説法・完了・能動. 45

Perdidit urbēs.⁽²⁾　　　　　　　　　　Catullus. 51. 6.

§129. 練習問題 9. B.

我々は何も言わなかった．君らはそれだけ(tantus の變化で)聞いたのか．十年の間彼らは幸せな生を送っていた．キケローは凡そ六十歳で(生の…年目に)死んだ(obeo で)．そのとき君は眠ろうと思った(欲した)．惡人の間(inter)には友情は存し得なかった．その時主人は女主人と共に馬で町へ到着した．召使らは多くの涙と共に身を(se)投げ出して女王に悃願した．ゲーテは今から約百五十年前に榮えた．

註 (2) 王たちを，都たちを．(第三變化名詞) *acc. plur.*

XI. 代名詞の變化, および關係代名詞句

關係代名詞, 疑問代名詞, 不定代名詞

§130. ラテン語の**代名詞**も, 種々な區別を有する. ふつうの區分名稱は, 關係代名詞, 疑問代名詞, 指示代名詞, 不定代名詞, 人稱代名詞である.

§131. ラテン語における**代名詞の變化**は, ほぼ名詞のそれに準じているが, 若干獨特な變化形もある. それはことに, 疑問代名詞, 關係代名詞および代表的な指示代名詞に見られる. 人稱代名詞はまた特別な語形を多く有する.

§132. 次に關係代名詞と疑問代名詞の變化を記そう. これは共に **QUA-, QUO-** および **QUI-**[1] という語幹を混用している. そのうち關係代名詞は qua-, quo- に傾き, 疑問代名詞は qui- を多く用いる.

§133. **關係代名詞** quī, quae, quod. 'who, which'

		m.	f.	n.
單數	主	quī *m.*	quae *f.*	quod *n.*
	對	quem[2]	quam	quod
	屬	cuius[3]	cuius	cuius
	與	cui	cui	cui
	從	quō	quā	quō
複數	主	quī	quae	quae
	對	quōs	quās	quae
	屬	quōrum	quārum	quōrum
	與	quibus (quīs)	quibus[2]	quibus[2]
	從	quibus (quīs)	quibus[2]	quibus[2]

註 (1) これは本來はみな疑問を示す語根で, 英語の what, who, 獨語の was, wes などと同一のものである. ギリシア語の pó- (quo-*stem*), tí- (qui-*stem*). (2) この格形は i-stem に屬する. §166 參照. なお quibus には稀に (古く) **quīs** の格形もある. (3) cuius は, cui-ius とも cū-ius とも讀まれる.

XI. 代名詞の變化，および關係代名詞句

§134.　疑問代名詞 quis, quid.'誰，何が？'これは上記の關係代名詞 qui, quae, quod と，主格，單數だけ形がちがう．卽ち

　單數主格：**quis** *m. f.* **quid** (對格も同形) *n.* である (i-stem). あとの格形は全然同じ．

§135.　疑問形容詞 quī, quae, quod.'どの？'これは關係代名詞 quī 以下と全く同一の格形を示し，その形容する名詞と一致した性・數・格をとる．

§136.そのほか，この兩語形からさらに派生した若干の關係代名詞，疑問代名詞がある．

quī-cumque'誰でも…する人は'
qui の部分が §133 と同じように變化する．

quī-libet'誰でも (君のすきな) 人は'，'誰にせよ'
これも上と同じく，qui の部が變ずる．

quī-vīs'誰でも (君のえらぶ) 人は'，'誰にせよ．'同上．
以上三語は一般的に強める場合に用いられる．

quis-quis *m.f.* quid-quid *n.*'誰でも…人は'
これは §134 の quis の變化を重ねたもの．意味はやはり一般的な強め．

quis-nam？ qui-nam？'そもそも誰が'，'誰が一體'，'どの…が一體'

ec-quis？ ec-quī？'そもそも誰が'
ともに quis, qui の部分が §133, 134 にそれぞれ從って變化する．強い疑問に用いられる．

§137.　關係代名詞はそれが說明または限定する主句中の名詞，代名詞 (**先行詞**となづけられる) に從い，そのもつ性や數に**一致**した形をとる．その格形は關係句中の構成關係によるが，**たまに**主文中の先行詞と互いに影響しあい，格形を**混同**することがある．

§138.卽ちあるいは先行詞を自己の格形に同化し，または先行詞の格形に同化する現象 (**Attractio** と呼ばれる) がときに見られ

る．例えば，

ふつうの場合： Ex litterīs tuīs, **quās** pūblicē mīsistī, cēpi…
Cicero. Epp. ad Fam. 5. 7. 'あなたが公にお送り下さった手紙から，受けました…'

同化の場合： Theophrastus autem in eō **quō** dīxī librō disserit. A. Gellius. 1. 3. 'テオフラストスは先に述べた書物の中で論じている．'この quō は本來ならば **quem** となるべきものである (dīxī の object として)．

§ **139.** **quod** および **quid?** は共に**理由**を示すのに用いられる．それでつまり quid? は'why? 何故?'ということになり，quod は理由句を導く接續詞'because…''…というわけで'の意に用いられる．その關係は次のような句で明かであろう．

quid ridēs? '何故笑うのだ'(何を)．
concēdō et **quod** animus aequus est et quia necesse est. Cicero. R. Am. 145.
'私は自分の心が平靜であり，またそれが余儀ないために讓るのだ'(ことにおいて)．

§ **140.** **不定代名詞 aliquis, aliqua, aliquid.**

不定代名詞とは，不確定な，'誰かしら，ある人，物'を指すので，疑問代名詞と同じ語根が使用される．ただ揚音 accent がないのがその特長である．そして普通は ali- (*cf.* alius '他の') を先に付した語形が用いられ，quis, quid の部の變化は疑問代名詞と同じである．女性單數と中性複數には多く aliqua の形が用いられる．

§ **141.** **quis**, qua, quid; **quī**, quae, quod. '誰かしら，何かしら' 前者が一般に用いられるに對し，quis, qui 以下は，專ら sī, nē, nisi, cum などの直後に．enclitic 的に使用される． *e.g.*

sī **quibus** ēiectus silvīs errat. Aen. 1. 578.
'もし投げ出されて，どこかの森に迷っているなら．'

§ **142.** その他，次のような不定代名詞がある．

quī-dam, quae-dam, quid-(quod-) dam 'ある人, もの,' 'a certain…' quī の部分が變化する.

quis-quam, quid-(quic-) quam '誰か, 何か, ある' 'anyone, anything' 同じく變化. 'よしどんな人にもしろ' の意. quis-piam も同義に用いられ, 同じく變化. quī-vīs, quī-libet *etc.* '誰, 何でも (君の好むままの)' もやはり quī 以下の部が變化.

§143. **quis-que, quae-que, quid-que** (quod-que) 'each, every' '各自が' '誰でもみな, てんでに' などの意. またよく再歸代名詞 sē, suus の變化と共に熟語的用法をなしている. *e.g.*

nescio quō pactō suum **cuīque** pulchrum est.

'どういうわけか知らんが, 誰にでも自分のもの (詩) がよく見えるのだ.' Cicero.

また, prīmō **quōque** tempore 'すこしも早く (あらゆる最初の機會に).'

tertiō **quōque** diē 'every third day, 一日おきに.'

§144. 屬格の用法. 部分的屬格 Partitive Genitive というのは, 大きなものまたは多數の一部分であることを示す語法で, 例えば, paucī **incolārum** '住民の少數', quī **deōrum** '神々のうちの誰が' のように, '…のうちの' を示すが, またしばしば nimium **bonī** 'よいことの過度, あまりよいこと' quid **malī?** 'どんな惡?' nihil **vērī** '眞實の無, なんらの眞も…ない' の如く, 中性の代名詞や形容詞に伴ってよく使用される.

§145. 價値や價格を示す屬格および從格. ものの評價や値段は, 一般的には屬格, 細かい代價では多く從格で表示される. 即ち Genitive or Ablative of Value or Price であって, stō, cōn-stō, sum, valeō '價する'; faciō, dūcō, putō, habeō, aestimō '評價する'; emō, vendō, vēneō '買う, 賣る, 賣られる' など評價や賣買の動詞によく伴い, ことに對償 (代價) には手段の從格が用いられる. *e.g.*

quantī est? 'いくらだね.' **parvī** sunt. '少しの價しかない(安い).' **nihilī** faciō. '何とも思わぬ.' **parvō pretiō** vendidit. 僅かの値段で賣った.'

minīs trīgintā sibi puellam dēstinat. Plaut. Rud. 45. '三十ミナで, その娘を買い込もうというのだ.'

§146. 練習問題 10. A.

quī parcit malīs, nocet bonīs. nōn cuivīs hominī⁽¹⁾ contingit adīre Corinthum (Horatius. Ep. 1.17.). quī sēminant in lacrimīs, in laetitiā metent. quantī quisque sē⁽²⁾ ipse⁽²⁾ facit, tantī fit⁽³⁾ ab amīcīs (Cicero.. Am. 56.). quidquid tentābam dīcere versus erat (Ovid. Tr. 4.10.). sī quid bonī est in īrācundiā, praestō dīcēs. Quid est enim fidēs⁽⁴⁾, nisi crēdere quod nōn vidēs? (St. Augustin.). quid dare cōnsiliī (potest), quī eget cōnsiliō?⁽⁵⁾ suae quisque faber fortūnae.

§147. 練習問題 10. B.

何か新しいことを知っているか. それ (istud) は何程か, 安いものです (少しの價である). その時敵軍の大勢 (copiae) が現れた. (その) 婦人は誰の伯母であるか. 少年らは泳ぐのを何と (何に價するものと) も思わ (facio で) なかった. 何でも知ってることを, 君らは言うがよろしい (dico の未來形で). 五年目ごとに我々の町は大きな火事を持つ.

註 (1) homo の *dat*. §302 cuivis と一致. (2) '自分で自分を'. (3) '評價される'. (4) 信, 信仰. (5) eget につく *abl.* § 222.

XII. 過去完了および未來完了・直說法・能動.
不定法およびその用法 (2)

§148. 直說法,能動相における**過去完了** Plūsquamperfectum と,**未來完了** Futūrum Exāctum は,ともに**完了時稱幹**から作られ,次表の如くに活用される.なおこれらは完了時稱幹を基とするので,四種變化の別は原理的にはすでに存しない.

§149. 過去完了および未來完了の幹と變化形.

完了.單.1. habuī '私は持った'. fuī '私はあった' etc.

完了幹　　habu-　　　　　　fu-

		過去完了		未來完了	
單數	1	habu-eram	fueram	habu-erō	fuerō
	2	habu-erās	fuerās	habu-eris	fueris
	3	habu-erat	fuerat	habu-erit	fuerit
複數	1	habu-erāmus	fuerāmus	habu-erimus	fuerimus
	2	habu-erātis	fuerātis	habu-eritis	fueritis
	3	habu-erant	fuerant	habu-erint	fuerint

§150. この形はつまり完了幹にそれぞれ eram 'I was' の變化をつけたのに等しい語形(過去完了)と,erō 'I shall be' をつけたもの(未來完了)に似ている.未來完了は,その單.2.以下が接續法完了(§183)と全然同じである.これは混同に基くもので,本來は未來完了では fuer-i-mus の i が短く,接續法完了では ī であった(元來 -is-Aorist の,それぞれ thematic な接續法および希求法から出ているので).それが古典期までに大體混同してしまったのである.

§151. この兩時稱の變化形でも,-v- を有する完了幹では,しばしばその**省約形**,つまり -v- を省いた語形が見られる.*e.g.*

dēclārārant＜dēclārāverant；nōrint＜nōverint．など．

§152. 過去完了は大體，過去のある時を規準として，それ以前に起ったこと，あった狀態，その時までに終っていることを示すのに用いられる．

§153. 未來完了は，本來は未來と大差ないもので，その意義はむしろその働き方 aspect (Aktionsart) の表示に存していた．つまり完了的な，斷定的なニュアンスを示すのである．

§154. 次に例をもってこれを説明すれば：

Inruerant Danaī et tēctum omne tenēbant．　Vergil. Aen. 2, 756.

'ギリシア軍は (都へ) なだれ込んで來て (それから) あらゆる家々を占領した．'

ego hinc **abscesserō**．　Plaut. Miles 200.

'俺はここから出かけちまおう．'

ego certē meum rei pūblicae … officium **praestiterō**．Caesar. B. G. 4. 25.

'私は少くとも自分の國家に對する任務を果してやるぞ．'

勿論こういう未來完了の用法から，しばしば副文における，未來の先に終っている行動，または先に存在していた狀態の表示に使用される．その例は練習問題について見られたい．

不定法の形式と用法

§155. ラテン語の文章では，**不定法** Infinītīvum がかなり重要な役割を演じている．しかしその種類は割合に少く，能動 active と受動 passive とについて，各々三つずつ，**過去**，**現在**，**未來**をそれぞれ表示するものがあるだけである．いま**能動相**についてこれを擧げれば (canto, habeo, mitto, capio, audio を例として) 次の如くである．

現在：　cantāre, habēre, mittere, capere, audīre.

完了: cantāvisse, habuisse, mīsisse, cēpisse, audī(vi)sse.
未來: cantātūrum esse[1], habitūrum esse[1], missūrum esse,[1] captūrum esse,[1] audītūrum esse.[1]

また **sum** の不定法三時稱は次の如くである．

esse, fuisse, futūrum esse[1]

なお **sum** の未來不定法としては，しばしば **fore** (<fu-se) なる形が代用せられる．

§156. これらのうち現在と完了はすでに示されたものであるが，**未來不定法**について說明すると，これは形容詞の一種である**未來分詞** (-tūrus, a, um '…しようとする'．上に例示したのはその男性單數の對格形) に，sum の不定法 esse を加えたものである．つまり'…しようとしていること'の義である．

§157. 不定法は §65, §66 に述べたように，動詞の意味を補足するのにも多く用いられるが，その他二三の重要な用途がある．その第一は**名詞** '…すること' として使用される場合で，文章の主語，目的語，補足語 (述語) として名詞的に用いられる．

§158. その用例を次に示せば:

主語: Dulce[2] est **dēsipere** in locō. '場合によっては馬鹿になるのも怡しいこと.' Horat. Ode.

このように，不定法は名詞としては，**中性名詞**として取扱われる．

述語: Doctō hominī et ērudītō vīvere est **cōgitāre**.
'學問や教養ある人にとっては，生きるとは思索することである.' Cicero. Tusc. 5.38.

目的語: nōn ignāra malī, miserīs **succurrere** discō. '不幸を知らぬのではない私は，氣の毒な人々に(を)援けることを學び知っているのです.' Verg. Aen. 1.630. Carthāgō の女王 Dīdō の言葉．

§159. 不定法はまた**述語動詞** finite verb の代用として用いら

註 (1) この esse はよく省略される．　(2) dulcis 'sweet' の *n*.

れることも多い．その最も廣い用途は，**不定法句**であって，言説や思考を意味する動詞，'…と言う，考える，思った' などの内容の表示である．この場合，**不定法となった述語動詞の主語は，對格で**示される．即ち (對格＋不定法) の構成をとり，所謂 accusativus cum infinitivo として知られる．この不定法句は，その他にも主語として，目的語としてなど，ひろく名詞句として用いられることも多い．これらについては §370 以下；§405 以下；を參照されたい．

§160. '…と言う，言った' の内容句に用いられる不定法は，大體下の方式による．

1) **現在不定法** 主文と同一の時階，同時の出來事，狀態

   dīcit (dīxit) **fīlium** litterās **scrībere.**

   '息子は手紙を書いている，と彼は言う（言った）．'

2) **完了不定法** 主文の時階より，一段と以前のこと，既往の事柄．

   dīcit (dīxit) **sē**[1] litterās **scrīpsisse.**

   '自分は手紙を書いた，と彼は言う（言った）．'

3) **未來不定法** 主文より將來に屬すること．

   dīxistī **tē**[1] litterās **scrīptūrum** (esse).

   '君は手紙を書こう，と言った．'

これらは事實上間接話法 oratio obliqua に屬するが，その委細については更に §405 以下；§446 以下を見られたい．

§161. 練習問題 11. A.

quantī est sapere! (Terent. Eun. 4.7.).　at illud[2] vīderō. cum ā vōbīs[2] discesserō, nūsquam mē[2] reperiētis. prōmīsistī tē sōlum ventūrum. Caesar animadvertit cōpiās inimīcōrum Rhēnum trānsiisse. coepērunt dīcere inter sē quī ante

---

註 (1)　me '私'，te '君'，se '自身' の各對格形．cf. §198 以下．
(2)　illud 'それを'．vobis '君らから'，me '私を'．

circumsteterant. igitur et monēre et monērī⁽¹⁾ proprium est vērae amīcitiae, et alterum⁽²⁾ līberē facere, nōn asperē, alterum⁽¹⁾ patienter accipere, nōn repugnanter (Cicero, Am. 91). hūmānum est errāre.　fuit enim Arganthōnius quīdam, quī octōgintā regnāverat annōs, centum vīgintī vīxerat (Cic. Sen. 69).

§ 162.　練習問題 11. B.

前に見ていた人々は出ていった．先生が來たら，私はみな (omnia) 言おう．君は女王の言葉を覺えていたか．君らは女王のことを覺えているだろうか．我々は僭主を憎んでいた．言うのと爲るのとは別々のことだ．少年たちはすぐ歸ってくると約束した．私は知らないと言ったのです．君は詩人を見たと前に言ったが，今度は見ないというのか．

註 (1) 'to be admonished.'　(2) '一方は…他方は.'

XIII. 第三變化の名詞 (1). -i- 語幹

§163. 名詞の變化について. 今迄に出たラテン語名詞の變化（第一，第二）はみな母音に終る語幹を有するものであったが，第三變化は子音に終る語幹をすべて含む，典型的な子音幹變化形式である．しかし第三變化にはその他に -i- に終る語幹の名詞が包含されていて，この兩者が互いに影響しあい，結局合の子な變化形式をつくり上げている．

§164. いま典型的な第三變化の格尾形式を示せば，次の如くである．

a) 男・女性の名詞：

		子音幹	i-幹			子音幹	i-幹
單數	主.	-s	-is または -ēs	複數		((-es))(2)	-ēs
	對.	-em	(-im)(1)			-ēs	-īs(1)
	屬.	-is	-is			-um	-ium
	與.	-ī	-ī			((-bus))(2)	-ibus
	從.	-e	(-ī)(1)			((-bus))(2)	-ibus

b) 中性名詞：(異る點のみをあげる)

   單.主.對. 格尾ナシ (-e)   複. **-a**　　**-ia**

e.g. **caput** *n.* '頭, 首.' 屬. capitis 複.主.對. **capita**.
　　　　mare *n.* '海'　　〃 maris　　〃　　**maria**.

§165. このように兩者の變化形式も多少趣を異にし，さらに子音幹名詞はその種類により種々な修正を必要とするため，ここではまず初めに i- 幹名詞からとり上げてゆこう．

註 (1) i- 幹變化の -im, -ī は殆んど子音幹格尾の -em, -e で代置されるに至った．複數對格も帝政初期には殆ど全く -ēs を用いる． (2) 反對に子音幹の -es, -bus は i-stem の -ēs, -ibus に均等化されてなくなった．

§166. i-stem の變化.

男・女性名詞: 例 avis *f.* 鳥; turris *f.* 塔; aedēs *f.* 社殿, 家

單數	主.	avis	turris	aedēs
	對.	avem	turrim[(1)]	aedem
	屬.	**avis**	turris	**aedis**
	與.	avī	turrī	aedī
	從.	ave	turrī[(1)]	aede
複數	主.	avēs	turrēs	aedēs
	對.	avēs (avīs)[(2)]	turrīs (-ēs)	aedīs (aedēs)[(2)]
	屬.	**avium**	turrium	**aedium**
	與.	avibus	turribus	aedibus
	從.	avibus	turribus	aedibus

§167. 中性名詞: 例 mare 海, animal 動物

單數	主.	**mare**	**animal**
	對.	mare	animal
	屬.	maris	**animālis**
	與.	marī	animālī
	從.	**marī**[(3)]	**animālī**[(3)]
複數	主.	maria	animālia
	對.	maria	animālia
	屬.	(marium)	animālium
	與.	maribus	animālibus
	從.	maribus	animālibus

註 (1) turris の外, sītis 渇, puppis 舟尾, cucumis 胡瓜, febris 熱病, Tiberis 川名などふつう對格で -im, 從格で -ī をとる. しかし概ね, -em, -e の格尾を用いても可である.
(2) 複數對格には, ことに古くは -īs の格形が多くみられる. これは本來の i-stem の *acc. plur.* 形であるが, 子音變化からの -ēs にその地位を奪われるようになったのである.
(3) 單數從格が -ī なることに注意.

§168. animal の如く單數主格が -al もしくは -ar に終る**中性名詞**は，多く§197 に述べる**形容詞** -ālis もしくは -āris の中性形が名詞に變じたものである．そして單數主格で，語尾の -e を失い，その上 -ā- を約めた形となった．從って他の格形は原語幹 -āli- もしくは -āri- から求められる．capital, -ālis 死，破滅; vectīgal, -ālis 稅; calcar, -āris 拍車; exemplar, -āris 例，範．などみな此に屬する．

§169. 複數語尾で -ium となる第三變化名詞は元來 i-stem に屬するはずであるが，ラテン語の固有の音韻變化のため，單數主語で -is もしくは -ēs の語尾をとらないものも相當ある．その主なのは單綴の語で語幹末 (-i- の前) に，二つもしくはそれ以上の子音を有つ語である．この類の變化 (例: ars 術 gen. artis; mēns 心 gen. mentis) については §270 を見られたい．また元來子音變化の語でも，時に語幹の混同や混在から，-ium その他の -i-stem の格變化形をとる者も間々ある．一方 canis 犬, iuvenis 若者, pānis ぱん, volucris 鳥．また通例 apis 蜂, sēdēs 席, vātēs 詩人などは屬格複數で **-um** (ium でなく) をとる．

§170. 從格の用法．—分離の從格

從格は，手段や方法など (§109—110) また場所や時間 (§95—6) の表示に用いられるが，その本來の意味は**分離**を表すことで，從格 (…より) Ablātīvus の名稱もそこに出ている．この用法を **Abl. Sēparātiōnis** (Abl. of separation) '分離の從格' といい，しばしば分離を表す**動詞**や**形容詞**と共に使用されることもある．多くは **ab, ex, dē** のような分離を意味する前置詞を伴うが動詞や形容詞と共なるときは (ことに詩語では) 概ねこれを要しない (詳しくは §222.a を見よ)．また慣用の小地名や都市名でも，位格や目的地の對格 (§95, 94) と同樣，前置詞なしで使用される．

§171. 分離の從格はまた**起源**や**原因**を表すのに轉用される．つまり起源や原因の從格 Abl. Orīginis seu Causae (Abl. of

Origin or Cause) がこれである (一部分は手段の従格でもある).

§172. 従格はまた‘どれくらい’,‘どれほど’という**差違の程度**を表すのにも使用される. multō 大いに, tantō それほど, paulō 少しく, nimiō あまりに. また bīduī spatiō ‘二日の旅程だけ’なども同じ語法で, **paucīs** post (ante) **annīs** ‘二三年后(前)に’もこれに屬するといえよう. (**對格**も程度の表示に用いられるが, 多少意味合いが異る. 即ち對格の場合は内部目的の意味あいがあるので, 多く差違や比較を示す**動詞**と共に使用される. *cf.* Accusative of extent or degree §126.127).

§173. 従格はまた動詞作用や狀態の**範圍を限定**するのに使用される.‘いかなる點において, 何ういう處で’,‘…は, が’(例えば,‘齒が痛い’とか‘色はいいが, 模樣が惡い’の如き) という場合である. *e.g.* captus **oculīs** 眼が惡い. **crīne** ruber 頭髪の赤い. これを **Ablātīvus Līmitātiōnis** (Abl. of Limit or Respect) 限定の従格という.

§174. **對格**も同樣の意味に使用されることがある. しかしこの **Accusative of Respect** は元來ギリシア語に出るもので, ラテン語では專ら古典期後半から詩において用いられるため, また **Greek Acc.** とも呼ばれている. *e.g.* flāva **comās** 髪の黄色い; fēmina nūda **bracchia** 腕も露わな婦人; **cānōs** hirsūta **capillōs** 灰白の毛髪のぞっくり生えた (冬の形容, Ovid. Metam. 2.3.).

§175. 限定の従格と似た用法に, **判斷の準據**を表示する従格がある. **Ablātīvus Mēnsūrae**, ‘Abl. of Standard of Measure’ と呼ばれるもので,‘何から見て’,‘どういう立場からして’を示す. 測定や判斷, 決定, 比較, 同一, 相違などの意義をもつ**動詞**に伴うことが多い.

§176. 従格はまた**材料**や**素材**の表示に用いられる. この材料の従格 **Abl. Materiae** は一方では分離 (時に ex ‘…からできて

いる'を伴なう)の,他方では用具,手段'…で作った'の從格である(この材料は時に屬格でも表される).次に以上の從格の諸用法を以下に例示しよう.なお本章の練習問題について,よく考究されたい.

  columbae…**caelō** vēnēre.'鳩らが天から來た.'Verg. Aen. 6. 191. **altīs** praecipitant currum **scopulīs**.'高い岩崖から車をまっしぐらに落とす.' Ovid. Metam. 15. 518. (分離). nāte **deā**!'女神より生れた者よ(子よ)'(詩語起源). **ē terrā** genitus'地から生れたもの'(起源). Hannibal, **patriā** profugus'祖國を亡命せる'H.(分離). **quō dēsīderiō** veterēs renovāmus amōrēs / atque ōlim āmissās flēmus amīcitiās'その追慕の念によって(から)昔の愛を私らがさらに新にし,前に失われた友情を嘆くのである'Catull. 96(理由). impulsus **odiō tyrannī**'僭主への憎惡に馳られて'(原因). **īrā** commōtus'怒に動かされて'(原因). medicīna tōta cōnstat **experimentīs**.'醫術というものはすべて實驗から成り立っている'Quintilian. 2. 17. (材料). simulācrum **ex aurō** (**lignō**)'金(木)でできた像'(材料). oppidum **longō spatiō ā castrīs** aberat.'町はずいぶんと(長距離だけ)陣地から離れていた'(分離,程度). nōn **verbīs** Stōicī ā Peripatēticīs, sed **tōtā sententiā** dissident.'ストア派と逍遙派との相違は,その文句にあるのではなく,考え方全體に存する'Cicero. Fin. 4. 2. (標準). Gubernātōris ars **ūtilitāte**, nōn **arte** laudātur. '般海術は,學術としての價値ではなく實用性によって賞用されるものである'ibid. 1. 42. (同上).

§ **177.** 練習問題 **12. A.**

moenia longa biduī ferē spatiō ab oppidō aberant. quattuor mēnsibus post recēpī mē ad Parīsiōs. suādet amīcōs patriā excēdere. avēs ā reliquīs animālibus meā sententiā tōtō caelō differunt quod volitāre possunt. post hoc⁽¹⁾ proelium classem septuāgintā nāvium Athēniēnsēs Miltiadī dedērunt et īnsulās, quae barbarōs adiūverant, bellō subiugāre iussērunt (Nepos, 1. 7). in aedibus Sōcratis magnam catervam iuvenum invēnī.

§178. 練習問題 12. B.

四月には．魚の大群を．海陸を越えて (per)．若者たちは犬らにパンを與えた．塔の上を鳥が澤山飛びまわっていた．ミルティアデースは軍艦七十艘を率いて (と共に) アテナイへ戻った．日本人のところ (apud) では髪の毛の黒い婦人が好まれる (grātus で)．私は伯母の家で小さな金の像を見つけた．五カ月後に彼はどういう譯かしらんが野蠻人の國 (fines で) に赴いた．

註 (1) この. §353.

XIV. 動詞の變化： 接續法・能動相.
單文における接續法の意味

§179. ラテン語はその動詞變化に，直說法のほか，事實でない想定されたこと，意圖されたことの表示として，**接續法 Modus Coniūnctīvus** を有する．これには直說法と異って，能動および受動の兩相に，現在・未完了過去・完了・過去完了の四系を有するだけである．次に四種の規則動詞變化に亙ってその形態を示そう．

§180. 例．negō (1) '否定する，…ない，という'，habeō (2)，mittō (3)，veniō (4)

接續法現在．（以下すべて**能動相**のみを舉げる）

單數	1.	**negem**	habeam	mittam	veniam
	2.	negēs	habeās	mittās	veniās
	3.	neget	habeat	mittat	veniat
複數	1.	negēmus	habeāmus	mittāmus	veniāmus
	2.	negētis	habeātis	mittātis	veniātis
	3.	negent	habeant	mittant	veniant

capiō (3 b) の類は veniō (4) と同じように變化する．

§181. 上記の如く接續法現在は，第一變化では，幹尾の -ā- を -ē- と入れ替え (ē-subjunctive)，第二變化以下では，ē-, ĕ-, ī- を，それぞれ eā-, ā-, iā- としたもの (ā-subjunctive) である．但し一人稱單數は -m に終る．

§182. 未完了過去接續法：

單數	1.	**negārem**	habērem	mitterem	audīrem
	2.	negārēs	habērēs	mitterēs	audīrēs
	3.	negāret	habēret	mitteret	audīret
複數	1.	negārēmus	habērēmus	mitterēmus	以下同じ
	2.	negārētis	habērētis	mitterētis	
	3.	negārent	habērent	mitterent	

XIV. 動詞の變化：接續法・能動相．單文における接續法の意味　63

つまり不定法現在 negāre etc. が第二變化 (現在) の人稱語尾で活用されたような形である．しかしこれは別に不定法とは無關係で，元來は -s- 幹 (aorist 形) の **ē-subjunctive** と解釋される．**capiō** の類 (3 b) も不定法 capere と同趣に：

　　caperem, caperēs, caperet 以下となる．

§ 183.　完了接續法：

單數	1.	**negāverim**	habuerim	mīserim
	2.	negāverīs	habuerīs	mīserīs
	3.	negāverit	habuerit	mīserit
複數	1.	negāverīmus	habuerīmus	mīserīmus
	2.	negāverītis	habuerītis	mīserītis
	3.	negāverint	habuerint	mīserint

audiō (4), capiō (3 b) もそれぞれ，audīv-**erim**, cēp-**erim** 以下となる．

§ 184.　完了接續法は (次の過去完了接續法と共に)，完了時稱幹から誘導されるので，直說法完了の項で述べたように，もう規則動詞の四種別は原則上存しない．それぞれの完了幹に **-erim, -erīs** 以下を附したものである．ここで氣が付くのは，これらの語形が，直說法未來完了 habuerō, -eris, erit 以下と甚しく似ていることである．事實そのため兩者の語形は混同され (一人稱單數を除いて)，元來は接續法完了では **-ī-** が**長く**，未來完了では**短い**のが，どちらでも構わぬことになり，古典ラテン語ではもう無差別に使用されるようになっていた．それ故 audīverimus, negāveris で接續法として十分通用した譯である．因みにこの完了接續法は，完了時稱幹から出た -is- を有する optative[1] (-ī- が特徵) と考えられる．

§ 185.　過去完了接續法．

完了時稱幹に次の語尾を附して作られる．

註 (1) '希求法' でギリシア語，サンスクリット (古典印度語) などにはあるが，ラテン語では形態的にも機能的にも接續法と合併し獨立的存在を失ってしまった．

-issem, -issēs, -isset, -issēmus, -issētis, -issent.
これらは形だけからいうと完了不定法がēで終る，つまり第二變化現在の，人稱語尾をとったのに大體等しい（一人稱單數を除き）．また未完了過去とよく對應している．つまり cantāvissem, habuisset, mīsissēmus, audīssent などとなる．この最後の形のように，**-v-** のない省約形もよく見られる．

§ 186. 不規則動詞 Sum 'ある，…である' の接續法は以下の如くである．

現　在： **sim, sīs, sit, sīmus, sītis, sint**
未完了： **essem,** essēs, esset, essēmus 以下
完　了： **fuerim,** fueris, fuerit, fuerimus 以下
過去完了： **fuissem,** fuissēs, fuisset 以下．

§ 187. Possum 'できる'，eō 'ゆく'，volō '欲する'，dō '與える' の接續法．

現　在： それぞれ **possim,** possīs； **eam,** eās； **velim,** velīs； **dem,** dēs 以下
未完了： **possem**；īrem；**vellem**；darem 以下
完　了： potuerim；ierim；voluerim；dederim 以下
過去完了： potuissem その他完了幹より同じく．

§ 188. 單文における接續法の用法．

接續法はラテン語では最も多く複文の從屬句中に用いられるもので，その名稱もこれに基いている．しかし本來これらも單文に見られる用法が發達してできたものなので，以下その主な用途を若干次に枚擧しよう（詳しくは § 286 以下，§ 412 以下を見られたい）．

§ 189. 接續法は**意圖**を表明するところから，勸告や命令，禁止に用いられる．

1) 勸告 hortative (主として一人稱複數，現在に．) 'Let us…' たとえば次の句の例の如くである．

Vīvāmus, mea Lesbia, atque **amēmus** '生きようよ，私

XIV. 動詞の變化: 接續法・能動相. 單文における接續法の意味

のレスビア，そいで愛しあおうよ' Catul. 5.
Gaudeāmus igitur iuvenēs dum sumus 'されば我々が若くあるうちに，樂しむことはいいことだ.'中世學生歌

§ 190. 2) 命令 jussive (二・三人稱；二人稱では口語が多い) *e.g.*

taceās. '默っていなさい.'　Fīnis **sit**. '終いにしよう.'
Apud mē cum tuīs **maneās**. Cicero Att. 4. 19. '私のところに一家の方々と共にとまっておいでなさい.'
Sed **valeant** rēcta, vēra, honesta cōnsilia. Cicero. Att. 4. 5. 'だが，正直や眞實，節義などとは訣別をつけよう.'

§ 191. 3) 禁止 prohibitive (二・三人稱；文語で正しくは完了を用いる) **nē** と共に. *e.g.*

nē fēceris. '爲るな'. **nē** mortem **timueritis**. '死を恐れるな' Cicero, Tusc. 1. 98.

§ 192. 4) 願望 optative, desiderative. 現實に反する願望では，よく **utinam, ut** 'ことを' をとる. これは前に述べた希求法本來の意味である. *e.g.*

Sit tibi terra levis. '大地が汝に輕くあらんことを.'(死者に祈る言葉)
utinam avis **essem**. '私が鳥だったら (よいのに).'
utinam nē **accidisset**. '起らなかったら (よかったのに).'

5) 相談, 懷疑, 反問などの表示. deliberative or polemic. これは可能を表す potential optative の系統に屬する.

ēloquar an **sileam**? '喋ろうか，それとも默っていようか.'
quis **dubitet**? '誰か疑おうという者があろうか.'

6) 讓步. concessive. これも可能から轉じたものである.

fuerint, sānē. 'まあ，あったとしておこう.'

7) 鄭重な言い方. ideal or modest assertion. 5) と同系統で, 英語の 'I shoud say,' 'you would…' などと等しい. *e.g.*
　dīcās… '君はいうだろう…' Nūllōs hīs māllem lūdōs spectāsse… 'どんな芝居も, この芝居よりは見たくありません' Horat. Ep. 2. 1. 250.
　これは條件文とも考えられるが, 獨立の接續法としても成立ちえるものである.

§193. 練習問題 13. A.

velim mihi[1] ignōscās. dīcat aliquis eum[2] stultum esse. Nīl ego contulerim[3] iūcundō sānus amīcō (Horatius, S. 1.5.). Quis dīxerit tē ignōrāsse? Quod dī tibi parcant! Vellem adesse posset Panaetius! (Cicero, Tusc. 1. 33.). Quid agerem? Nē trānsieris Hibērum (Livius, 21. 44.). nē vōs lupōs timueritis. Dōnīs impiī nē plācāre audeant deōs (Cicero, Leg. 2. 16.). Ab amīcīs honesta petāmus et amīcōrum causā honesta faciāmus; studium semper adsit, cōnsilium vērō dare audeāmus līberē (Cic. Am. 44.). Ōderint dum metuant (Cic. Off. 1. 28.).

§194. 練習問題 13. B.

彼らが祖國に歸れますように. みじめさの終りが我々に (nobis) ありますように. 彼らは君は馬鹿だったというだろう. 我々が魚であったらよいのに. 泳いで島へゆけるように (ut). 君らがそんなこと (talia) を言ってはいけない. 恩知らず (感謝を知らぬ者ら) は出てゆけ. '愛する者らよ. 我らは互いに愛し (diligo) あおう'. 君らに神々が恩寵 (venia) を與えられんことを.

註 (1) mihi: '私に', *dat*. tibi: '汝に', *dat*.　(2) is '彼' の *acc*.
(3) con-fero より. sānus は述語的.

XV. 形容詞の變化: 第三變化, -i- 語幹
人稱代名詞, 所有代名詞

§ 195. ラテン語形容詞の**第二類**は, 第三變化に屬し, **-i-stem** を有している (他に第三類, 第三變化子音幹の形容詞がある).

この類の大半は, 主格單數において, 二語形を有し (男・女性ではともに **-is**, 中性では **-e** に終る), その變化樣式は前者では avis と, 後者では大體 mare と同じである. しかしその中 **-ri-stem** を有する若干の形容詞は, 主格單數だけ男性では **-er** (第二變化 -ro-stem の如く), 女性では **-ris**, 中性では **-re**, と, 三形を有する. いまこれを次に例を以て表示すれば次の如くである.

§ 196. 例. levis '輕い'; ācer '銳い'

單數 主.	*m. f.* levis	*n.* leve	*m.* ācer	*f.* ācris	*n.* ācre
對.	levem	leve	*m. f.* ācrem		ācre
屬.	levis	levis	ācris		ācris
與.	levī	levī	ācrī		ācrī
從.	levī	levī	ācrī		ācrī
複數 主.	*m. f.* levēs	levia	*m. f.* ācrēs		*n.* ācria
對.	levēs (-īs)	levia	ācrēs (-īs)		ācria
屬.	levium		ācrium		
與.	levibus		ācribus		
從.	levibus		ācribus		

§ 197. 上表の如く屬格複數はみな **-ium** に終る. 對格複數では **-ēs** のほかに, 本來の i-stem の格尾である **-īs** をとることが屢々ある. 反對に從格單數では時に (殊に名詞化すれば) **-e** をとることがある.

この類にも甚だ有用な多くの形容詞が屬する. その一例を擧げる

と，

1) 主.單.で二形のもの：

brevis breve (以下同じく) 短い　difficilis 難い　dulcis 甘い
facilis 易い　　　　　　　fortis 強い　　　gravis 重い
omnis あらゆる　　　　　suāvis 甘美な　　ūtilis 有用な
その他すべての -ālis, -īlis, -bilis, -āris に終る派生形容詞はこの類に入る．e.g.

 tālis そのような； quālis どのような，…のような（疑問および關係詞として）； animālis 生ある (cf. §168)； senīlis 老いたる； gentīlis 同族の； mīrābilis 驚くべき．

2) 主.單.で三形のもの：

alacer, -cris, -cre 敏捷な； celeber, -bris, -bre 人の群がる，名高い； celer, celeris, celere 速い； pedester, -tris, -tre 徒歩の（同じく equester 騎馬の； silvester 森の），などがある．

§198. 次にラテン語の**人稱代名詞**について述べれば，これはその特徵として性別がなく，代りに第一・第二・第三の三人稱によって變化する．その語根は殆んど全インド・ヨーロッパ語族に亘って共通なものである．次にこれを表示すれば：

§199. **第一人稱代名詞**

單數				複數		
主.	egō (ego)	私は		主.	nōs	我々は
對.	mē	私を		對.	nōs	我々を
屬.	meī[1]	私の(ことを)		屬.	nostrī,	nostrum[1]
與.	mihī	私に		與.	nōbīs	我々に
從.	mē[2]	私から		從.	nōbīs[2]	我々から

 註 (1) 第一・第二人稱とも本來の屬格形はなく，この格形は所有代名詞 meus, tuus, noster, vester の單數屬格，もしくは複數屬格 (nostrum, vestrum) であって，專ら前者は形容詞や動詞の對象語として，後者は部分の屬格 (§144) の場合に使用される．他の場合は所有代名詞で足りるわけである．
(2) *abl.* mē, tē, sē, nōbīs, vōbīs が前置詞 cum に伴うときは，**mēcum, nōbīscum** などとなるのが常例である．

§200. 第二人称代名詞

單數:
- 主. tū 君は
- 對. tē 君を
- 屬. tuī[1] 君の(ことを)
- 與. tibī 君に
- 從. tē[2] 君から

複數:
- 主. vōs 君らは
- 對. vōs 君らを
- 屬. vestrī, vestrum[1]
- 與. vōbīs 君らに
- 從. vōbīs[2] 君らから

§201. 第三人称代名詞

ラテン語では特に第三人称(彼,彼女,彼ら)を表す代名詞はない.というのは,第一には普通の場合:ラテン語の定動詞は別に主語としての代名詞を必要としないからである.これは近代語になれた人々がよく記憶すべき事柄である(尤もイタリア語等ではいらないが).それ故代名詞があるのは,特別な強意 emphasis とか作意とかのある場合で,從って三人称では當然指示代名詞(§351 以下)がその任に當るわけとなる.尤もその中でも意味のかるい **is, ea, id** (§352) がその代用を勤める場合も時に見られる.

§202. 三人称再歸代名詞

その代り,ラテン語では,三人称に再歸代名詞 Reflexive Pronoun があり,文の(形式上,內容上の)主語にかかるものを表示するのに用いられる.從って主格はなく(ipse '自身で' §356 が大體これに當る),單數,複數とも同形で,

- 屬. **suī**[3] 彼,彼女,彼ら自身の(ことを)
- 與. **sibī** 彼,彼女,彼ら自身に
- 對. **sē** または **sēsē** 彼,彼女,彼ら自身を
- 從. **sē** または **sēsē** 〃 〃 〃 から,で,と

§203.

meī, tuī, vestrī などが專ら**形容詞や動詞の意味の補充,對象**として用いられること,nostrum, vestrum は**部分の屬格**の表示 §144 '我々のうちの' として使用されることは,上記註の如くである.その他一般に屬格を用うべきところ,'私の''君の'等の

註 (1)(2) 前頁下を見よ. (3) suī も meī などと同じく使用される.由來も同一.

XV. 形容詞の變化：第三變化所屬，-i- 語幹

表示は，古典期では專ら**所有代名詞** Possessive Pronoun（本質は全く形容詞である）によってなされるのを常とした（古典後期からは meī, tuī も使用されるようになったが）．卽ち，

  meus, a, um 私の noster, nostra, nostrum 我々の
  tuus, a, um 君の vester, -tra, -trum 君らの
  suus, a, um 彼，彼女，彼ら自身の（主語にかかる）

がこれである．そしてこれらは，しばしば代名詞の代用を上記の如くに，また他の場合にも勤めることがある．

§**204.** **屬格**の用法：**述語**としての**屬格**．屬格は時に述語として‘…に屬すること，もの’の意を表示する．これはあたかも‘…の本分，つとめ，なす業，性’のような語が省かれている趣を呈するので**省語的用法** elliptical use とも呼ばれる．人稱代名詞のときは，よく所有代名詞が用いられる．*e.g.*

 cōnstat[1] **virōrum** esse **fortium** toleranter persevērāre[2]. Cicero. Tusc. 2. 43. ([2] はもと dolōrem patī)‘辛抱づよく持久するというのは，明かに志操堅固なる人士の行いである．’([1] については §370 以下參照).

 nāvibus, quās **suī** quisque **commodī** fēcerat, ā litore discesserant. Caesar. B. G, 5. 8. ‘彼らは，各自が自分の便宜のために（のものとして）作っておいた船で，岸から出かけて行った．’

 nōn est mentīrī **meum.** ‘うそを言うのは私のなすところではない’ Terentius Heaut. 549. (不定法 mentīrī §210 は中性. §158)

§**205.** 名詞の屬格はまた**形容詞**（概ね多大など分量の，または代名詞的な）を伴って，**性質**や**特徵**を示すために，附隨的にまたは述語的に使用される．卽ち **Genitive of Quality** で，從格にも類似した用途があるが（§112），一般的にいうと，**屬格は本質的永久的な場合，從格は一時的，隨伴的現象の表示**とされる．*e.g.*

  ānulus **magnī pretiī** 高價な指輪. vir **māximī**

animī 極めて心の寬い人．　cuius modī erat? 'それはどんな風だったか．'　cf. bonō animō es. '元氣でいろ．'
(從格：今のところ)

§206. 屬格はまた，'ある事項について'，'あるものに關聯して'という，廣義の關係を表すのに用いられることがある．これが Gen. Relātiōnis '關聯の屬格'と呼ばれるもので，多く形容詞に伴う（§207 と區別を要する）．e.g.

 integer mentis 心の健全な，元氣のよい；　aeger animī 'sick at heart'; aevī aequālēs 年輩の同じい；sollicitī animae 心に思い患う，など．

なお §220 に說く，裁判や斷罪についての屬格のあるものもこの範疇に屬すると解せられる．

§207. 屬格はまた多くの**形容詞**や**動詞**と共に，その品詞概念の補足，對象の表示に使用される．まず**形容詞**では，關與，分有，知識，經驗，欲求，充滿またはその反對，時に類似，同一（ふつう與格 §108）など．e.g.

 (im-) perītus …の經驗のある（ない）；　cōn- (īn-) scius …を知れる（知らぬ）；(i-) gnārus …を知れる（知らぬ）；prūdēns …を辨えている；particeps …に關れる；(im-) memor 記憶せる（せぬ）；cupidus …を欲する；studiōsus …を求める；plēnus[1] …に滿ちた；inānis,[1] vacuus[1] …を缺いた；dīves,[1] ūber,[1] gravidus[1] …に富める，滿ちた；nūdus,[1] prīvus,[1] tenuis,[1] pauper …に乏しい，缺いた；
 (dis-)similis, aequālis, pār 同じい，等しい，など．

動詞としては，價值評價（§221）あるいは裁判に關する動詞（§220）以外では，充滿や缺乏，記憶や忘却を意味する動詞がその對象の表示にふつう屬格をとる（動詞により時に從格や對格もと

註 (1) は時に從格とも用いられる．cf. 222, 6．　(2) なお非人稱動詞と屬格については §371, 373 參照．

る).⁽²⁾　*e.g.*

　　compleō, abundō　滿たす，滿ちる；　　egeō, indigeō　缺く
(careō は *acc.* を)；meminī　憶えている（古くは多く *acc.*）；
oblīvīscor　忘れる。など。　　一，二の用例を示せば，
　　omnia plēna **cōnsiliōrum**, inānia **verbōrum** vidēmus.
'我々は全てが良識にみちながら，辯舌を缺いているのを見るの
である' Cicero. Or. 1. 9.
　　meminerint **verēcundiae**. '彼らに廉恥心を記憶せしめよ'
Cicero. Off. 1. 122.

§ 208. 練習問題 14. A.

nōn operae erat inānēs prūdentiae docēre. dulce et decōrum
prō patriā morī⁽¹⁾ (Horatius, Ode). summum imperium in orbe
terrārum populī Rōmānī fēcērunt. plērīque vestrum alacrēs
pedestrēs estis. quālis dominus, tālis servus. quō mē miser
cōnferam? Neque monēre tē audeō eximiā⁽²⁾ prūdentiā virum
nec cōnfirmāre māximī animī equestrem.⁽²⁾ (Cic. Fam. 4. 8. 1.
⁽²⁾は修正) Prīmum Peloponnēsiō bellō multa Thrasybūlus sine
Alcibiade gessit, quae ille⁽³⁾ ūniversa nātūrālī quōdam bonō
fēcit lucrī (Nepos, 8. 1.).

§ 209. 練習問題 14. B.

君らは犬らや猫らは動物だと思うか．君を教えるのは私の仕事
ではない．默って辛抱し通すのは強い人々の行いである．我々は
軍事に經驗のある人々を集めている．我々のうちの多數はまだ隅
田川 (amnis) を見たことがなかった．我々は野獸にみちた地域に
皆のために赴こうではないか．彼等に聰明を記憶せしめよ．城壁
からまだ遠くないところで（へだたらぬとき absum ... cum）我々
は水の乏しい川を見つけた．

註 (1) 'to die', § 254.　　(3) '彼は'（Al. を指す）．

XVI. 動詞の變化: 直說法・受動相.
現在, 未完了過去, 未來

§ 210. ラテン語規則動詞の直說法における受動相の未完了系三時稱は, 能動相と全く同樣で, ただ人稱語尾が異るだけである. すなわち現在時稱では, 能動相人稱語尾の -ō, -s, -t; -mus, -tis, -nt の代りに **-or, -ris** (または **-re**), **-tur; -mur, -minī, -ntur** をそれぞれ附けかえればよい.

次に三時稱について, これを例示しよう.

§ 211. 現在, 直說法受動.

例 amō 愛する (1), videō 見る (2), agō 追う (3), audiō 聞く (4). 受動; 私は愛されている, 見える, 追われる, 聞かれる 以下.

		(1)	(2)	(3)	(4)
單數	1.	amor	videor	agor	audior
	2.	amāris(-re)	vidēris(-re)	**ageris**(-re)	audīris(-re)
	3.	amātur	vidētur	agitur	audītur
複數	1.	amāmur	vidēmur	agimur	audīmur
	2.	amāminī	vidēminī	agiminī	audīminī
	3.	amantur	videntur	aguntur	audiuntur
不定法:		amārī	vidērī	**agī**	audīrī

§ 212. 未完了過去. '私は愛されていた' 以下.

amābar	**vidēbar**	**agēbar**	**audiēbar**
amābāris(-re)	vidēbāris[1]	agēbāris[1]	audiēbāris[1]
amābātur	vidēbātur	以下	以下
amābāmur	vidēbāmur		
amābāminī	vidēbāminī		
amābantur	vidēbantur		

註 (1) 二人稱單數はつねに -re の形を有する.

§213. 未來. '愛されるだらう'以下.

amābor	vidēbor	agar	audiar
amāberis[1]	vidēberis	agēris	audiēris
amābitur	vidēbitur	agētur	audiētur
amābimur	vidēbimur	agēmur	audiēmur
amābiminī	vidēbiminī	agēminī	audiēminī
amābuntur	vidēbuntur	agentur	audientur

§214. Capior (3b) の受動形.

現在: capior, caperis (-re), capitur…以下 capiuntur

未完了過去: capiēbar, capiēbāris (-re) 以下.

未來: capiar, capiēris (-re), capiētur 以下.

現在不定法: capī

§215. 受動相變化一般について.

以上の如くこれらは全く能動相形と對應しているが，殊に注意を要するのは，第三變化と未來との單數二人稱で，agis に對し ageris, amābis に對し amāberis となる（ラテン語では r の前では i>e となるため）こと，及び第三變化不定法受動が，單に -ī (e.g. capī, agī, dūcī など) に終ることである.

§216. 受動相の意義.

受動相 passīvum は，大體近代西歐語と同樣に，ある行爲が文の主體（思考判斷の中心となるもの）に對して加えられることを表示する形式である．つまり日本語で助動詞'…れる'に該當するが，この形式は日本語でも西歐語でも專ら囘説式 periphrasis 即ち二語形以上を連結する形式で表明されている．そのためややもするとこれが必然のように考えられがちであるが，本來 active と passive とは行爲なり動作なりの，單に働く方向の相違にすぎないので，むしろラテン語（完了系は囘説式）やギリシア語のように，これを一語形で表明するほうが本當なのである．このことは §249 以下に説く Deponent Verbs の項を參照すれば更に明かとなろう.

§217. 受動相の行爲者について.

受動相'…られる'の表現には，しばしばその行爲をなした者 Agēns, agent が共に表明されていることがある．日本語でいうと"彼らは敵軍に捕えられよう"の'敵軍に'がそれである．これはラテン語では專ら前置詞 **ab**(h 以外の子音の前では多く **ā**)と從格との結合で示される．從って上の句は **ab hostibus** capientur となる．しかしこれが自らその行爲を行うのでなく，單に手段や道具に過ぎないときは，單に從格のみで表される．e.g.

    tuō imperiō capientur. '彼らは君の命令で捕えられよう'.

§218 受動式への轉換について.

能動形による文章は，その動詞が他動詞，つまり對格をとる動詞であるときは，これを簡單に受動式による表明に轉換することができる．そしてもとの目的語たりし對格が主格におかれ，もとの主語は，行爲者として **ab**+從格 で表される（しかし略されることが多い）．e.g.

    act.: populus Rōmānus Ariovistum amīcum appellābat.
    'ローマ國は A. をいつも友と呼んでいた.'
    pass.: Ariovistus ā populō Rōmānō amīcus appellābātur.
    'A. はローマ國から友と呼ばれていた.'

なお對格でない對象語をとる動詞の受動式については §376 を參照されたい.

§219.

動詞によっては能動と受動とで違う動詞を用いること，言い換えれば，異る動詞が對應していることがある．例えば **faciō** '爲る，させる'の受動には多く **fīō** (不規則動詞. § 470 參照) 'なる'が; **perdō** '失う，亡ぼす'の受動には **per-eō** (eō の compound) '亡びる，失る'が; vēnum dō または **vendō** (3) '賣る'の受動には **vēn-eō** (<eō) '賣られる'が當てられ，また patior '蒙る，される', iaceō '橫たわる', discō '學ぶ' などもしばしば受動的に用いられる.

XVI. 動詞の變化：直說法・受動相. 現在, 未完了過去, 未來

§ 220. 從格および屬格の用法.　從格はまた**裁判や訴訟**に關する動詞 Verba Iūdicālia に伴い，その**罪過や判決**を表示するのに用いられる．**屬格**もしばしば同樣の場合に 使用され[1]，別にその間の明かな區別はない．また **dē** や **in** を從格に伴うこと‘…について’もある．*e.g.*

　　pecūniae pūblicae arcessitur.
　　‘彼は公金費消のかどで召喚されている．’
　　furtī (dē vī) accūsāre.　‘窃盗罪（暴行罪）で訴える．’
　　その他　**capitis (morte)** damnāre, absolvere, multāre
　　‘死罪を宣告，赦免，課する’など．

罰金額は一般的のときは屬格（**quantī** ? どのくらい，**tantī** それくらい，**argentī** 銀を），定額はふつう從格を（**decem minīs** 十ミナを）用いる．後者は價格の從格 § 145 と同じものであろう．

§ 221. 從格および屬格が同樣に**評價や賣買**の動詞に伴なうのは § 145 に述べた．これは一般に同種概念の形容詞などにも廣く通用する．例えば　emō ‘買う’, vēneō, vendō, dō ‘賣られる，賣る’, stō, cōnstō ‘價する’, locō ‘賃貸する’, addīcō ‘せり賣に出す，賣る’．さらに mūtō ‘換える’．**形容詞**では vēnālis ‘賣られる’, cārus ‘高い’, vīlis ‘安い’, その他．

§ 222. その他**從格**を支配する**動詞**や形容詞には次のような種類に屬するものがある（時には前置詞 ab, cum, ex 等と共に）．

1) **分離，缺乏，距離**を意味する語（§ 170 參照）: līberō, absolvō 解放する, vacō, egeō 缺く, orbō, prīvō 奪う, levō 取り除く．形容詞では同類の līber（人では ab と共に), orbus, immūnis, nūdus, viduus など．

2) **手段や道具,** 材料の從格: 支度, 裝飾, 準備, 享受する, 喜

註 (1) これを crīmine, nōmine, iūdiciō の省略と解する見方もあるが，屬格を‘…について’に用いる語法は古くあるので，(§ 206 參照. *cf.* Leumann-Hofmann 401 ff.) 當らないであろう．

XVI. 動詞の變化: 直說法・受動相. 現在, 未完了過去, 未來

ぶ, など: *e.g.*
instruō 設備する, ōrnō 飾る, vestiō 裝う, imbuō しみこます, dēlectō 樂します, gaudeō 悅ぶ; praeditus 備えた, dignus 價する.

3) 教化訓育する, 慣れる, など: *e.g.*
ērudiō 訓える,(1) exerceō 訓練さす, assuēscō 慣れる; assuētus 慣れた.

4) 飼養, 衣食, 生活, 祭祀など: *e.g.*
alō 養う, pāscō (家畜を) 牧する, vēscor 食う, vīvō 生きてゆく, sacrificō 贄でまつる, 獻げる.

5) 受用する, 使う, 占める, 必要とするなど: ūsus est, opus est 入用, 必要である, ūtor 用いる, fruor 享受する, fungor (役を) 勤める, potior 占める, など. *cf.* §254.

6) 滿ちる, 滿たす, 富む, 溢れる, 流れる, 滴る, 降る, などの概念. abundō, redundō 富む, affluō 溢れる, fluō 流す, 流れる, mānō, stillō 滴らす, sūdō 汗を流す, pluit (§369) 降らす, luxuriō 過度に富む; fēcundus 富める, plēnus 滿ちた (ふつう *gen.*), onustus 積み込んだ. 時に fētus, gravidus, …に充てる. opīmus 富める. 詩文で dīves, fertīlis, locuplēs, opulentus, gravis など. 反對に egeō, ind-igeō, careō '缺く' は分離の從格をとる (上記1). また egeō は時に, ind-igeō は多く, *gen.* もとる. 同じく同義の形容詞も *abl.* また *gen.* をとる.

7) 情緒や氣分の表現 (Abl. Causae と考えられる): gaudeō, exultō, dēlector, laetor 悅ぶ; doleō, maereō 悲しむ; glōrior 得意になる; laetus, maestus, trīstis, anxius, contentus などの形容詞.

8) 測る, 判斷, 斷定, 比較する, 異る, 同じ (ふつう *dat.*) の

註 (1) ērudiō '教える (何事かを)' は acc. と in+abl. をとる. また in-stituō と共に ad+acc. でも表される.

XVI. 動詞の變化：直說法・受動相. 現在, 未完了過去, 未來

概念: iūdicō 判斷する, aestimō 見つもる, fīniō 定める, cōnferō 比べる, differō 異る, abhorreō へだたる, など.

9) 卓出する, まさる, 勝つ. antecellō, praestō, superō など. また insignis, excellēns, dignus などの形容詞.

10) 支持する, よりかかる, 凭れる, 任せる, など. fīdō, cōnfīdō, dif-fīdō, nītor, acquiēscō ; frētus, subnixus 賴って.

§223. 練習問題 15. A.

litterae scrībuntur. ita dīcitur. aurō patriam vendidit. capiminī. dūcimur ad ārās. ignōrāre habēbantur. num capī voluistī? nesciunt vincī. tantī vēneant aedēs meae quantī ego ōlim ēmī. nōn datur ad Mūsās currere lāta via. (Propertius, 3, 1.) Atque illud[1] absurdum, quod iī[1], quī monentur, eam[1] molestiam, quam dēbent capere, non capiunt ; eam[1] capiunt quā dēbent vacāre ; peccāsse[2] enim sē nōn anguntur, obiurgārī molestē ferunt (Cicero, Am. 90.). servus meus furtī agī[3] floccī nōn pendit. pecūniā mihi ūsus est.

§224. 練習問題 15. B.

我々は捕えられるだろう. 君らはいつも我々の友人だと思われ (habeo で) ていた. 私の家は安く賣られるだろう. すべては金で賣られる. 彼は賞められるのを許さ (sino で) なかった. 彼らは聞かれようと欲した. その魚 (iste) はいくらで賣られるか. 君はいくらと思うか. 五十ミナです. それほど (tantus で) では高い. 彼は盜みのかどで何度も拘引された. 私は捕えられるのを何とも思わない. 君は鏡が入用かね, そんな姿 (forma) で.

註 (1) illud 'そのこと', quod にかかる. iī 'その人々が'. eam その (mol.). (2) 完了不定法. (3) 'a. されることを'.

XVII. 完了受動分詞および Supīnum について

§225. 完了受動分詞 Participium Perfectum Passīvum. ラテン文法で完了受動分詞と呼んでいるのは，もともと動詞幹から造られた一種の形容詞で，必ずしも完了とか（あるいは受動とか）定ったものではない．しかし大體から言って'すんだこと'を表示し，他動詞では受動態に傾きやすいのが，ラテン語では專らその方向に發展したものである．その形式は動詞語根の，一般的に**弱い語形**(Ablaut §附錄 V 參照) から直接に，これに接尾辭 **-to-, -tā-** (第一，第二變化形容詞) を附して作られる．また語根が齒音 dentals §8 に終るときは，t と相互作用して，**-so-, -sā-** となる（時には類推から，語根が齒音でもないのに -so, -sā- をとる語もある）．*e.g.*

agō: āctus; faciō: factus; dūcō: ductus; nōscō: nōtus; mittō: missus; iubeō (<yudh-): iussus.

§226. ラテン語の完了受動分詞は，第一に動詞變化において，受動相完了の形成に使用される．これは**完了受動分詞**（*p.p.p.*）+ **sum** の變化の結合を用いる回說方式 periphrasis で，その委細については直說法 §243 以下，接續法 §283 以下を參照されたい．

§227. 完了受動分詞の形成法.

上述のように *p.p.p.* は，動詞の語根もしくは語幹に -to-, -tā- を附して作られるが，派生動詞（第一，第四變化所屬の多數）その他二次的な動詞では，その作り方が大體一定している．

それで所謂規則動詞變化では，これに從うものが多い．次にその支配的な形式を記そう（能動，現在不定法；完了形，單.1 と共に．**黑字**で）．

XVII. 完了受動分詞および Supīnum について

§228.

第一變化	am-āre	am-āvī	am-ātus
第二變化	hab-ēre	hab-uī	hab-itus
第四變化	aud-īre	aud-īvī	aud-ītus

第三變化のうち **-uō** 動詞は stat-uere, stat-uī, stat-ūtus; sol-vō, sol-vere, sol-vī, sol-ūtus のようになる．(この *p.p.p.* は男性，單．主．を示したので勿論 -us, a, um と變る．)

§229. **第三變化**では，*p.p.p.* が概ね語根から直接作られるに對して，現在幹の方が却っていろんな方式で形成されているので，*p.p.p.* の方が却って簡單である．現在幹の形成については附錄 IV を見られたい．

§230. 第三變化以外でも，*p.p.p.* が直接に語根から作られていて，上例によらないことがしばしばある．つまり所謂規則變化の分類はこれにまで及ばないので，これらについては卷尾に附した動詞基本形表を參考されたい．いま一例をあげれば，

domō	(1)	domāre	domuī	domitus
videō	(2)	vidēre	vīdī	vīsus
petō	(3)	petere	petīvī	petītus
doceō	(2)	docēre	docuī	doctus
hauriō	(4)	haurīre	hausī	haustus

§231. ラテン語の *p.p.p.* は他動詞，つまり對格の目的語をとる動詞にしか存せず，*従ってたとえば sum, eō などはこの形を有しない．しかしこの同じ語幹は，その他にも種々な動詞から出た語形（未來分詞§276, supīnum §233, 第四變化所屬の動名詞 など）に使用されるので重要である．それで自動詞でも同じ語幹を有する supīnum を，これらの代表として，動詞變化の基本形に加えるのが通例である．但し deponentia は別，§249 以下參照．

§232. **動詞變化の基本形**．即ち直說法能動，現在，單．1. と同

XVII. 完了受動分詞および Supīnum について

じく現在不定法. 同じく完了, 單. 1. および **Supīnum** (-tum に終る形 §233 以下) がこれである. いま規則變化の四種についてこれを示せば, 大體次のようなものになる (あまり規則的でないのをあげた).

iuvō	(1)	iuvāre	iūvī	iūtum
moveō	(2)	movēre	mōvī	mōtum
gerō	(3)	gerere	gessī	gessum
sentiō	(4)	sentīre	sēnsī	sēnsum

§233. **Supīnum** について.

ラテン文法で **Supīnum** と名づけられているのは, 動名詞の一種 (第四變化 §314 以下) で, **-tum** および **-tū** (-tuī) の二つの語形で使用されるものである. 前者を對格形, 後者を從格 (もしくは與格) 形の supīnum と呼ぶ. ともに *p.p.p.* 幹を有するあらゆる動詞について形成が可能なものと思考されている.

§234. **-tum** の supīnum.

これは主として, 運動を意味する動詞に伴い, その目的の表示 '…するために' に用いられる. *e.g.*

    cubitum eō '就寢する'.   salūtātum veniō '挨拶に來る'.
    vēnātum dūcere '狩獵につれてゆく'.

dental stem の後では, *p.p.p.* と同じく -sum となる. *e.g.*

    sessum 坐りに＜sedeō. iussum＜iubeō.

またこの使用はあまり一般的でなく, 殊に後期ラテン文では, 極めて用例が乏しい.

§235. この **-tum** の supīnum はまた, 受動系の未來不定法の代用として, '行く' eo の不定法の受動形 īrī と共に使用される. *e.g.*

    datum īrī 'to be going to be given' '與えられようとしていること'.

§236. **-tū** の supīnum.

XVII. 完了受動分詞および Supīnum について

-tū に終る supīnum は同じく動名詞の從格もしくは與格 (-tuī, -tū) で, いろんな用法の混合したものだが, 主として形容詞と共に, これを限定修飾するのに使用される. *e.g.*

  facilis, difficilis 易い, 難い; dignus 値する; foedus 恐ろしい; opus est, ūsus est 必用, 入用である, せねばならぬ, fās, nefās est 宜しい, 然るべからず. その他に; 主として factū するのに, dictū いうのに, vīsū 見るのに, audītū 聞くのに, relātū 物語るのに, など. *e.g.*

  mīrābile vīsū 見るもふしぎな, rēs facilis dictū, difficilis factū. '言うのは易く, 爲るのは難いこと'

§237. **與格の用法：所有.** 與格は第一に利害の關與を示すのであるから, 主として生物ことに人間 (的なもの) に係る格である. そしてラテン語ではしばしば與格と sum の變化, または同義的な語によって, 所有を表すのに使用される. これが**所有の與格 Dat. Possessivus** (*cf.* §83) で, 恰も邦語の「狐には長い尾がある」のような語法に當る. *e.g.*

  magnum hoc vitium **vīnō** est.

  '酒はこういう大害をもっている.' Plaut. Pseud. 1250.

§238. さらに廣くは與格は, ある作用を蒙るとき, その主體もしくは關與者を示すのに用いられる. これが見方によって **Dat. Energicus** とも **Dat. Sympatheticus** とも呼ばれるもので, 名詞の屬格や所有代名詞と似ているが, さらに感性的な modal な語法で, 口語を主とする. *e.g.*

  animus **mihi** dolet. Plaut. Merc. 388.

  '私の心 (心が私に) は痛みを感ずる (私は胸が痛いのです).'

Quis erat igitur? **Philocōmasiō** amātor. Plaut. Mil. 1431.

  'そんなら彼奴は何だ.' 'フィロコーマシウムの戀人でさあ.'

§239. 同じく主として口語の語法で, 專ら人稱代名詞の與格

を，感情的な關與の輕い表現として用いることがある．これを **Dat. Ethicus** (Ethical dat.) と呼ぶ． *e.g.*

Quid **tibi** vīs? '何を汝に欲するか（どうしてくれというのか）．'

§ 240. また與格は，ある者の具象的なまたは精神的な立場，觀點を示すのに用いられる．卽ち'誰の眼では'，'…からいうと'あるいは'…にとって'の意である．このような與格の用法を **Dat. Iūdicantis** (判斷者の與格)，あるいは Dat. of Reference という．*e.g.*

ventus adversum tenet Athēnīs **proficiscentibus**.

'アテーナイを出て來た者に對しては風が逆にふきつける．' Nepos, Milt. 1. 5.

nēmō **deō** pauper est.

'神の眼には貧しい者はない．' Lactantius, Inst. 5. 18.

Quīntia formōsa est **multīs**. Catullus, 86.

'クインティアは多くの人から見ると美しい（ということだ）．'

§ 241. 練習問題 16. A.

fīliās cantātum prōvocēmus. eum[1] in Mēdiam hiemātum coēgit redīre. servī ēsum convocantur. quid mihi futūrum est? hoc honestō virō posse contingere mihi quidem persuādērī nunquam potuit. salūtātum deōs domum sē rettulit. lēgātōs ad Caesarem mittunt auxilium rogātum (Caes. B. G. 1. 11.). stultitia est vēnātum dūcere invītās canēs (Plaut. Stich. 139.). hoc vīnum dūrābit tibi ūsque ad sōlstitium (Cato, R.R. 104. 2.). tū mihi istīus[2] audāciam dēfendis? (Cicero, Verr. 3. 213.). Quīntia formōsa est multīs; mihi candida, longa, rēcta est. (Catul. 86.). Deinde, ut cum[3] cubitum

---

註 (1) '彼を，彼に' (*acc.*).　(2)　その男の' iste の *gen.*
(3) '……すると（忽ち）'．

discessimus, somnium mīrābile relātū mē invāsit.

§ 242.　練習問題 16. B.

　いうのは易く，爲るのは難かしい仕事．少女らは先生に挨拶をしに學校に歸った．私の身代 (pecunia) はどうなるだろう．捕えられるだろうということ (不定法で)．召使たちは島へ送られるだろうということを知らなかった．我々はそのとき寢にいった．私の心は痛む．君は何たることを一體してくれたのか．少年らは私が世話をするだろう (cura で)．歩兵の軍勢をアテナイ人の援助に (dat. で) 赴かせよ．

XVIII. 動詞の變化：直說法・受動・完了系の三時稱および Deponent Verbs について

§243. 未完了系の三時稱（§211—4）と異って，**完了系の三時稱**はラテン語でも回說方式，つまり二以上の語形の結合でもって表示される．すなわち**完了受動分詞**（§225 以下）と **sum**‘ある，である’の現在との結合で完了時稱を，sum の未來との結合で未來完了を，sum の未完了過去との結合で過去完了を表す．

英語，獨佛語との相違は，英語等ではこれが單に**現在，未來，過去**を表すのに反して，ラテン語では**完了系**であることである．

§244. 以上を表示すれば次の如くである．なおこの際 *p.p.p.* は（形容詞であるから）主語の性，數，格に**一致**することを忘れてはならない．

完了：（mittō を例として）‘私は送られた’以下．

單數
1. missus, a, um sum
2. 〃 es
3. 〃 est

複數
1. missī, ae, a sumus
2. 〃 estis
3. 〃 sunt

§245. 過去完了 ‘私は送られていた’以下．

單數
1. missus, a, um eram
2. 〃 erās
3. 〃 erat

複數
1. missī, ae, a erāmus
2. 〃 erātis
3. 〃 erant

§246. 未來完了．‘私は送られていよう’以下．

單數
1. missus, a, um erō
2. 〃 eris
3. 〃 erit

複數
1. missī, ae, a erimus
2. 〃 eritis
3. 〃 erunt

§247. 受動相の三完了系時稱の意味，用法については，能動相のものと全く異るところはない．ただ上述の如く，*p.p.p.* の語形を適當に一致させればよい譯である．

ただ**受動完了の句**が，分詞だけでもって（sum の變化なしに）副詞句，形容詞句（關係句）として用いられることは，文章の解釋について留意しておく必要があろう．§107 參照. *e.g.*

 sī quibus ēiectus silvīs aut urbibus errat⋯
 'もし彼が投げ出されて，どこかの森か都かをさまよっているなら' Aen. 1. 578.

§248. 完了不定法受動は（mittō を例として）**missum, am, um, (missōs, -ās, -a) esse** となる．なおこれは對格が不定法の主語としてある場合のことなのに注意．まれには主格に一致する missus (missī *etc.*) esse のこともある．

§249. **Dēpōnentia** について．

ラテン語には，その變化形式だけ受動相を用いて（從って大抵は能動相の變化を有しない．但し§256, 257 參照），その意味や働き方は些かも普通の能動形と變りのない動詞がかなりにある．こういう形式だけ受動相を用いる動詞の種類を **Dēpōnentia** (Deponent Verbs) 形式所相動詞[(1)] と名づける．

§250. どうしてこういう一見不思議なことがあるか，を考えてみると，これはラテン語の祖先とされるインド・ヨーロッパ原語に古くからある樣式なので（從って，それに固有な考え方で），つまりここに受動相 Passīvum と見做されているのは，本來はそうではなくてギリシア語では Medium **中動相**，サンスクリト（古典古代インド語）では**爲自言** Ātmanē-pada と呼ばれているものなのである．

§251. この**中動相** というのは，要するに動詞のはたらき方が，主語，つまり文章なり思考判斷なりの中心にある主體に對し，その方に向っている樣相を示す，いわば**求心的**な動詞作用のあり方を示すもので，例えば'衣を洗う'，'人を殺す'というのは能動相に屬するが，'自分の手を洗う'，'體を洗う'，'自殺する' または '(金を

 註 (1) 所相とは，古くから使用されている梵語の文法で受動相の名稱である．

出して) 物を買う','(自分のために) 調える'などいうのは中動相に屬する表現法である．

§252. 本質的には**受動相**もこの**中動相**の一形態とも見做されよう．というのは，'殺される'(誰か他人に)のも'自殺する'のも，主人公が'殺す'作用をうけるという點では同一だからである．ただこの場合殺し手が他人か自分かの違いがあるのみで，しかもこの Agent は文章において不可缺な要素ではないから．これがインド・ヨーロッパ原語以來の表現方式であった．

§253. ところが**ラテン**語は，大分くずれて簡略化されたため，中動相を動詞全般に亘る變化のシステムとしては失ってしまったが若干その名殘を止めている譯で，それが卽ちこの deponentia である．これはもう古くから固定した表現なので，deponentia でも何故これが中動相を用いるか不明なのもある．しかしその大凡は由來の察しがつくもので，ことに**感覺**や**思考**(いずれも求心的な作用である)，または**運動**の表現に屬するものが多い．

§254. いま次に代表的な deponentia を若干枚擧しよう(語形は一人稱單數を示す)．なおこれらはみな多く使用され近代語にも(殊によく prefix を伴って)澤山に移入されている語である．

(1) 變化所屬：不定法 -ārī.

		arbitror	思う，判斷する
cōnor	試みる	cōnspicor	見つける，認める
contemplor	眺める，熟慮する	cūnctor	ためらう
(ad)-mīror	驚く，訝しむ	moror	引とめる，猶豫する
opīnor	思う opinion	ōsculor	接吻する
spatior	散歩する spazieren	veneror	敬う

(2) 所屬： -ērī

		fateor	告白する，認める
liceor	値をつける	mereor	値する merit
misereor	憐れむ	polliceor	約束する
reor	思う，數える	tueor	まもる，保護する
(re)-vereor	畏れる(敬う)	videor	見える

(3) 所屬： -ī

fungor	務を果たす function	loquor	話す
oblīvīscor	忘れる	pro-fīcīscor	出かける，進む
sequor	從う，追う	vēscor	喰う
ūtor	用いる	gradior	歩く，進む
morior	死ぬ	patior	蒙る，忍ぶ

(4) 所屬： -īrī

mentior	嘘を吐く	assentior	同意する
partior	別ける	mētior	測る
		potior	占める，支配する

なお **orior, orīrī** (4-3) は現在・直說法では (3 b) に從い，接續法未完了では **orerer** 以下となる．

§255. Deponentia の變化は，他の時稱，法においても同樣に專ら受動形を用いる．從って完了時稱以下では **cōnor** を例にとれば
完了・直說法： **cōnātus sum**, es, est *etc.* '私は試みた'以下
〃　　接續法： **cōnātus sim**, sīs, sit *etc.* '私は試みたろう'以下

等となる．過去完了等でも同趣である．

§256. 若干の動詞は，現在系（未完了時稱系）では能動形を用いるが，完了系では受動形を用いる．これらを半形式的所相動詞 **semideponentia** という．次の如きものである．

現在	audeō	(2):	完了	ausus	sum	敢てする
〃	gaudeō	(2):	〃	gāvīsus	sum	悅ぶ
〃	fīdō	(3):	〃	fīsus	sum	信賴する
〃	soleō	(2):	〃	solitus	sum	慣れる

§257. 能動と受動とで，違う意味（日本語にすれば）となる，または受動で deponentia 風に考えられる動詞も勿論ある．*e.g.* **vehor** (3) 乘ってゆく *c. abl.* (能動：運ぶ)； **videor** (2) 見える，思われる *c. dat.*； **fallor** (3) 誤る（能動：欺く）などはその一例である．

XVIII. 動詞の變化：直說法・受動・完了系の三時稱および Dep. Verbs

§258. 獨立從格句, Ablative Absolute.

前にしばしば觸れたように，從格の語句は一般に樣子や狀態など，種々な隨伴狀況を敍べるのに使用されるが，これがもう一步進むと一種の副詞句のようなものになる．つまり主語となるべき名詞 A と，それを形容，說明する述語名詞，形容詞，分詞 B とを共に從格として，'A が B であるとき，A が B ならば，A が B だから，A が B であって'，等の從屬句と同價に使用しようとする．こういう句を**獨立從格句**（あるいは從格別句）という．わかり易いように今二三の例でこれを說明すれば，

　mē puerō '私が少年であった頃'

　eā disiectā, gladiīs dēstrictīs, in eōs impetum fēcērunt. Caesar, B. G. 1. 25. '彼らは，それ（敵の方陣）が潰走させられると，劍が引き拔かれて，彼ら（敵）に向って突擊をした．'

§259.
この後の例はことにラテン語に著しいもので，ラテン語は元來過去を意味する能動の分詞がないため，こういう場合に受動の方式を用い（從って**主語と目的語が轉換**され），逆の言い方で先行する條件や事情を述べる譯である．それで上例も，本當は，'彼らは，**敵の方陣を破ると，劍を拔いて突擊した**'というのが本當の意味なので，こういう從格別句の場合（**受動式**を用い *p.p.p.* で表明された句）は，適當な主語を見つけ，能動態に直して譯すべきである．*e.g.*

Caesar prīmum **suō**, deinde omnium ex cōnspectū **remōtīs equīs,** *cohortātus* suōs proelium commīsit. B.G. I. 25. 'カエサルは先ず自分の**馬を**，ついで皆の**馬を**見えるところから**遠ざける**と，部下(suī)を**激勵して**戰端を開いた．'

なおこの例に見える **cohortātus** の用法にも十分な注意が必要で，このように deponentia は *p.p.p.* も意味は能動であるから，こういう時に從格別句を用いなくてもすむ．これは deponentia の非常に大きな利點で，單に過去のみならず，同時の狀況を敍するの

にまで使用される.

§260. 練習問題 17. A.

captus est.　accepta erunt.　īnsidiīs ūsa es.　hostēs persecūtī erātis.　tālia ratus sum.　num tantum ausus erās pollicērī? sī mē invītō (Helvetiī) trānsīre cōnantur, prohibēre possumus. omnis enim terra, quae colitur ā vōbīs parva quaedam īnsula est, circumfūsa illō marī, quod Atlanticum, quod magnum, quem Ōceanum appellātis in terrīs (Cicero, Sc. 11.).　multīs verbīs ultrō citrōque habitīs, ille[1] nōbīs cōnsūmptus est diēs[1] (Cicero, Sc. 1.).　Tālia cōnspicātus, Cōnsidius equō admissō ad Caesarem accurrit, dīcit collem, quem ā Labiēnō occupārī voluerit[2] ab hostibus tenērī (B.G. 1.22.).　Id postquam audīvit, "satis" inquit, "vīxī; invictus enim morior". tum ferrō extractō, cōnfestim exanimātus est (Nepos, Ep. 9.).

§261. 練習問題 17. B.

私はこう思った．それは我々にはこう見えた．彼らは話すであろう．そんなこと(tanta)を君は蒙ったのか．君らはいつも噓をいっていた．敵は町を占領して掠奪をはじめた．君らは諂らうように(不定法で)見えるだろう．もし(si)女王が出發したら(未來完了で), 我々もまた出發するだろう．他人の缺點を認めて自分の(缺點)を忘れるというのは, 愚かさの持前(proprium)である (Cic. Tusc. 3.30.).　彼らは以前に約束しておいたこと(id, quod)をしとげようと試みた．

註 (1) 'その日は'.　(2) 接續法完了. 間接話法なるため. '彼の欲した'.

XIX. 第三變化の名詞 (2). Mute 語幹，および分詞について

§262. 子音に終る語幹を有する名詞は悉く第三變化に屬するが，その中でも純粹の子音である閉塞音（破裂音 explosives ともいう）**mūtae,** mutes に終るものは，典型的な變化をする．つまり單數.主格で**男・女性名詞**は格尾 **-s** を，對格では **-em** を，從格で **-e** を；同じく複數主格，對格で **-ēs**[1] を，屬格で **-um** をとる．**中性名詞**は單數.主.對.(呼)格では，幹のみ，複數は -a に終る．他は i-stem と同様である．

§263. Mutae 中，口蓋音 Palatales（喉音とも時に呼ばれる），齒音 Dentales, 唇音 Labiales 語幹の各類につき，各一例をあげてその變化を下に表示しよう．この際男・女性名詞・**單數主格**の格尾 **-s** は，各種の mutes と作用し，その結果それぞれ **-x, -s**[2]**, -ps** (または -bs) となっている．

§264. 男・女性名詞の例　lēx *f.* 法； virtūs *f.* 勇氣, 德； ops *f.* 力, 手段

		語幹	lēg-	virtūt-	op-
單數	主.		lēx	virtūs	[ops][3]
	對.		lēgem	virtūtem	opem
	屬.		lēgis	virtūtis	opis
	與.		lēgī	virtūtī	opī
	從.		lēge	virtūte	ope

註 (1) 本來は複數主格では -es，對格では -ēs (<-ens) であるべきものが，i-stem と混同して共に -ēs となったのである．
(2) -s<-ss<-t, d+s. である．つまり -t, d が s に類化して s となったもの．
(3) 主格單數 ops（與格も殆んど例なし）は實際に使用された例がない．

		lēgēs	virtūtēs	opēs
複數	主.	lēgēs	virtūtēs	opēs
	對.	lēgēs	virtūtēs	opēs
	屬.	lēgum	virtūtum	opum
	與.	lēgibus	virtūtibus	opibus
	從.	lēgibus	virtūtibus	opibus

§265. この類ではこのように，主格單數は多少變化した幹の形を示しているから，その變化を知るには他の格形が必要である．從って字典などには，概ね，**單數主格**と，**單數屬格**とが表示されて，この目的に適うようになっている．よって學者も單語を記憶する際にはこの兩者を併せて銘記されたい．次に有用なもの若干を例としてあげよう．

§266. 口蓋音語幹：pāx (*gen.* pācis, *f.* 平和), rēx (rēgis, *m.* 王), cervīx (cervīcis, *f.* 頸), iūdex (iū-dicis, *m.* 裁判官), dux (ducis, *m.* 指揮官，將軍), lūx (lūcis, *f.* 光) その他．また **-trīx** (*gen.* -trīcis) に終るすべての**女性行爲者**. *e.g.* victrīx 勝利者, beātrīx 祝福する女性, bellātrīx 戰う女性, adiūtrīx 助ける女 など. *cf.* beatrice, créatrice.

§267. 齒音語幹：anas (anatis *f.* 家鴨), **pēs**[1] (pedis, *m.* 足), mīles (mīlitis *m.* 軍人，兵士), pecus (pecudis *m.* 羊，家畜), palūs (palūdis *f.* 沼), laus (laudis *f.* 賞讚), fraus (fraudis *f.* 詐僞), その他．またすべての **-tās**, *gen.* -tātis；**-tūs**, *gen.* -tūtis に終る**女性抽象名詞**. *e.g.* aetās 年齡, aestās 夏, honestās 廉直, iuventūs 青年, senectūs 老年. *cf.* clarté, été, santé (sanitās), faculty (facultās), difficulty, honesty, university virtue, etc.

§268. 唇音語幹：princeps (-cipis *m.* 首長，第一人者), auceps (-cupis *m.* 鳥捕り), trabs (trabis *f.* 材木，角材), Arabs

---
註 (1) **pēs** < ped+s. *stem* ped-. この語のみは ē : e の Ablaut (附錄5) を有する點で注目に價する．

XIX. 第三變化の名詞 (2). Mute 語幹，および分詞について

(Arabis *m.f.* アラビア人)，caelebs, (-libis *m.f.* 獨身者) その他．また daps 饗宴，ops 力，富は主格單數がない．一方 prex (precis) 祈禱，faux (faucis) 咽喉などは專ら複數のみで用ゐられる．こういう變種についてなお詳しくは §458 以下を參照されたい．

§269. mute に終る**中性**の名詞はその數が甚だ少く，次の三のみである（單.主.と屬格形をあげる）．

cor, cordis 心臟．　**caput**, capitis 頭．　**lac**, lactis 乳．

§270. **Syncopated i-stems, -type: Ars.** 一見してこれら mute stem に屬するように見える名詞にも，時々 *gen. plur.* で **-ium** をとる（つまり i-stem に屬すべき）場合が相當ある．これらは多く格尾の前に**二子音**を有する語で，もと i-stem だった，つまり主格單數で **-is** に終っていたのが，約って **-s** のみとなったと考えられる．それでしばしば **syncopated i-stem** の名詞と呼ばれる．その中には次のような相當重要な名詞が含まれている．

§271. *e.g.*　ars, *gen.* artis 藝術，技術;　arx, *gen.* arcis とりで;　nox, noctis 夜;　pars, partis 部分;　urbs, urbis 都;　sors, sortis 籤，運;　mors, mortis 死;　gēns 種族，氏，國;　mēns 心;　frōns 額，前面（以上みな**女性名詞**，最後の三語は *gen.* -ntis）．また，mōns 山，dēns 齒，fōns 泉，pōns 橋 の四語は男性名詞で，*gen. sing.* -ntis, *gen. plur.* -ntium となる．

§272. これらの中，語末に -t- を含む幹の多くは，もと -ti- なる形成辭（語幹をつくるために使用される音群）をもつ**抽象名詞**であった．ars, mors, sors, gēns, mēns などはその典型的な例であって，ギリシア語（-ti->-si-. *e.g.* basis, lysis）やサンスクリット（-ti-. *e.g.* gati-, sati-）に對應を有する．しかしラテン語では通例さらにこれを敷衍して n-stem に變え，**ti-ōn-**（主.單. -tiō *e.g.* nation, passion, station）の形で廣く用ゐられている．§304 參照．

§273. その他 dōs, *gen.* dōtis *f.* 嫁資, līs, lītis *f.* 訴訟 (ともに *gen. plur.* -tium), nix, *gen.* nivis *f.* 雪, iūdex, -dicis *m.* 判官なども *gen. plur.* で **-ium** をとることが通例である．また**現在分詞**(**-nt**-*stem*)から來た名詞も概ね -ium をとる．*e.g.* amāns: *gen. plur.* amantium 愛人；　adulēscēns: -scentium 靑年；sapiēns 賢者；　infāns 幼兒，など．しかし parēns 親, rudēns 綱，などは概ね **-ntum** をとる．つまり **parentum** īrae 兩親の怒りなどいふ譯である．

§274. **分詞について**．　分詞とは，動詞の作らきと形容詞の作らきとを分有するところからの名稱であるが，形式上は形容詞に屬すべきものである．また形容詞として容易に名詞化される ('……する人，したもの，されたもの' 等)．ところでラテン語は分詞の體系が極めて不完全で (同樣に英，獨，佛等も不完全である，もっとも完全なのはギリシア語であらゆる時稱と態に分詞がある)，僅かに次の四種しかない．この中 4. は本當の分詞ではなく，假に近似的に呼ばれてゐるだけである．

　　例．　amō (1)，　capiō (3 b). 左列は能動，右列は受動態を示す．
　　現在　1. amāns,　　capiēns　　　　　なし
　　完了(過去)　　なし　　　なし　　3. amātus,　　captus
　　未來　2. amātūrus,　captūrus　4. (amandus, capiendus)

§275. **能動現在分詞**．　これは §272 に述べたように，**-nt(i)**-幹を有する第三變化形容詞 (名詞) で，三性とも 單．主．で **-ns** (amāns, habēns, agēns, audiēns, *stem*:　amant-, habent-, agent-, audient-) となる．意味は '……してゐる (者)', '……する (者)'. なほ變化については §309—11 參照．

§276. **完了受動分詞**についてはすでに §225 以下に述べた．**未來分詞**も例外を除いて，*p.p.p.* と同じ形から誘導された -tūro-, -tūrā- の幹を有する，第一・第二變化所屬の形容詞で，'……しようとする' の意を有する．その用途は最も多く**未來不定法能動**の構

成で (**未來分詞**＋esse, §155), ついで後期文辭ではしばしば目的の表示に用いられた. その他迂說式の未來表明, 接續法の未來表明 (§448) などに使用される.

§**277.** 4. はいわゆる Gerundīvum で §379 以下に說くであろうが, '……さるべき (者)' の意で, 未來よりも modal な, 'is to be' とか 'should be……' の表明である. ともかくラテン語が分詞においてこのように不十分であったことは, 上記の從格別句のような語法や, 從屬句のいちじるしい發展を促した主な原因をなしている.

§**278.** 練習問題 **18. A.**

tribūnus mīlitum. magister artium. tōtā nocte pluit. sapientī sat verbum. omnia apud Thrācēs magnae laudī erant. moenia septem pedēs alta erant. Ventus adversum tenet Athēnīs proficiscentibus (Nep. Milt. 1.1). Hīs rēbus[1] adductī et auctōritāte Orgetorīgis permōtī cōnstituērunt iūmentōrum quam māximum[2] numerum coemere, sēmentēs quam māximē facere cum proximīs cīvitātibus pācem et amīcitiam cōnfirmāre (Caesar, B. G. 1. 3.). Sita Anticyra est in Locride laevā parte sinum Corinthiacum intrantī[3] (Livius. 26.26.). Ā quibus facile intellegī potest (Epamīnōndam) parī[4] modō superātūrum (esse) omnēs in cēterīs artibus (Nepos, Ep. 2.).

§**279.** 練習問題 **18. B.**

アラビア人たちの首長ら(は). 彼は諸學 (ars) の修士である. 老年の讃美 (*plur.* で)を. 王たちの王に. 速い步み (足)で. 戀する者 (現. 分. で) には何事も困難ではない. 機會 (facultas で) が與えられたら, 君らは何でもできるだろう. 我々は平和が永久に保た

註 (1) 'これらの事情によって'. *abl.*　(2) quam 'できるだけ多くの'.
(3) *cf.* §240.　(4) parī は par '等しい' の *abl.*

れんことを希望する (不定法句で). 都から出てくる (egredior) と (人々に對して) 向いに (obvius) 塚がある. プラタイアイはボイオーティアから來る人々にとってアッティカの最初の町である.

XX. 動詞の變化: 接續法・受動相
時稱の對應および間接疑問文

§280. 接續法における受動相も，能動相と等しく，**現在・未完了過去・完了・過去完了**の四時稱を有する．そして前二者はそれぞれ該當時稱の接續法能動の人稱語尾を受動式のと取換えたものであり，後二者は *p.p.p.* にそれぞれ **sim** および **essem** (sum の接續法現在及び未完了過去) の變化を結びつけたものである．

§281. 接續法受動現在の變化を表示すれば下の如くである．

例．

		amō (1)	habeō (2)	agō (3)	audiō (4)
單數	1.	amer	habear	agar	audiar
	2.	amēris	habeāris	agāris	audiāris
	3.	amētur	habeātur	agātur	audiātur
複數	1.	amēmur	habeāmur	agāmur	audiāmur
	2.	amēminī	habeāminī	agāminī	audiāminī
	3.	amentur	habeantur	agantur	audiantur

§282. 接續法受動未完了過去は下の如くである．

單數	1.	amārer	habērer	agerer	audīrer
	2.	amārēris	habērēris	agerēris	audīrēris
	3.	amārētur	habērētur	agerētur	audīrētur
複數	1.	amārēmur	habērēmur	agerēmur	audīrēmur
	2.	amārēminī	habērēminī	agerēminī	audīrēminī
	3.	amārentur	habērentur	agerentur	audīrentur

§283. 同じく**完了**および**過去完了**は上記の如く，**完了受動分詞** (主語と性・數・格で一致．形容詞として) の變化に **sim** あるいは **essem** の變化 (§186 參照) をそれぞれ附加したものである．卽ち**完了**では：

amātus, a, um (habitus, āctus, audītus)+sim, sīs, sit;

amātī, ae, a *etc.*＋sīmus, sītis, sint.

過去完了では，同じく：

amātus, a, um *etc.*＋essem, essēs, esset；amātī, ae, a *etc.*
＋essēmus, essētis, essent.

§ 284. **capiō**（3 b）の類の接續法受動も，その能動相と對應したものである．

現在：　　　　　capiar, capiāris 以下．
未完了過去：　　caperer, caperēris, caperētur 以下．
完了：　　　　　captus (a, um) sim, sīs 以下．
過去完了：　　　captus (a, um) essem, essēs 以下．

§ 285. **Deponentia** の接續法は接續法受動相と等しい．ただ未完了過去で，(3) も，能動相を有する動詞の對應變化形と同じく：(ūtor を例とし) ūterer, ūterēris, ūterētur などとなる．(ūtere という不定法の形はないが，元來接續法・未完了が不定法形と關係がある譯でなく，stem＋-is- の ē-subjunctive なのである)．

§ 286. **接續法の用途**（その二）．獨立して**單文中**に用いられる接續法については，すでに § 188–192 にその大要を述べた．次に**複文中**に，**從屬句の主動詞**として廣般に亘って使用される接續法に及ぶわけであるが，これはラテン語では非常に重要な地位を占め，その用法もけして單一ではないので，以下數章に亘って展開してゆくことにしよう．

§ 287. 從屬句における接續法の使用に當って豫め注意を要するのは，主文の主動詞と從屬句の述語動詞（接續法）との間に存して守られなければならない**時稱對應の法則 Cōnsecūtiō Temporis** である．

これは要するに主文動詞の時稱に，副文のそれが從って變ぜられる現象を指すので，即ち

A. **主文動詞が第一時稱なるとき**：
副文動詞（接續法）**も第一時稱**を用いる．この際

XX. 動詞の變化：接續法・受動相・時稱の對應および間接疑問文

1) 主文動詞と**同時的**または**意圖**にある行爲もしくは狀態を示すには……**接續法現在**.

2) 主文動詞の時階より**既往**に屬する行爲や狀態の表示には…**接續法完了**が使用される．

B. **主文動詞が第二時稱なるとき**：

副文動詞も**第二時稱**を用いる．この際同じく

3) 主文と同時もしくは意圖にあることの表示…**接續法未完了過去**.

4) 主文動詞より既往…**接續法過去完了**.

という法則である．

§288. ここに**第一時稱**というのは，つりま現在・未來・現在完了等，その働らきの**意味**が過去に屬しない時稱を指し，**第二時稱**とは，未完了過去，完了 (aoristic)，過去完了など，その意味が過去に屬する時稱を言う．

§289. これが一番明瞭に會得されるのは**間接疑問文 Quaestiō Oblīqua** であるから，以下にこれを例を以て說明しよう．まずこれが**第一時稱の主動詞**につくときは：

Quid **velīmus** et quid hōc tempore **putēmus** opus esse, ex Siccā *poteris cōgnōscere.* (1)　　　Cicero. ad Fam. 14. 15.

'何を私らが**欲している**か，また此の際何が必要だ (opus est) と思っているかを，あなたはシッカから，**知り得るだろう**．'

Quō sub caelō tandem, quibus orbis in ōrīs **iactēmur**, *doceās.*(1) (1)　　　　　　　　Vergil. Aen. 1. 331.

'一體いかなる空の下，この世界のいかなる岸にわれらが追いまわされているのか，**敎えて下さい**．'

Quam autem cīvitātī cārus **fuerit**, maerōre fūneris *indicātum est.* (2)　　　'だが，どんなに彼が國家にとり大切で**あったか**，は葬儀の折の哀悼によって**示されている**．' Cicero. Am. 11.

註 (1) doceas は懇願または命令の接續法．§190.

Nōnne *aspicis* **quae** in templa **vēneris**? (2)　'どんな社へ君が**來た**かを，君は**見る**だろうね．'　　Cic. Som. Scip. 8.

§290.　これが**主文の第二時稱後**では下のようになる．

Hāctenus mihi videor dē amīcitiā **quid sentīrem** *potuisse* dīcere. (3)　　　　　　　　　　　　　　Cicero. Am. 24.

'これまでに，友情について私がどう**思っている**か，**を言い得た**ように私には思われる．'　（不定法句は quid sentīrem dīcere *potuī* に當る）．

Nec vērō quemquam senem audīvī *oblītum*,[(1)] **quō locō** thēsaurum **obruisset**. (4)　　　　　　　Cic. Sen. 21.

'また全く誰か (quisquam) 老人 (senex) が（といえども），何處へ財を**埋めたか，忘れてしまった**という者を聞いたことがない．'

§291.　他の種類の從屬句においても大體この法則は守られている．それらの實際についてはそれぞれの項を參照されたい．

§292.　**練習問題 19. A.**

proficiscāmur. ēloquar an sileam? ōderint dum metuant. istō[(2)] bonō ūtāre dum potes. nē mīrēris quod dīxī tibī. audiātur et altera pars. quis fallere possit amantēs? Itaque ex mē quaerunt, quōnam pāctō mortem Āfricānī ferās (Cicero, Am. 7.).　Dīxit sibi autem mīrum vidērī, quid in suā Galliā, quam bellō vīcisset, populō Rōmānō negōtiī esset (Caesar, B. G. 1. 34.).　Ad haec[(3)] Ariovistus respondit, sē Aeduōrum iniūriās nōn neglectūrum; cum vellet (Caesar), congrederētur: intellectūrum, quid invictī Germānī in armīs, virtūte possent.

§293.　**練習問題 19. B.**

我々は徳に從おう．　彼をして平和に眠らしめよ．　君らは嘘を吐

註 (1) oblīviscor '忘れる'の完了, qui oblitus esse　である．
(2) istō 'その bonum'. *abl.*　　(3) 'これ (verba) に對して'．

こうと試みてはいけない．彼をして語らしめよ．彼らにけして剣を用いさせるな．君らは私がどんな目にあったか，何故怒っているかを知らない．彼は君らがどこから出かけて來たかを訊いた．羊は狐を認めると，ここで自分に何の用（opus で）があるか，誰をあなたがたは見ようと欲するかと訊ねた．

XXI. 第三變化の名詞 (3). Sibilant, nasal and liquid stems; 第三變化子音幹形容詞

§294. 第三變化所屬の子音語幹の名詞にはこれまで述べたものの外に, Sibilant **擦音**, Nasals **鼻音**, あるいは**流音** Liquids に終る語幹を有するものが含まれる. これらは純粹な子音である Mutae とは多少趣きを異にするので, 以下これについて順次説明することにしよう.

§295. 第三變化名詞は一般にそうであるが殊にこの種の名詞は單數主格と語幹とが異っていることが多い. つまり主格形が特殊な modification を受けているか, 他の格形に現れる語幹が, しばしばラテン語固有の音韻變化を受けているか (または兩方か) である. 從ってこの兩者を知っておく必要がある. 語幹 (もしくは變化した幹形) は大體單數.屬格で判るから, 字典をはじめ通例, 單數の主格と屬格とを記載している. しかし時には複數.屬格その他異常な格形も必要なことがある. まず第一に

§296. Sibilant stems (-s-):

卽ち s に終る語幹を有するもの. ラテン語では, s が母音の間に挾まるときは r に變ずる (これに適合しないように見えるのは -ss- が單化したものか, 外來語に出るものである). 從って變化した格形では多く **-r-** として現れる.

またこの **r** が, あまりに口に慣れると, ついには元來 **s-stem** だったものが, **r-stem** のように思い込まれる. こうして元來は -s-stem の honor, -ōris 名譽, などの類, また rōbur 赤材, aequor 海なども **r-stem** とよく見做されることがある.

§297. この類も男・女性名詞と中性名詞とで變化の趣を若干異にする. 前者ではしばしば單數主格に Ablaut (附錄5) の長音度が現れる. いまこれを例示すれば:

XXI. 第三變化の名詞 (3). 子音幹形容詞

298. s-stems. *m. f.* 例. colōs *m.* 色； mōs *m.* 習性； cinis *m.* 灰, 骨灰； tellūs *f.* 大地.

單數	主.	colōs (color)	mōs	cinis	tellūs
	對.	colōrem	mōrem	cinerem	tellūrem
	屬.	colōris	mōris	cineris	tellūris
	與.	colōrī	mōrī	cinerī	tellūrī
	從.	colōre	mōre	cinere	tellūre
複數	主.	colōrēs	mōrēs	cinerēs	
	對.	colōrēs	mōrēs	cinerēs	
	屬.	colōrum	mōrum	cinerum	
	與.	colōribus	mōribus	cineribus	
	從.	colōribus	mōribus	cineribus	

§ **299.** s- 語幹・**中性名詞**は，これと主格，對格だけ異る．例．corpus 身體, foedus 盟約, ōs 口, 顏.

單．主．對．		corpus	foedus	ōs
〃	屬．	corporis	foederis	ōris
複．主．對．		corpora	foedera	ōra
〃	屬．	corporum	foederum	(例なし)

§ **300.** **-us** (*gen.* **-oris, -eris**) に終る s-stem の中性名詞は tempus (-oris) 時； genus (-eris) 種類, 族； vulnus (-eris) 傷； latus (-eris) 脇； scelus (-eris) 犯罪，など相當にあり，しかも第二變化男性名詞と間違いやすいから注意を要する．インド・ヨーロッパ語族に古くからある語形に屬する．*cf.* ギリシア genos, サンスクリット janas.

§ **301.** **Nasal (m. n.)** および **Liquid (l. r.)** に終る語幹の名詞中ラテン語では，m-*stem* は hiems (*stem* : hiem-) *f.* 冬．のみ，l-*stem* も sāl (sal-) *m.n.* 鹽，海； sōl (sōl-) *m.* 太陽．のほか僅少であるから，次に **n-** および **r-stem** を有するものについて敘べよう．

§302. **n-stem** の**男・女性名詞**で著しい現象は，單數主格で **-ō**（時に約まって -o ともなる）に終る名詞が大凡なことである．一方 **r-stem** には親族關係を表す一類の古い名詞で，昔の Ablaut の名殘を止めているもの，**pater**, *gen.* patris 父；同じく **māter** 母，frāter 兄弟．など，および **-tor**, *gen.* -tōris に終る，動詞から作られた**行爲者**を表す名詞などが含まれる．

§303. これらの名詞變化の主要な語形を表示すれば下の如くである（他の格形は第三變化通則のとおり）．

例．homo *m. f.* 人；virgō *f.* 乙女；māter *f.* 母；auctor *m.* 創始者, 作者．

單.主.	homo	virgō	māter	auctor
〃 屬.	hominis	virginis	mātris	auctōris
複.主.	hominēs	virginēs	mātrēs	auctōrēs
〃 屬.	hominum	virginum	mātrum	auctōrum

§304. **-iō** (-iōnis), **-dō** (-dinis), **-gō** (-ginis) に終る名詞は多く女性名詞で，ことに **-tiō** (-tiōnis) に終る抽象名詞 (*cf.* nation, station, action) は甚だ多い．他の **-ō** は概ね男性である．また sanguīs (*gen.* sanguinis) *m.* 血．および pollis (pollinis) *m.* 粉．は主格尾に **-s** をとっている．carō (*gen.* carnis) *f.* 肉．も古い語である．

§305. **中性**の **n-stem** 名詞は單．主．で -en (*gen.* -inis) あるいは **-men** (-minis) の形をとる．**r-stem** 名詞は散發的で數も少い（そのあるものは本來は s-stem に屬する）．*e. g.* vēr (*gen.* vēris) 春, fulgur (fulguris) 電光, sulfur (-furis) 硫黃, ebur (eboris) 象牙．などである．なお femur 腿, iecur 肝, iter 行路．などは變った變化をする．*cf.* §460.

§306. **中性名詞**．例．lūmen 光明, flūmen 河流, inguen 股, vēr 春, piper 胡椒, papāver 罌粟花．

單.主.對.	**lūmen**	inguen	vēr	papāver

〃 屬. lūminis   inguinis   vēris   papāveris
複.主.對. lūmina   inguina   —   papāvera

§307. その他注意すべき sibilant, nasal, liquid stem の名詞若干をあげれば，**s-stem**: **arbōs** または arbor (arboris) *f.* 樹木；Venus (Veneris) *f.* 女神ヴェヌス；lepus (leporis) *m.* 兎；mūs (mūris) *m.* 廿日鼠；flōs (flōris) *m.* 花；iūs (iūris) *n.* 法，掟；rūs (rūris) *n.* 田舍，など．**r-stem**: soror (sorōris) 姉妹；uxor (uxōris) 妻；mulier (mulieris) 婦人．以上いずれも *f.* vesper 夕方，passer 雀，anser (hanser) 鵞鳥．以上みな *m. gen.* -eris.

§308. 第三變化所屬形容詞（子音語幹）．

i-stem 所屬 (§195-197) 形容詞と異って，子音語幹を有するものは，單數主格で *m. f. n.* とも單一の語形を有する．この類で最も多いのは *sing. nom.* が **-x** に終る語 (-āx, -īx, -ōx など)，および **-ns** に終る現在分詞またはこれと同形式の語 (*gen.* -ntis) である．

§309. その中主要なもの若干を擧げれば：

simplex 單純な，vēlōx 迅速な，fēlīx 幸福な，audāx 大膽な，prūdēns 賢明な，vetus 古い，pauper 貧しい，memor 心に忘れぬ，dīves (*gen.* dīvitis, *n. plur. nom.* dītia, *gen.* dīvitum, dītum) 富める，compos (*gen.* -potis) …を保てる，支配せる，など．

§310. 次にその變化の注意すべき格形を記そう．

m.f.n. 單.主.	**simplex**	**fēlīx**	**prūdēns**	**vetus**
〃 屬.	simplicis	fēlīcis	prūdentis	veteris
m.f. 複.主.	simplicēs	fēlīcēs	prūdentēs	veterēs
〃 屬.	simplicium	fēlīcium	prūdentium	veterum
n. 複.主.對.	simplicia	fēlīcia	prūdentia	vetera

即ち **-c**-stem, **-nt**-stem は概ね複數で **i**-stem に近づいている．また**單數從格**でも概ね **-ī** をとる．

§311. 動詞の**現在分詞**はみな **-nt**-stem を有し，prūdēns の

ように變化する．卽ち：

(1) amāns, (2) habēns, (3) agēns, capiēns, (4) audiēns, など．
gen. はいずれも -ntis.　§ 275.

deponentia も同じ語形をとる．卽ち hortāns, ūtēns, moriēns, などである．

また形容詞はいずれも名詞に容易に轉化するが，そのときは第三變化名詞として扱われる．卽ち parentum '兩親の' amante '愛人から' などとなる．§ 273-5 參照．

§ 312.　練習問題 20. A.

amantēs, āmentēs.　amantium īrae amōris integrātiō est.*
(Terent. And. 3.3.).　temporī cēdere semper sapientis est habitum.　Quid est somnus, gelidae nisi mortis imāgō? (Ovid. Am. 2.9.).　Quid est enim novī hominem morī, cūius tōta vīta nihil aliud[1] quam ad mortem iter est? (Seneca, Con. Pol. 30.). hoc[2] cōnstantī hominī posse contingere mihi quidem persuādērī nunquam potuit, animōs, dum in corporibus essent[3] mortālibus, vīvere, cum excessissent[3] ex eīs (corporibus) ēmorī (Cicero, Sen. 80.).　Praedicābant Germānōs ingentī magnitūdine corporum[4], incrēdibilī virtūte atque exercitātiōne in armīs esse (Caesar, B.G. 1.39.).　Nātus igitur patre, quō dīximus, genere honestō, pauper iam ā maiōribus relictus est (Nepos, Ep. 2.).

　　　　　　……………tum vērō exterritus, āmēns,
conclāmat Nīsus nec sē cēlāre tenebrīs
amplius aut tantum potuit perferre dolōrem :

註 (1) 'nothing other than'　(2) 'このこと' (animos vivere の不定法句をうける)．　(3) 不定法句の從屬句における接續法．時稱對應に從う § 287, 449 參照．　(4) *gen.* of respect § 206.　*. est の數は述語名詞に一致．

XXI. 第三變化の名詞 (3). 子音幹形容詞

'mē, mē, adsum quī fēcī, in mē convertite[1] ferrum,
Ō Rutulī! mea fraus omnis, nihil iste[2] haec ausus
nec potuit; caelum hoc[3] et cōnscia sīdera testor;
tantum īnfēlīcem nimium dīlēxit amīcum.'
tālia dicta dabat, sed vīribus ēnsis adāctus
trānsabiit costās et candida pectora rumpit.
volvitur Euryalus lētō, pulchrōs-que per artūs[4]
it cruor in-que umerōs cervīx conlapsa recumbit:
purpureus velutī cum flōs succīsus arātrō
languēscit moriēns, lassō-ve papāvera collō
dēmīsēre caput pluviā cum forte gravantur.

              Vergil. Aen. 9. 424–37.

§313. 練習問題 20. B.

春が來る (ineo) と (*abl. abs.* で) 燕らが戻ってくる．太陽の溫みがだんだん増してくる．健康な心は健康な體に (in)．技術は長く，生は短い．古人は技術は長く，生は短いと言っている．'誤つというのは人の (習い) である，(それに) 拘泥執着するのは愚かな人 (insipiens) の (行い) である．燕らは暖い (aestivus) 時には居る (praestō sum) が，寒さに追われて去ってしまう，僞の友だちもまた然り (ita est)．好運 (の女神) は敢てする者らを助ける．賢者はその習い (行狀) を咎めなしに變ずる．

註 (1) '向けよ'．　(2) 'その男は'．　(3) 'このことを' 前の語尾とついて cael-oc となる．　(4) '手肢を'，'體中を'．

XXII. 第四變化および
第五變化所屬の名詞
前置詞について

§314. 第四變化所屬の名詞は **-u-** に終る語幹を有するもので，動詞幹から作られる抽象名詞 (**-tu**-stem) 以外は少數である．その變化形式は本來第三變化の -i-stem と平行するものだが，ラテン語特有の變化をうけ，若干特異な形をもっている．また互いに類似した格形の多いことにも注意．

§315. 次にその變化を例によって表示しよう．

例．*stem*: manu- *f.* 手　frūctu- *m.* 果實　cornu- *n.* 角

單數	主．	manus	frūctus	cornū
	對．	manum	frūctum	cornū
	屬．	manūs	frūctūs	cornūs
	與．	manuī, -ū	frūctuī, -tū	cornū
	從．	manū	frūctū	cornū
複數	主．	manūs	frūctūs	cornua
	對．	manūs	frūctūs	cornua
	屬．	manuum	frūctuum	cornuum
	與．	manibus	frūctibus	cornibus
	從．	manibus	frūctibus	cornibus

§316. 單數，與格尾 -uī は，時に -ū の形をも示す．また複數，與．從格 -ibus は，古くは，また語によっては後まで **-ubus** の格尾でも示される．その他單數屬格，複數主格，同じく對格は元來みな異る（それぞれ -ous もしくは -eus; oues もしくは -eues; -uns から）由來に出ながら，等しく -ūs と變ったものである．

§317. 本類に屬する主な名詞としては **manus** の外 **domus**

f. 家, 邸宅 (異格形を有する. *cf.* §319), arcus *m.* 弓, tribus *f.* 族 (共につねに複數で -ubus をとる), lacus *m.* 湖, など; **-tu-stem** みな男性名詞で, 普通名詞化した artus 手肢; exercitus 軍隊; equitātus 騎兵隊; sēnsus 感覺, 意義; frūctus 果實, 享受; passus 手を擴げた幅, 尋ぎ, 歩み; spīritus 呼氣, 精神, 靈. その他 impetus 突擊, 突進; aspectus 眺め, 樣相; cāsus 落ち, 艱難不幸, 名詞の格; nātus 誕生, 生れ; ūsus 利用, 享受, など.

§ 318. この -tu-stem の**動名詞**の語幹は, 完了受動分詞の語幹と同じ形のもので, また Supīnum (§ 233–6 參照) の語幹と全く同じものである. つまり **Supinum** は, 第四變化所屬動名詞 -tu- の, 對格形あるいは從格・與格形と考えられる.

§ 319. 第四變化所屬名詞中 **domus** は, しばしば第二變化の格形をも有する一種の heteroclitum (異變化名詞) であって, 大體次のような變化をする. その中通例使用される語形は黑活字で表した.

	單.			複.	
主.	domus		主.	domūs	
對.	domum		對.	domōs, domūs	
屬.	**domī, domūs**		屬.	**domōrum,** domuum	
與.	domō, **domuī**		與.	domibus	
從.	**domō,** domū		從.	domibus	
呼.	domus		單. 位.	**domī,** domuī (at home)	

§ 320. **第五變化所屬,** -ē- 語幹の名詞はその數が甚だ少い. しかし diēs *m.f.* '日' および rēs *f.* '物, 財, 事' という二つの甚だ重要な名詞を含むことで注意される. これはラテン語ででき上った變化の種類で, その格形は大體第一變化 (ā : ē) と第三變化 (-bus の格形など) の混交と考えられる. その格變化を例示すれば次の如くである.

例. *stem*: diē-, rē-.

	單. 主.	diēs	rēs	複. 主.	diēs	rēs

對.	diem	rem	對.	diēs	rēs
屬.	diēī	reī	屬.	diērum	rērum
與.	diēī	reī	與.	diēbus	rēbus
從.	diē	rē	從.	diēbus	rēbus

單數, 屬・與格尾の -ēī は時に -eī, -ei (まれに -ē) となる. 子音の後では概ね -eī (e.g. reī) が普通となった. 複數は同類の他の名詞では殆んど使用されていない.

§321. 第五變化所屬の主な名詞をあげると, diēs (單數では f. または m. 複數では m.), merīdiēs m. 正午 の他みな女性で; rēs 物, 事, 財產, plur. 事情, 狀況; faciēs 顏, 姿; fidēs 信賴, 信仰; speciēs 姿, 美, 相, 種; spēs 希望; aciēs 光, 視線. などである.

§322. 前置詞 Praepositiōnēs について.

これまで既にいくつかの前置詞を學んで來たが, ここでは全體的にその意義と用法とを檢べてゆくことにしよう. 前置詞は元來副詞の一種で別に近代歐米語のように名詞と必然の關係 (その名稱が示すような) を有したものではない. もともとラテン語などの名詞の格は, 既にこれまで度々說いて來たように, それぞれ定った意味と用法をもっているので, 前置詞は必ずしも入用でなかった. ただ前置詞は格の用途を限定し明確ならしめる働らきをする譯である. しかし時代と共に慣用によって, 次第に前置詞と格の用法に緊密な關係ができ, 大體一定の構成をつくり出したのである. しかしまだ時に前置詞は元に還って, 副詞の働らきをすることがあるから注意を要する. 例えば paucīs post annīs '二三年後に' の post は副詞であって前置詞ではない.

§323. 前置詞は起源において場所 (ついで時) の限定を明かにするものであった. 從ってこれに伴う格は從格 (場所の, §95, 96) または對格 (目的地の, §94, 125) である. 多くの前置詞はまた (副詞的に) 動詞と密接に結びつけられ, その意味を修飾していわゆる

複合動詞 Compound Verbs (Verba Composita) を形成する．一方こういう接頭辭（由來は前置詞と同じ）にはふつう切り離して使われないのもある．次にこれらについて逐次述べてゆこう．

§324. 專ら從格をとる前置詞．

ab[1] （子音の前では多く **ā**, しかし唇音以外の前，ことに liquida や s の前では **ab** も用いられる．t. q. の前でまれに **abs**, e.g. abs tē, abs-que, abs-trahō）'……から'（分離）.

dē[1] '……から（こちらへ，下へ）'，'……について，の廉で'.

ex[1] （子音前では **ē** および **ex**）'……から（外へ）'，'……で'（材料）.

cum[1] '……と共に'，'…をもって'，'……でもって'（用具，隨伴）．人稱代名詞に伴うときは mēcum, etc. cf. §199.[2]

prae[1] '……の前に'，'……と比べて'，'……のために'.

prō[1] '……の前に'，'……のために'，'……のわりに'，'……に應じて'.

sine '……なしに'，'……を離れて'.

cōram '……の面前で'.

palam '……に隱さずに'，'……に公けに'.

procul '……から遠く'，'……を離れて'.

§325. 專ら對格をとる前置詞．

ad[1] '……の許に'，'……へ'，'……まで'，'……のために'.

apud '……の許で'，'……から見ると'.

ante[1] '……の前で'，'の前に'，'……よりも'.

post[1] '……の後で'，'……の後に'.

retrō '……の後へ'，'……の後方に'.

iuxtā '……と（密接に）隣あって'，'……と共に'，'の傍に'.

prope '……の近くに'，'……の傍に'，'殆んど'.

propter （……の近くに），'……のために'.

ob[1] （……の上に），'……に對って'，'……のために'.

contrā⁽¹⁾　'……に對して','……に對抗して，反して'.
ultrā　'……の向うに','……を超えて'.
cis, citrā　'……の此方に','……の手前に'.
extrā　'……の外に','……を超えて'.
intrā　'……の内に','……の内側へ'.
inter⁽¹⁾　'……の中へ，間へ','……の間に','互いに'.
īnfrā　'……より下に','以下の'. *cf.* under, nieder
suprā　'……より上に','……について','……以上の'.
circum⁽¹⁾ circā　'……をめぐって','……について','大凡'.
praeter⁽¹⁾　'……を超えて','……以上に'.
secundum　'……に從って','……のすぐ後で','……によると'.
trāns⁽¹⁾　'……を超えて','……の向うへ，向うに'.
versus, adversus, adversum　'……に對って','……に反對して'.
ergā　'……にむかって','……のために'.
per⁽¹⁾　'……を通して','……を亙って','……の間','……のために','……によって'. per sē '自身で，それだけで'.
ūsque　'ずっと……まで'.

§326.　時により從格または對格をとるもの.
　in⁽¹⁾　*abl.*: '……において','……に','……のうちに'
　　acc.: '……へ','……に','……に對って'.
　sub⁽¹⁾　*abl.*: '……の下，許に','……の底に','……と共に，同時に'. *acc.*: '……の下へ','……の頃に','すぐ……と共に'.
　super⁽¹⁾　*abl.*: '……の上に','……について','……のために'. *acc.*: '……の上へ','……の上を','……に加えて' '……のところに'.

註 (1) を附したものは，複合動詞の前綴となる.

XXII. 第四變化および第五變化所屬の名詞

§ 327. 屬格をとるもの. 名詞の從格 (Abl. Causae) から轉化した **causā**, と **grātiā** '……のために' の二前置詞は元來の性に從い, 名詞の屬格 (人稱代名詞のときは, 所有代名詞を代用する) を支配する. *e.g.*

    lucrī grātiā　利益のために

    meā causā　私のために (causā meī でなく, 但し § 382 參照)

§ 328. 接頭辭 prefix としての前置詞.

上例で(1)を附した前置詞は複合動詞の構成に使用されて大きな役割をつとめるものであるが, この際留意すべき事項は第一に, 本動詞の語幹母音がしばしば弱化を受けること (いちばん著しいのは **a, e.o＞i**; 但し **r** と二子音の前では **e**. *e.g.* facio: ef-ficio: ef-fectus, その他 **ae＞ī, au＞ū**. 異例もある). この際子音間の同化が多く行われること (*e.g.* ex＋facio＞ef-ficio; con, in＋laedo＞col-, il-līdō), また cum の複合動詞は con- として現れ, 母音の前でよく融合すること (*e.g.* cum＋agō＞cōgō; cum＋emō＞cōmō) などである.

一方 dis- (分離・否定), re-, red- (再び, また), sē- (分離) などは獨立しては存しないが, in- (否定) などと共に, 接頭辭として, 複合動詞の構成に多く用いられる. *e.g.*

dif-fīdō, dis-cēdō, re-nuntiō, red-eō, sē-parō *etc.*

§ 329. 練習問題 21. A.

parsimōniā vīctūs atque cultūs omnēs vīcit. tabulae in ūsūm scholārum. ex cōnspectū hostium. rēbus in secundīs. fortis manū. ūsus rērum māximārum. crēscit in diēs frīgus. nūlla diēs sine līneā.

"Quid est fidēs? quod nōn vidēs. quid est spēs? magna rēs. quid est cāritās? magna rāritās." (Facetiae Cantabrigenses). Tardī ingeniī est rīvulōs cōnsectārī, fontēs rērum nōn vidēre (Cicero, de Or. 2.117.). Ariovistus hīs⁽¹⁾ omnibus diēbus exercitum castrīs continuit, equestrī proeliō cottīdiē contendit (Caesar, B. G. 1.48.). Hōrum⁽²⁾ vōcibus ac timōre paulātim etiam iī,⁽³⁾ quī magnum in castrīs ūsum habēbant, mīlitēs centuriōnēsque quīque equitātuī praeerant, perturbābantur (ibid. 1.39.).

§330. 練習問題 21. B.

永遠の相の下に．あらゆる日々の．逆境において．二マイル(二千歩)．それから彼は家に歸った．國家(共同體)について(de)．信仰と希望との德．到着の理由を．彼は使節(legatio)らの集りの面前でこう論じた．嫉みのため(propter)に彼自身の市民らは彼(eum)を軍隊の指揮官とするのを欲しなかった．彼らは何日もたってから，カエサルの命令で騎兵隊を援軍として送った．これらの事情を理解する(cognosco)と(*Abl. Abs.*で)，カエサルはガリア人らの心を言葉で元氣づけ，またその事柄(ea res)は自分が意を用いよう(未來で)と約束(polliceor)した(B.G. 1.33.).

註 (1) 'these' *abl.* (2) 'この人々の'． (3) 'those' *nom.* 'その人々も'．

XXIII. 動詞の變化: 命令法. 副詞について

§ 331. ラテン語には法 Modus として，直說法．接續法のほか**命令法 Modus Imperātīvus** がある．しかしこれは他の二者のように組織的なものではなく，專ら現在時稱にのみ（僅少の例外を除き）殘されている．

§ 332. これには本來の命令法たる所謂第一命令形と，二次的な第二命令形とがある．まず**第一命令形**は二人稱のみにあり，次の如くである．

能動 { 單. 2. (1) cantā (2) habē (3) cape (4) venī
　　　複. 2. 　　cantāte 　habēte 　capite 　venīte
受動 { 單. 2. 　　amāre 　habēre 　capere 　vincīre
　　　複. 2. 　　amāminī 　habēminī capiminī vincīminī

つまり能動相において單.では **stem** のみ，複ではこれに **-te** を附したもの，受動では **-re** と **-minī** とをそれぞれ附したものである．

§ 333. **第二命令形**は二人稱と三人稱とにあり，現在時稱幹に次の人稱語尾を附したものである．

能動．單數 2.3. **-tō**
　同．　複數 2. **-tōte** 　3. **-ntō**
受動．單數 2.3. **-tor** 　　複數 3. **-ntor**

なお第三，第四變化動詞の三人稱複數は，現在時稱と同じような（並行した）語形をとる．即ち dīcuntō, capiuntor, audiuntor, etc.

§ 334. 動詞中には若干**特異な命令形**を有するものがある．その多くは單. 2. (第一命令形の）で，**dīcō** よりの **dīc** '言え'; **dūcō** よりの **dūc** 'もってこい，思え'; ferō より **fer** 'もて，忍べ'; eō の命令: **ī,** ite, **eunto** etc.; sum より **es,** este, **estō, sunto** etc.; nōlō (nōn volō) より **nōlī, nōlīte, nōluntō** etc. '欲するな，‥‥と思うな' § 338.; 完了命令形として唯一の **me-**

mentō, -tōte (meminī より)'記憶せよ，忘れるな'がその主なものである．

§335. **命令法の用法**は，第一命令形は要するに單純な命令として直接その實行を要求するものであるが，第二命令形のほうは，一に**未來命令形**とも呼ばれている通り，一種の指令 injunction として，將來引きつづいてその實行を期待しやや一般的な聲明に近く，多く法令や公文書，條約，指令などに用いられている．

§336. 次に命令法の用例若干をあげてこれを説明しよう．

ī, sequere mē. 'go! follow me!'　　　St. Augustinus.

Cūrā, mī frāter, ut[(1)] valeās. 'Take care, my brother, that you may be well.'　　　Cicero, ad F. 2.3.

ita iūs **estō**. 'Let the law be so'（十二銅法表.) sī intestāmentō moritur,……adgnātus familiam **habētō**. 'もし遺言なしに死すれば，最近親に家財を領せしむべし．'　　　同上．5.5.

§337. **禁止**（否定の命令）としては，命令法（通例第二）に **nē** を付して用いる．第一命令形を使用するのは詩か口語的用法である．

nē in pūblicō iūdiciō sententiam **rogātō**. （古法). '公けの裁判において判決を求めしめるな．'

§338. しかしそれよりも，**nōlō** (§469,'欲しない') の第一命令形．單.2. **nōlī**, 複.2. **nōlīte**; 第二命令形 單.2.3. **nōlītō**, 複.3. **nōluntō** に，該當動詞の**不定法を付して**表すのが正式の古典形である．*e.g.*

Nōlīte arbitrārī mē nūsquam aut nūllum futūrum. '私が將來無に歸してどこにもなくなると思うな．' Cicero, Tusc.

§339. その他命令，禁止の表明としては，接續法を使用し（§190, 191），あるいは未來の直説法二人稱を使用するなどの方式があり，また種々な從屬句によることもできる．それらについては各項

註(1) curo ut については §416 を見よ．

を参照されたい．

§340.　**副詞** Adverbia について．

ラテン語の副詞は形容詞から規則的に作られるものを除いて，おおむね名詞や代名詞，形容詞の格形，あるいはその固定化したものと考えられる．これには對格(内部目的語，目的地，程度，ひろがり)と從格(時，處，樣子，程度など)，或いはなくなった位格形(處，時)が主である．

§341.　**對格**に出るもの：　multum 大いに，parum 少し，nimium あまりに，prīmum 初めに，vērum だが(接續詞として)，plūs, magis いっそよけいに，potius むしろ，nimis あまりに．代名詞よりは：tam かように，tum そのとき，quam いかほど，…ほど．(關係副詞として)，iam すでに，ōlim かつて，facile 容易に，difficile 難く，statim すぐと，passim 方々に，gradātim 段段に，furtim こっそり，sēnsim 徐々に，vicissim 代る代る，(-tim, -sim の副詞は澤山ある)．

§342.　**從格**より：　modo だけ，さえ，vulgō 一般に，rīte 正しく，iūre 正當に，viā きちんと，sponte 自ら進んで，repente ふいに，vērō まことに，だが，magnopere 大いに，forte 偶然ひょっと；grātiīs, grātīs ただで，perpetuō たえず，continuō すぐ，prīmō 始めは，tertiō 三度目に，hōdiē 今日は，prīdiē 前日，postrīdiē 次の日，cottīdiē 毎日．その他 diū ずっと永らく，noctū 夜分，oppidō たいへん，sērō おそく，extemplō 突然，なども失われた語の從格である．

§343.　**位格**より：　herī 昨日，hīc ここに，sīc かく，sī もし(接續詞として)，ibī そこに，ubi どこに，humī 地上に，domī 家に．

§344.　その他種々な **suffix** によって(その多くは固定した *acc.* である)．**-tim** (上述のごとし)．**-tus**：penitus 内奥から，funditus 根底から．**-de**：inde そこから，unde どこから．**-dō**：

quandō いつ. aliquandō いつかある時. その他：prīdem 以前に, tandem ついに, quondam いつか, dūdum すこし(すぐ)前に.

§345. 形容詞からは次の二つの方法で規則的にひろく作られる.

1) **第一・第二變化形容詞**では, 幹尾の母音を **-ē** に代える. *e.g.* līberē 自由に, ゆたかに, pulchrē きれいに, sānē 全く, plānē 明かに, 全く, valdē たいへんに.

2) **第三變化形容詞**では, **-i-stem** のは **-ter** を附し, 子音幹のは **-iter**. 但し單.主. **-ns**, stem -nt- では **er** だけ (-nter となる). *e.g.*

breviter 短く, fortiter 勇敢に；ferōciter 暴々しく, fēlīciter 幸いに, memoriter よく記憶して, ēleganter 優雅に, prūdenter 賢明に, sapienter 賢く, dīligenter 孜々と.

3) **不規則**な語形も時に見られる. *e.g.*

audācter 大膽にも＜audāx；faculter, faciliter, facile た易く＜facilis；また ampliter 十分に, 特に, dūriter ひどく, hūmāniter, hūmānē 人間らしく, やさしく, firmiter しっかり, largiter 大いに, 豐かに, sevēriter 酷しく.

などは第一・第二變化に屬する.

§346. 與格をとる動詞

ラテン語では與格を用いる動詞が極めて多い (**形容詞**については §108, 348 參照). 次にその主要な綱目を擧げよう.

1) 助ける, 害する, 氣づかう, 反對する, 讓步する, 宥す, など.
succurrō, subveniō, noceō, invideō, suādeō, cōnsulō, prōvideō, repugnō, resistō, cēdō, con-cēdō, indulgeō, ignōscō, parcō, *etc.*

2) 氣に入る, 入らぬ, へつらう, 怒る, 妬む, 迫る, 氣づかう, 恐れる (ある人のために), など.

placeō, com-placeō, displiceō, lubet, blandior, faveō, per-suādeō, grātulor, grātiās agō, īrāscor, īnsidior, invideō, minor, caveō, metuō, *etc.*

3) 命ずる，從う，仕える，信ずる，信ぜぬ，など．

imperō, iubeō (*acc.* が通例), pāreō, ob-oediō, auscultō, ob-sequor, mōrem gerō, dictō audiēns sum, serviō, famulor, crēdō, fīdō, cōn-fīdō, dif-fīdō, *etc.*

4) 近づく，であう，でくわす，(誰かに) 起る，など．

appropinquō, praestō sum, occurrō, obviam eō, obveniō, ēveniō, accidō, contingō, *etc.*

5) 爭う，戰う；相違，不一致；凌駕する，まさる．など．

contendō, bellō, pugnō, certō; dīstō, differō, discrepō, ante-cellō, prae-stō, ante-eō, *etc.*

§ 347. その他複合動詞，ことに ad, in, ob, sub をとった自動詞，他動詞の多くは與格をとる．*e.g.*

accēdō つけ加わる，ad-stō 傍に立つ，im-mineō 迫る，inter-cēdo 禁ずる，inter-sum 加わる，ob-stō, ob-sistō 抗う；ob-veniō, succumbō, sub-veniō；ad-hibeō つける，供する，ad-ferō, in-icio, of-ferō, op-pōnō, insultō 侮る，*etc.*

§ 348. ついでに與格をとる形容詞を復習しておこう（§ 108 參照．第三變化をも追加して）．大體動詞と類義のものである．

1) 有益，有害，快，不快，友好的，敵對，好惡，忠實，不信，など．*e.g.*

ūtilis, in-ūtilis, bonus, opportūnus, grātus, iūcundus, amīcus, in-imīcus, cārus, benevolus, aequus, in-īquus, secundus, salūtāris, familiāris, prōnus, fīdus, in-fīdus, īn-festus, *etc.*

2) 近接，類似，同，不同，既知，未知，共通一致，適不適，固有，特有，親緣，など．*e.g.*

propinquus, proximus, vīcīnus, fīnitimus, obvius, similis, dis-similis (*gen.* もとる). pār, im-pār, aequālis, nōtus, ignōtus, com-mūnis, aptus, idōneus, habilis, parātus, proprius, aliēnus, cognātus, affīnis, *etc.*

§349. 練習問題. 22. A.

festinā lentē. nōlī timēre. nōlītō frontī crēdere. Tū vērō ēnitere et sīc habētō, nōn esse tē mortālem sed corpus hoc.[1] Deum tē igitur scītō esse (Cic. Sc. 14.). Ades, inquit, animō, et omitte timōrem, et quae dīcam, trāde memoriae (ibid. 2.). quī parcit malīs, nocet bonīs. nē vincitor ā malō, sed vince in bonō malum.

"O dī, sī vestrum est miserērī, aut sī quibus unquam
  extrēmam iam ipsā in morte tulistis opem,
  mē miserum aspicite et, sī vītam pūriter ēgī,
  ēripite hanc[2] pestem perniciem-que mihī."
                Catullus. 76.

§350. 練習問題 22. B.

泣くな．君（ら）は幸でありたまえ．すぐここへ來たまえ．汝ら蛇の如く慧しく，鳩の如くにやさしくあれ．私に言ってくれ，君のいう (istud) 明日はいつ來るか (Martial. 5.59.).　私の圓を亂さないでくれ．おお姿美しい少年よ，あまりに色を恃みたまうな (Vergil. Ecl.).　醫者は老人であるべく，剃手は若者であるがよい．汝（汝ら）死ぬことを記憶せよ．我々を憐みたまえ．我々のために (pro) 祈りたまえ．隱さずに話しなさい．彼にこう勸めなさい．

註 (1) 'この身體' *n. nom.*　(2) 'この' *f. acc.*

XXIV. 指示代名詞，代名形容詞および數詞について

§351. 指示代名詞 Prōnōmina Dēmōnstratīva というのは，'これ'あるいは'あれ'，'それ'，'この，その，あの(人，物など)'という，指示の意味をもつ代名詞で，その主なものは **hic, ille, iste** および **is** であるが，ことに is と hic とは慣用によってかなり複雑な變化形式を示している．しかしその根本は代名詞變化(§131 以下參照)に從っている．次にその要點を敘べよう．

§352. is, ea, id.'それ，その'

代名詞中では最も指示力が弱く，Determinative'決める，指定の'とも呼ばれる．殆ど三人稱の代名詞に近く，しばしばその補充として用いられる．その變化については卷尾 §499 參照．**i-** (is, id だけ) と **eo-, eā-** と二つの語根に出ていることに注意．單．屬．(三性とも) **eius**；單．與．**eī**．他格形は概ね第一，第二變化に從う．(is, id の外)．

§353. hic, haec, hoc.'これ，この.'

當事者に空間的，時間的，心理的に近いものを指す．變化は §500 參照．**ho-, hā-** 幹 (第一・第二變化) に指示辭 deictic particle の **-i** と **-ce** とがついたもの．但し 單．屬 (三性とも) **huius**, 與．**huic**, 男性．單．主．hic<ho-i-ce；女性 (中性複數も同じ) haec<ha-i-ce；中性 hoc<hod-ce (-d は代名詞特有の中性．單．主．對格尾．cf. illud, aliud)．-ce, -c のついた語形は以上のほか，ふつう用いられる hunc, hanc, hōc, hāc 以外にも，多く見られる．e.g. hāsce, hōrunc など Plautus 等に現れている．

§354. ille, illa, illud 'あれ，あの'．古形 olle (<ollus?) cf. ul-trā. '彼處にある'，'當事者より向うにある'，また'あの，既知の，周知のもの．illo-, illā- 幹で，單．屬．**illīus**, または il-li-us；

與. **illī** となる．その他 olla, ollī など古風の語形も見える．

§355. iste, ista, istud. 'その'

當事者，ことに對者に空間的，心理的に近いものを指す．單.屬. **istīus** または istius; 與. **istī**. ille の變化と共に，しばしば -ce (-c) のついた語形も古くは見られる．

以上が主要な指示代名詞であるが，他にも同じ系統に屬する代名詞が若干ある．次の如きものがこれに屬する．

§356. ipse (ipsus), ipsa, ipsum '彼自身'以下.

單.屬. **ipsius,** 與. **ipsī** の外は 第一・第二變化形容詞と同じく他格形をつくる．語源的には is+pse が固定化して變化するようになったもの．古くは eapse, eapsa; eampsam, eumpsum など見える．ipsus は Plautus などに見られる男性.單.主格形．

§357. īdem, eadem, idem '同じ男'以下.

is, ea, id+dem の變化．d の前で m>n. *e.g.* eundem<eum+dem. '同じ'というほか，'彼はまた'，'同じく彼は'という場合によく使われる．

§358. これらの語根，ことに iste に含まれる **-to-, -tā-** はひろく種々な指示詞を作るのに用いられる．これに對して **quo, quā, qui-** は疑問詞や關係詞の系列をつくる．このように相對し，關連する語形を **Correlātīva 相關詞**という．その重なものを次に表示しよう．

	指示詞(その)	疑問詞(どの)	關係詞(…ところの)
代名詞	(is)	quis?	quī …する人は
性質形容詞	tālis	quālis?	quālis …のような
量 〃	tantus	quantus?	quantus …くらいの
數 〃	tot	quot?	quot …ほど多くの
樣子の副詞	ita, sīc	quī? ut? quōmodō?	ut …ように
程度の 〃	tam	quam?	quam …くらい

度數	〃	totiēns	quotiēns?	quotiens	…たびに
時の	〃	tum, tunc	quandō?	quando, cum	…時に
所	(loc.)	ibi	ubi?	ubi	…處に
〃	(acc.)	eō	quō?	quō	…ところへ
〃	(abl.)	inde	unde?	unde	…ところから

§359. 代名形容詞. 一般的な，代名詞的性質をもつ形容詞のいくつかは，その變化においても代名詞的で，つまり單.屬.で標準的には三性とも **-īus** (または -ius)，單.與. で **-ī** をとる (まれに普通形も散見する). これらを代名形容詞 Pronominal Adjectives と呼び，次のようなものがこれに屬する．黑字は注意すべき形.

 alius, alia, **aliud,** '他の, 別な' (*gen.* alīus はまれ)
 alter, altera, **alterum** 'もう一方の (二つのうちで)'
 sōlus, sōla, sōlum 'ただ一つの', 'ひとり'
 ūnus, ūna, ūnum '一つ', '唯一の'
 tōtus, tōta, tōtum 'すべての', '全部の'
 ūllus, ūlla, ūllum 'どれかの' any (one)
 nūllus, nūlla, nūllum ūllus の否定, no (one)
 uter, utra, utrum 'どちらか (二つのうちの)'
 neuter, neutra, neutrum uter の否定, 'どちらも…ない'

このうち ūnus は數詞 '一つ' に，alterは順序數詞 '第二の' に，utrum は **utrum…an** として，'whether…or' '…か, それとも…か' の疑問接續詞に使用される．

§360. 次にその用例を若干あげよう．

 aliīs alia placent. '他の者には他の事が氣に入る'. 即ち '人は各自好みが異る'. alius はこのように繰り返して，'めいめい'，或いは '一方では'，'…もあれば…もある'，など使用される．*e.g.*

 aliud ex **aliō** malum. '禍は次から次に起る.' Terent. Eun. 5. 7. 17.

 alter egō amīcus. '友は第二の我である.'

alter alterius auxiliō eget. '一方は他方の助を要する.' Sallust. Cat. 1.

tuā ūnīus causā hoc fēcī. '君一人のためにこうした.'

tibī sōlī crēdō. '君だけが頼りだ.'

sine ūllā causā. '何の理由もなしに.'

hominēs tōtīus mundī. '全世界の人々.'

§361. 數詞 Numerālia について.

數詞は元來形容詞（代名詞的）の一種であるが，文法ではしばしば一つの獨立した項目として扱われている．これにも普通數詞'（いくつ'に答える），順序數詞（'いく番目の'に答える），そのほか配分數詞（'いくつずつ'に答える），度數副詞（'いく度，何倍に'に答える）などがある．(1)

§362. 普通數詞 Cardinālia, Cardinal Numbers. これは普通の，'いくつ'という數で，一種の形容詞である．その語形については卷尾 §506 を見られたい．ラテン語では語形變化を有するのは，1 から 3 までと百位の數および千で，他は不變詞 Indēclinābilia である．ūnus '一つ'については §359 參照．duo '二つ'は第一・第二變化の兩數または複數形に從い，兩數の表現に用いられる．**ambō** '兩の'も duo と同じ變化をする．**trēs, tria** '三つ'は i-stem 名詞の複數形をとる．**ducentī, ae, a** '二百の'以上 nōngentī '九百'までは，第一，第二變化複數形である．但し屬格形は **ducentum** が普通．**mīlle** '千'は不變だが，その複數は第三變化・中性として，**mīlia, mīlium, mīlibus** となり，屬格名詞（部分の屬格 §144）をとる．*e.g.* tria mīlia passuum '三千尋（三マイル）'

註 (1) これらの數詞は（ことに普通數詞）インド・ヨーロッパ語族にひろく共有され，英・獨語にも同根語を有する他，借用語としてラテン形の入っているものが多い．*e.g.* unity, dual, triangle, quarter, quinquennial, sextant, september, octave, noon, decimal, dozen, centenary, mile (< milia passuum) など．

XXIV. 指示代名詞，代名形容詞および數詞について

§ 363. 順序數詞 Ordinālia, Ordinal Numbers. これは全く ふつうの形容詞で，みな第一・第二變化に屬する．但し prīmus は prō の最上級 § 392；第四番以下は -to, -tā- 語幹，または -mo, -mā 語幹を有する．**配分數詞** Distribūtīva もおおむね -no, -nā- 幹形容詞の複數形で，singulī, ae, a '一つずつ' 以下 § 507 を見られたい．**倍數（度數）副詞 Multiplicātīva** は數詞から作られた副詞の一種で不變である．quinquiēs '五倍' 以上はみな **-iēns (-iēs)** の語形を有し，quotiēns？'何度？' や totiēns 'その度に' と對應する．

§ 364. 數の表し方について：各種數詞を通じて，十以上の 8 と 9 の數値はふつう減算で，dē によって表される．*e.g.* duo-dētrīgintā '28'．そしてふつう一字として扱われる．*e.g.* annō duodētrīcēsimō '二十八年目に'．しかし 98, 99 nōnāgintā novem はこれによらない．また**十位**の數と一位の數が共にあるときは，一位を先に et で十位以上に結ぶかまたは，et なしに十位，一位とするのが通例である．*e.g.* ūna et vīgintī nāvēs '二十一隻の船'．または vīgintī ūna. まれに annōs octōgintā et ūnum などとも言われる．**百位**のときは槪ね百位の數が先行する．*e.g.* trecentōs et quīnquāgintā '350'．

§ 365. ローマ數字としては，時計の字盤などに見られるような文字を用い，**I** で 1 を，**V** で 5 を，**X** で 10 を，**L** で 50 を，**C** で 100 を，**D** もしくは I⊃ で 500 を，**M** もしくは CI⊃ で 1000 を表しその組合せを用いている．この際右側は加算，左側は減算を示す．*e.g.* CM＝900. これらは元來は單なる棒や手，その組合せ，および古いギリシア文字 (Chalkis 系の) が變形したもので，該當ローマ字とは無關係である．1000 以上は ⊃ により桁數を增す．*e.g.* I⊃⊃⊃＝50,000. 但し CI⊃ は兩側に C をおいて（右は逆さまに）桁數を增す．*e.g.* CCCI⊃⊃⊃CCCI⊃⊃⊃＝200,000. あるいは上に ─── を引いて，または百位の數の左にある

數字は千位と見なして(帝政期),大きな數字を表した. *e.g.* $\overline{\text{XVII}}$ =17,000; もしくは $\overline{\text{XVII}}$CC=17,200.

§366. 練習問題 23. A.

ignōscite alterī. ipsīus verba audiō. sine ūllā causā. septimō quōque diē veniunt. quaternās litterās ab eō accēpī. ipse enim sē quisque dīligit. ipsa sibi pretium virtūs. Sentiēbat sē Alcibiade receptō(1) nūllīus mōmentī apud exercitum futūrum et, sī quid adversī accidisset(2) sē ūnum eius dēlictī futūrum reum (Nepos, Alc. 8.). Mihi vērō erit grātum, atque id ipsum cum tēcum agere cōnārer,(3) Fannius antevertit. Quam ob rem utrīque nostrum grātum admodum fēceris. (Cicero, Am. 16.). Helvetiī repentīnō eius adventū commōtī, cum id, quod ipsī diēbus vīgintī aegerrimē cōnfēcerant, ut flūmen transīrent,(4) illum ūnō diē fēcisse intellegerent,(5) lēgātōs ad eum mittunt. (B.G.I. 13.).

§367. 練習問題 23. B.

この手紙を讀みなさい. これらの生物は何であるか. 獅子らはあの男だけに從った. 野原を散歩する人もあれば川で泳ぐ人もあった. 私は誰のためにも誰とも爭おうと欲しない. 彼は何の理由もないのに一日中怒っている. 君ら二人のうちのどちらも誤っていない. 二人のうち一人だけに, この本をあげよう. 我々の市は河 (flumen) から二マイルだけ離れていた. その大城壁は二十尺 (pes) の高さで八百マイルつづいていた (長かった).

註 (1) *abl. abs.* 'た場合に'　(2) '…起ったとしたら'. 假定文 §452.　(3) '…したく存じます' 丁寧ないい方. §192,7.　(4) §416. '渡るということを' (id…quod)　(5) 狀況の句 '…もので'. §428.

XXV. "非人稱動詞" Verba Impersonālia および Gerundia, Gerundīva について

§368. 非人稱動詞 Verba Impersōnālia というのは，特に定まった主語をもたずに，專ら三人稱單數で使用される動詞の種類であるが，ラテン語ではいく分廣義に使用されている．これにも數種あって，用法も多岐に亘り，ことに不定法と句（文を なすもの）と兩者をゆるすものが多い．次にこれを逐次敍べてゆこう．

§369. 1) **自然現象**を表す動詞．（これには Iūpiter のような神とか caelum, sōl, diēs, mundus とかを，時に主語として表明し，または暗默裡に解する）．*e.g.*

pluit 雨が降る． ningit 雪がふる． tonat 雷鳴する． fulget 電する． rōrat 露がおりる． lūcēscit 夜が明ける． vesperāscit 日が暮れる． など．

§370. 2) **人倫や感性に緣ある動詞の若干**（これらは時に不定法句や內容句を主語と解することもできる．また動詞により種々な格をとることに注意）．*e.g.*

decet ふさわしい． dēdecet ふさわしくない． oportet …すべきである，當に…すべし． attinet 關りがある，大切である． restat, superest 殘っている． iuvat 樂しませる, 樂しい． praestat 優っている，など．その他 necesse est 必然である．opus est, ūsus est 必要である．fās est 正しい，宜しい．tempus est 時機である．stultitia est 愚かである．のような名詞を用いた表現．これらは概ね *acc.* と**不定法**とをとる．*e.g.*

lēgem brevem esse **oportet**. '法規は簡なるべし．'
Seneca, Ep. M. 94.

stultitia est vēnātum dūcere invītās canēs. '嫌がる犬を狩につれていくのは馬鹿なことだ．' Plaut. Stich. 139.

XXV. "非人稱動詞" Verba Impersonalia 及 Gerundia, Gerundiva

§371. また miseret 憐れを催さしめる. paenitet 後悔させる. piget 不快にさせる. pudet 恥じしめる. taedet 飽きあきさせる. pertaesum est とても我慢ならぬ. verētur, reverētur 畏れる, 畏しとする, など.

これらは感じる人の **acc.** に概ね（名詞のときは）事由としての **gen.** をとるが, 時に **acc.+inf.** の不定法句も用いる. *e.g.*

Mea māter, **tuī**⁽¹⁾ **mē miseret, meī**⁽¹⁾ **piget.** 'お母さん, あなたのことは氣の毒だが, 私のことはいやになります.'
Cic. Div. 1. 31. Enn.

quōs nōn est veritum in voluptāte summum bonum pōnere. 'その人々は, 至上善を快樂において（おくことを）畏れなかったのである.' Cic. Fin. 2. 13.

§372. 一方 **libet** (lubet) 好ましい. **licet** 許されている. (完了では libuit, licuit のほか libitum est, licitum est も用いられる) は **dat.** の人をとる.

その他 appāret 明かである. expedit 役に立つ. placet, placuit, (placitum est) 氣に入る, 決定される. や accidit, contingit, ēvenit おこる（出來事が）, 等も **dat.** の人をとり, **不定法や内容句で**表される.

§373. また **refert, interest** '關係がある, 大切である' は, 關與者を **gen.** として（人稱代名詞のときは, 所有代名詞の女性・單數・從格形, つまり **meā,** tuā, nostrā, *etc.* を用いる⁽²⁾）, **不定法**（または句）を（主語に）とる. *e.g.*

nōn ascrīpsī id, quod nihil **tuā** rēferēbat. 'あなたに少しも關係のない（大切で）ことは書き加えなかった.'
Cicero, Fam. 5. 20.

§374. この最後の例に見るように, 非人稱動詞が**中性**の名詞,

註 (1) 人稱代名詞 §203.   (2) つまり rē の形容詞としてつくわけである.

XXV. "非人稱動詞" Verba Impersonalia 及 Gerundia, Gerundiva

代名詞（multum, nihil, id, illud など）を**主語**にとることは屢〻である．また一般に**人稱的用法**を兼有するか，人稱的語形を有することが多い．*e.g.* taedeō 飽きる，ēveniō おこる，結果…なる，misereor 憐れむ，など．また人稱的用法で意味が全くちがうことも多い．*e.g.* liceor 値をつける，iuvō 助ける，intersum 隔たる，參加する，など．その他 Gerundivum の非人稱構成については §381 を見られたい．

§375. **非人稱的受動構成．**

さらにこういう語法は，自動詞一般について，受動式の構成に用いられて，非人稱的つまり一般的普遍的狀況の表明に宛てられる．これを **Impersonal Passive Construction** という．たとえば rīdētur '世間の人が笑う'，dormiētur '人々は眠るだろう'，ītur '人はみな行く'，ventum est '人々は來た'；不定法形では **venīrī, ventum esse, ventum īrī** の如き言い方である．*e.g.*

 sīc ītur ad astra. 'このようにして人は（みな）星界（天上の名譽）に到る（もの）．' Vergil. Aen. 9. 641.

また一般にこうした受動式の表明には，通例これに伴う不定法も受動形が使用される．*e.g.*

 tunc **pugnārī** coeptum est. 'その時戰いが始められた．'

§376. **非人稱式を用いる受動表明への轉換．**

すでに §218 において，他動詞（つまり *acc.* の對象を支配するもの）の受動形への轉換を述べたが，他の格形を支配する動詞は，簡單に同樣な操作にあずかり得ない．そこでこれらは該當の他格形の語はそのままにして，非人稱の受動式で表明される．*e.g.*

 能動：nēmō eī repugnābat. '誰も彼に反抗しなかつた．'
 受動：ā nūllō eī repugnābātur. '彼（に）は誰からも反抗されなかつた．'

§377. **Gerundium について．**

ラテン語で Gerundium, Gerund というのは，動名詞の一種であ

XXV. "非人稱動詞" Verba Impersonalia 及 Gerundia, Gerundiva

るが，もっぱら不定法（名詞としての）の代用をつとめるもので，即ち不定法は名詞として，主格か對格の用しかつとめないので，**主格と對格以外の格形**を要するとき，あるいは**前置詞につくとき**は，gerund が代役に立つわけである．その形式は現在分詞と同じ幹と母音に **-ndo-** を付した第二變化中性名詞（形容詞）の主格以外に當る．

§378. 次にその形と用法とを例示しよう．

gen.: **-ndī**. 名詞もしくは屬格をとる形容詞と．*e.g.* Beātē[1] **vīvendī** cupiditāte omnēs incēnsī sumus. Cicero, Fin. 1. 42. '人はみな幸福に生きる欲望によって….' dormiendī tempus '眠るべき時．' vīvendī causā '生活のために．' *dat.*: **-ndō**. 主として與格をとる形容詞や語法に伴う．*e.g.* Epidicum[1] relictīs rēbus operam **quaerendo** dabō. '何もかも抛っといて，E. を探すのに精出しましょう．' Plaut. Epid. 605. *abl.*: **-ndō**. 多く，手段，樣子，狀況，また前置詞 (in, dē, ab, ex など) と共に．*e.g.* Hominum mēns **discendō** alitur et **cōgitandō**. '人間の心は學ぶことと思索することによって養われる．' Cic. Off. 1. 105. *acc.*: **-ndum**. 專ら前置詞，ことに ad (目的)，時に in, inter, ob. と共に．*e.g.*

Nūlla rēs tantum **ad dīcendum** prōficit quantum scrīptiō. '作文をすることのように辯論（言うこと）のために役に立つものはない．' Cicero, Brut. 92.

§379. Gerundīvum.

Gerundīvum というのは，Gerund と同じ語幹を有する第一，第二變化所屬形容詞で（從ってもう gerund のように目的語などはとらない），その意義は原動詞について，その未來受動分詞とも時に呼ばれるように（§274 以下參照），'…さるべき'，'…されなければ

註 (1) これらの例のように Gerund は動詞的な性質を有し，目的語や副詞をとる．

XXV. "非人稱動詞" Verba Impersonalia 及 Gerundia, Gerundiva

ならぬ'，'…されるのが當然な'，という當爲や必要を示すものである．また形容詞として當然その限定説明または敍述する名詞と，性・數・格をひとしくする．

§380. **Gerundive** が述語として使用されるときは，當爲．必要．必然を表示するが，これには人稱的 (A) と非人稱的 (B) との兩構成法がある．

A. 人稱的構成というのは，隨意の主語について，ふつうの形容詞のように敍述するもの． *e.g.*

Haec (dīligentia) praecipuē **colenda** est **nōbīs**. 'これ (勉強) はとりわけ我々にとって修めらるべきものである'（これを特に我々は修めなければならぬ）. Cic. de Or. 2. 148.

この際實際上の行爲者 (nōbīs→nōs) は，上例のように多く與格で，もしくは **ab**+從格で表される．このような與格の用法を，**行爲者の與格 Dativus Auctōris** という．

§381. B. 非人稱的というのは，特に主語たる名詞を有せず，專ら中性・單數形を以てする構成で，非人稱的受動式 §375 に對應する． *e.g.*

Neque **sapientī** ūsque ad *plaudite* **veniendum est**. 'また賢者といえども (*dat. auctoris*)，幕の終りまで到るべきものではない.' Cicero. Sen. 70.

§382. さらにまた Gerundive は **Gerund の代用**として，從屬的 (名詞にすぐついた形容詞) に使用される．これはその gerund が他動詞の場合に限るもので，その目的語 (對格) の從屬形容詞となり性と數をこれに一致させ，格は gerund 本來の格を保持する．即ち 'dē cohibendō īram' (怒を抑えることについて) と言う代りに，'dē **cohibendā īrā**' (プルータークの論文名) という譯である．この形式はあらゆる gerund の用途に便利に用いられるが，特に前置詞を伴うものに多い（問題參照）．

またもしこの際 *gen.* の人稱代名詞があるときは -ī の語形を用

XXV. "非人稱動詞" Verba Impersonalia 及 Gerundia, Gerundiva

いる. *e.g.* vestrī līberandī causā '汝らを自由にするために.'

§ 383. 練習問題 24. A.

taedet mē pigritiae tuae.　sīc tōtīs castrīs dormiēbātur. aliter enim cum tyrannō, aliter cum amīcō vīvitur (Am. 89.). tempus est iam hinc abīre mē (Cic. Socrates.).　interest omnium rectē facere (Cic. Fin. 2. 22.).　meā nihil rēfert utrum tū vīvās an moriāre.　Nihil attinet tē dīcere id ignōrāsse.　Suae quemque fortūnae paenitet.　quod licet Iovī, nōn licet bovī. Constat enim inter omnēs, quī dē eō memoriae prōdidērunt, nihil illō fuisse excellentius[1] vel in vitiīs vel in virtūtibus (Nepos, Alc. 1.).　nōn libet mihi dēplōrāre vītam, neque mē vīxisse paenitet (Cic. Sen. 84.).　Nam in quem cadit aegritūdō, in eundem metum cadere necesse est.　est enim metus futūrae aegritūdinis sollicita expectātiō (Cic. Tusc. 5. 52.).　C. Brūtus in līberandā patriā interfectus est.　Sī vīs mē flēre, dolendum est prīmum ipsī tibī (Horatius, A.P.).　Idem continēns, clēmēns patiēnsque admīrandum in modum, temporibus sapienter ūtēns, perītus bellī in prīmīs commissa cēlāns studiōsusque audiendī (Nepos, Ep. 3.).　Nunc est bibendum nunc pede līberō pulsanda tellūs (Horatius, Ode 1. 37.).　Hōrae quidem cēdunt et diēs et mēnsēs et annī, nec praeteritum tempus unquam revertitur, nec quid sequātur scīrī potest: quod cuīque temporis ad vīvendum datur, eō dēbet esse contentus (Cic. Sen. 69.).　Quod multitūdinem Germānōrum in Galliam trādūcō, id meī mūniendī, nōn Galliae impugnandae causā faciō (Caesar, B.G. 1. 44.).　Hōc proeliō factō Caesar pontem in Arare faciendum cūrat atque ita exercitum trādūcit

---

註 (1) 比較級中性對格. § 386 '優っている.'

XXV. "非人稱動詞" Verba Impersonalia 及 Gerundia, Gerundiva

(ibid. 1. 13.).

§384. 練習問題 24. B.

一晩中雨がふった．君はすぐそれをなすべきであった (oportet で)．君らは口をつつしんでいるのが宜しい (decet で)．昨日は大變雪がふった，大雪だった．そしたら君も出ていってよろしい (licet)．彼は (is) いつか自分のでたらめを後悔するだろう．恥多く生きるより死んだ方がました (praestat…quam で)．彼は友人を助ける (sublevo) ために (*gerundive* で)*1 書物を賣った．それゆえ我々は完全な自由を護ることに努め (operam do) ねばならない (*gerundive* で)．幸福に生きるため (*ad*+*ger.* で) には君らはまず德を修め (colo) ねばならぬ． *1 ad+*gerundive* または causā+*ger.* で

XXVI. 形容詞と副詞の"比較"
Comparātiō について

§ 385. Comparātiō '比較' というのは，形容詞や副詞について，その性狀をたがいに比較し，それが相對的にあるいは絶對的に程度の高い (低い) こと，甚しいことを示す方法であって，日歐語族にはみなこれを表示する特別な形式がある．英語の good, better, best の如き形である．ふつうの性狀形容詞はその原級に當るもので，その他に，比較級 'もっと，より…' と最上級 'もっとも，とりわけ…' とがある．

§ 386. ラテン語形容詞の**比較級**は，原形容詞の語幹末の母音に代え，專ら次の Suffix をつけて作られる．

-ior *m.f.* **-ius** *n.* これは第三變化 s-stem (-iōs-) で, *gen.* **-iōris**, *plur. gen.* **-iōrum**, *plur. n. nom. acc.* **-iōra** となる．

  e.g. altus 高い (1.2) altior, altius さらに高い

     pulcher 美しい (1.2) pulchrior, pulchrius

                 さらに美しい

     brevis 短い (3) brevior, brevius 以下同じく

     ācer 銳い (3)   ācrior, ācrius

     fēlix 幸福な (3) fēlicior, fēlicius

§ 387. 最上級は大體原語幹尾を　1) **-is-simus,** a, um に代えて作られる．*e.g.*

 altissimus, a, um. 最も高い　brevissimus, a, um. 最も短い

2) *m. sing. nom.* が **-er** となる形容詞 (第一・二，第三變化とも) は，最上級で **-er-rimus** 以下の形をとる．

 e.g. pulcher-rimus, a, um ācer-rimus, a, um.

3) また *m.f. sing. nom.* が **-ilis** に終る六つの第三變化形容詞は，最上級で **-il-limus** 以下の形をとる. facilis, difficilis, similis,

dissimilis, gracilis '華奢な', humilis '卑しい' がこれで, facillimus 以下となる.

§388. その他に若干のよく用いられる形容詞は, 以上に従わぬ**不規則**な (多くは異る根から出た) 比較級, 最上級形を有する. e.g.

bonus よい	比: melior, melius	最上: optimus
malus わるい	pēior,⁽¹⁾ pēius	pessimus
magnus 大きい	māior,⁽¹⁾ māius	māximus
parvus 小い	minor, minus	minimus
multus 單.多量の	——, plūs⁽²⁾	plūrimus
複.多數の	plūres, plūra	

§389. その他不完全な, または代用による比較をなすものも若干ある.

iuvenis 若い	比: iūnior	最上: minimus nātū
senex 老いたる	senior	māximus nātū
novus 新しい	(recentior)	novissimus
vetus 古い	vetustior	veterrimus

その他 frūgī '宜しい, 節度ある' は frūgālior, -lissimus を; nēquam 'ろくでもない' は nēquior *etc.* を; また **-dicus, -ficus, -volus** に終る形容詞は -dicentior, -ficentior, -volentior (現. 分詞より) を代用する.

§390. 單數・主格形 (男性) が **-ius, -uus** および多くは **-eus** に終る形容詞は, 母音の重複をさけるため, おおむね常形の比較をとらずに, magis 'さらに' §397, 4 および māximē '最も' の副詞を用いて比較を行う. *e.g.* idōneus 適當な, exiguus 僅かな, dubius 疑わしい, perpetuus たえざる, など.

註 (1) pei-ior, mai-ior とも讀まれる. 語根はそれぞれ ped-, mag- である.
(2) 概ね中性名詞として *gen.* §144 と共に使用される. *e.g.* **plūs gravitātis** 'より多くの重み'.

また形容詞自體の語義よりして，比較を行わないものも澤山ある．例えば素材を表すもの，數詞，所有代名詞，場所や時を表すもの，'非常に'とか'多少'を示すものなどである．

§391. **副詞の比較**. 形容詞に倣って，狀況や樣子，程度などを示す副詞も比較を行う．これは形容詞の比較に準ずるもので，比較級としては形容詞の比較級の**中性，單數，對格**を；最上級には多く -issimē に當る語形 (つまり最上級の語尾を -ē とした形) を副詞として用いる． e.g.

	比：	最上：
altē 高く	altius	altissimē
līberē 寬かに	līberius	līberrimē
breviter 短く	brevius	brevissimē
facile 容易に	facilius	facillimē
bene よく	melius	optimē
male わるく	pēius	pessimē
(parum) すこし	minus	minimē
(magnopere) 大いに	magis さらに	māximē 最も
(multum) 大そう	plūs さらに	plūrimum 〃
(pote) さらに	potius むしろ	potissimum 〃
cito はやく	citius	citissimē
prope 近く	propius	proximē
diū 永らく	diūtius	diūtissimē
saepe 度々	saepius もっと度々	saepissimē

その他 ōcius より早く，sērius より遅く（: sērō）のような形もある．

§392. **前置詞よりの比較**. 位置を表示する前置詞からも種々な比較級，最上級形容詞が作り出される．しかし位置というのは，元來相對的，比較的のものなので，これらはしばしば旣に比較を示す接尾辭． e.g. -tero-, -trā を有していたり，比較級が原級と同じような意味に使われることも多い． cf. near. 語形に混亂のあ

XXVI. 形容詞と副詞の "比較" Comparatio について

るのも一特徴である. *e.g.*

ante :	anterior	より前の	なし
dē :	dēterior	より劣った	dēterrimus
ex :	exterior	より外の	extrēmus
in :	interior	より内の	intimus
īnfrā :	inferior	より下の	īnfimus, īmus
post :	posterior	より後の	postrēmus, postumus
prō :	prior[1]	より前の	prīmus 最初の
super :	superior	より上の	suprēmus, summus
ultrā :	ulterior	より先の	ultimus 最後の

などである. **副詞**(形容詞のない)からも比較級では形容詞をつくるものがあることは，副詞の項で覺られるであろう. 即ち potior[1] 'さらに強い' potissimus ; propior[1] 'より近い' proximus '最近の，となりの' などがそれである.

§ 393. **比較の方法について.** 比較級，最上級は，これを**相對的**にも，**絶對的**にも使用し得る. 前者は，他と比較していうときで，後者は，その程度が高いこと，極めて高いこと，即ち 'あまりに，すぎるほど，いかにも'(比較級)； '極めて，甚しく，拔群に'(最上級) の意を表すのに使用される.

§ 394. **比較の對象. 比較の從格.**

ラテン語で，'…より' という**異等**の比較は二つの方法でなされる. 一つはその對象を

1) **quam** 'than' を用いて示すもので，これはあらゆる場合の比較に使用し得る. *e.g.*

    Itaque nōn **aquā**, nōn **ignī** locīs **plūribus** ūtimur **quam amīcitiā.** 'こんな譯で，水といえど火といえども，友情が役

註 (1) これらから出た比較級の副詞 prius 'より前に'，potius 'むしろ'，propius 'より近く' などもよく使用される. ことに prius は priusquam '(より) 前に'(接續詞 'before' § 431) として.

立つのより，多くの場合に役立つということはないのである．'
(從格は三つとも ūtor の客語．即ち元來從格の語同志の比較を表している) Cicero, Am. 6. 22.

2) 從格において示すもの．これを比較の從格 Abl. Comparātiōnis. Abl. of Comparison という．*e.g.*　Ō fōns Bandusiae **splendidior vitrō** 'おお B. の泉よ，玻璃よりもさらにきらきらしい．' Horat. Od. 3. 13. これは格の明確さをたもつ上から，元來が主格か (上例)，對格の場合のほか使用しがたい．

§395. **最上級の場合．** 相對的に '…のうちで最も' という表示には，当然部分の屬格 (§144) が使用される．*e.g.*

　　　Rōma, locuplētissima **omnium gentium** 'あらゆる國のうちで，最も富裕なるローマよ'

§396. 比較級,最上級を用いる若干の語法． 1) **quam plūrimum** 'できるだけよけいに'． このように quam は最上級の形容詞または副詞と共に，'できるだけ…' 'as…as possible' の表現に用いられる．

2) **quō māior**…(**eō**) **melior** '大きいほど(それだけ)よい' このように，quō＋比較級…(eō)＋比較級で，'the more…the more' という相關關係を表す．

3) In rēbus asperīs **fortissima quaeque** cōnsilia **tūtissima** sunt. '艱難の際においては斷乎たる策ほどいっそう安全なものである．' Livius. 25. 38. 18. このように **quisque** の變化＋**最上級** (または比較級) でもって，'…ほど，いよいよ…である' という關係を示す．

§397. **單純な同等，**もしくは異等の**比較句．** 1) 單純な**同等**の比較は，多く sic…ut, tam…quam, tālis…quālis のような相關詞 §358 を以てする．**quālis** dominus, **tālis** servus. '召使も主人相應．' Petron. Sat. 58. や，**quot** hominēs, **tot** sententiae. '人の數ほど意見がある (各人各說)．' のような例で示される如く，

XXVI. 形容詞と副詞の "比較" Comparatio について　139

2) また異同は **īdem**, aequē **āc** (atque) 'と同じい'; (nōn) alius, aliud, aliter…**quam** (āc) 'と異る (…に異らぬ)'; nōn secus quam 'に外ならぬ' などでなされ, 事實の比較には直說法を用いる.

3) その他 **ut** 'のように', 'as' はひろく比較に使用され, ut temporibus illīs 'その時分にしては'; ut opīnor '私見の如くは'; ut ante dīxī '前に述べたように' の如き用法がある.

その他結果句に屬する sīc, ita…ut '…ほど' や想定句 quamsī, āc sī 'かのように' に就いては §414, 445 等を參照されたい.

4) **異等**の比較級を用いる語法はすでに §394 で述べたが, 比較級の副詞 magis, plūs, amplius, potius…quam '…よりもっと' によって, あらゆる種類の比較をなすことができる. 練習問題について見られたい.

§398. 練習問題 25. A.

habet plūs vīrium. erat pietāte praestantior, quō nēmō vir melior nātus est. Quid quod sapientissimus quisque aequissimō animō moritur, stultissimus inīquissimō, nōnne vōbīs vidētur is animus, quī plūs cernat[1] et longius, vidēre sē ad meliōra proficīscī, ille autem cuius obtūsior sit[1] aciēs, nōn vidēre? (Cicero, Sen. 83.). nōn dēbet, cuī plūs licet, quod minus est, nōn licēre (Digest. 50. 17. 21.). Hunc īnfāmātum ā plērīsque trēs gravissimī historicī summīs laudibus extulērunt; quōrum quidem duo maledīcentissimī nescio quō modō in illō laudandō cōnsēnsērunt (Nepos, Alc. 11.). Tālis igitur inter virōs amīcitia tantās opportūnitātēs habet, quantās vix queō dīcere. quid dulcius quam habēre quīcum[2] omnia audeās sīc loquī ut tēcum? (Cic. Am. 22.).

註 (1) 理由を示す接續法. §423.　(2) ＝cum quo

XXVI. 形容詞と副詞の "比較" Comparatio について

§399. 練習問題 25. B.

早いほどよい．できるだけそこに長く逗留していなさい．父親のごとく，息子もまたしかり．民衆は税金を虎よりも恐れていた．彼は非常に勇猛だが，あまり賢明ではない（より少い賢さをもっている）．死ぬことの方が正しく生きるのよりずっと易しい．彼は私より二月だけ年長である．使者はこの上なく憐れな母親に娘の死について告げた(certior と facio).將軍はいっそう非難さるべきであった，彼は敵軍の到着を告げられていたのだから (eo…quod). しかし友情においては，優れたもの（上の地位にあるもの）が劣った者と同等に立つ（である）ことが最も大切（最大のこと）である (Cicero. Am. 69.).

XXVII. 接續詞および文の構造について

不定法句, 理由句

§400. 文章の構造, つまり**單文**とか**合文**(並列文), **複文**(主句と從屬句)の構造については, ラテン語も日本語や英語その他と大差ないので, これまで自明なものとして說明を略して來た. その間多少理由句 (quod) や關係句 (quī) などに觸れるところはあったが. さて單文が組合わさって複雜な文章を構成するとき, これに二つの方法がある. その一つは**並列** Parataxis で, その何れもが同等の地位を以て連結されるもの, も一つは**從屬** Hypotaxis で, 一が主要な地位 (主文もくしは主句) を占め, 他がその說明として從屬せしめられる (從屬句) ものである.

§401. **並列文**は, おおむねそのための**接續詞** Coniunctiones によって互いに結ばれる. この接續詞も, その性質によっていくつかに類別される.

1) cōpulātīva つけ加えるもの: **et** そして; **-que** また (つねに enclitic で先行する語に連書される. 文例に見よ); **atque, āc** その上にまた, 殊に; **etiam** なおまた; **quoque** もまた. 等.

2) Adversātīva 對立するもの: **autem** だが (極く輕い); **sed** しかし; **vērum, vērō** 尤も; **at, tamen** しかしながら, それでも.

3) Disiūnctīva 引はなしていうもの: **aut** それとも, あるいは; **vel** あるいはむしろ; **-ve** または (enclitic); **sīve, seu** あるいは (よく重ねて sīve…sīve 'か, あるいはまた…か' として用いられる); **an** 'それとも…か'

§402. 同じく**理由**を述べるもの. 引つづき**次第**を序べるものも並列接續詞である.

4) Causālēs 理由 '何となれば': **nam, enim,** namque. 'というのは，何故なら．'

5) Illātīva 次第 'それで，それ故，それから': **ergō, igitur,** itaque それで; eō, hinc, inde, それから; **proptereā,** quāpropter, proinde, idcircō, quōcircā それ故．

§403. 從屬．Hypotaxis

從屬の地位にある文，もしくは句を從屬句という．これには種々な種類が別たれ，ふつうその內容によって名詞句，形容詞句，副詞句とされる．

名詞句はここでは主語あるいは目的語なる名詞に代置するものとする．後者は**對象句** Object clause と呼ばれるものである．

形容詞句は名を直接に説明・限定する句で，概ね**關係句** Relative sentences である．

副詞句は種々の隨伴狀況を示すもので，これには理由句，目的句，結果・傾向の句，時の句，條件句，讓步句などが含まれる．

§404．
これらのうちことに注意を要するのは**副詞句**で，いろんな構成の規約を有している．そして**接續法**の使用される場合が多い．名詞句や關係句でも時にこれを要するから，折にふれて述べるとしよう．名詞句はまたしばしば不定法句の形をとる（ふつうの定動詞句でなく）．そしてこの不定法句はラテン文法で極めて重要なものであるから，まずこれを總覽してゆくこととしよう．

§405．不定法句について．

不定法句は，すでに§159で些か觸れた如くふつう主語を對格で，述語動詞を不定法で表す形式であって，a) あるいは複文における主語として**非人稱動詞**の表明（piget, taedet §371; oportet, decet §370; licet その他 §372, 373）に，b) あるいは意欲，決定，懇願，期待，要求，使役などを意味する**動詞の對象**の表明に（しばしば ut の句等の object clause が等價をなす），volō, studeō, exspectō, cupiō, gestiō, cōnstituō, cēnseō, cūrō, postulō, iubeō, imperō, (per-) suādeō, faciō, permittō, sinō, vetō, prohibeō などと時に用いられる． c) 不定法句はまた非人稱乃至受動的表明の成句や sum を用いる成句にも，內容の表明としてよく使用される．ignārus sum, mīrum est, (haud) dubium est, mōs est, prōverbium est, patris est などはその例であるが，一々あげない．いずれ字典各項にくわしく述べられていようから．

§406. a) 不定法句が**言説・思考の動詞**の內容を表す場合は即ち，間接話法 Ōrātiō Oblīqua で，後段 §446 以下において委細述べられるであろう． b) さらに **videor** の場合は，非人稱的使用では對格＋不定法が用いられるが，一般に受動式構成においては人稱的使用で，主語が主文のそれと一致する場合は**主格**を以て表明されることが多い．*e.g.* Ille mī **pār esse** deō vidētur. Catull. 51. c) また**感情 Affectus** を意味する**動詞**に伴い，不定法句は時にその原因理由を表すのに使用される（對象，內部目的語句とも見られる）．**laetor, gaudeō** 悅ぶ；rīdeō 笑う；**mīror** ふしぎがる；grātulor, grātiās agō 感謝する；**doleō**, lūgeō, maeror 悲しむ；**queror** こぼす；vereor, timeō 恐れる，に伴うのがそれである（黒字はわりに多く，他はまれ）．*e.g.* Salvom tē advēnisse gaudeō. Terent. Phorm. 286. 'あなたが無事に着いたのを（ので）嬉しく思う．'

§407. その他稀ではあるが**獨立文の代り**に不定法句が使用されることもある（主動詞の省略とも考えられる）．

1) Infīnītīvus Indignantis *etc.* **憤怒，怪訝**などの強い表明．'…とは，なんて'に當る．あるいは，不定法句もしくは對格の名詞のみを，絕叫に，間投的に用いることがある．これが Accusativus s. Infinitivus Exclamitandī であって，同趣のものである．*e.g.*
   Mēne inceptō **dēsistere**? '私がやりかけたことを止めるのだと？' Vergil. Aen. 1. 37.
2) Infin. imperātīvus. **命令**に不定法が使用されるのはギリシ

ア語には多いが，ラテン文語では古典的ではない．しかし**俗語**には古くから存したらしく，nē fore stultu(m)．'Don't be silly.'など見える．

3) Infin. historicus. その他不定法句は物語や事件の敍述において，その頂點に强烈な描寫の一法として使用される．この際は主語は專ら**主格**で表されるのを常とする．これは時に副文にも現れることもある． *e.g.*　　iam diēs cōnsūmptus erat, cum tamen **barbarī** nihil **remittere** atque…ācrius **īnstāre**．'もう日はすっかり暮れたが，まだ夷人は少しも弛めず，さらに一層烈しく攻めかけた.'　　　　　　　　　　　　Sallust. Iugur. 98. 2.

§ 408.　理由句．

句，すなわち主語と述語動詞からなる從屬文を理由の表明として用いる方法は，ラテン語では種々の接續詞（關係副詞）によってなされるが，その最も普通なのは **quod**（§ 139 參照），**quia** 'because'; **quoniam** 'since', **quandō**, **cum** 'as' をもってする句である．これらは cum 以外は，みな通例の事實である理由の表明には，**直說法を用いる**．**cum** および關係代名詞句が理由の表明に使用される場合は**接續法**が用いられる．*cf.* § 423. また**間接表明**なるときは當然**接續法**が使用される．§ 451 參照．

§ 409.　**Quod** はラテン文に廣般に使用される接續詞で，元來關係代名詞の中性對格であるから，いろんな副詞的表現に利用される．ことに多いのは上記の理由句，また'in that''という點において'を示す句，'as far as''…限りは'を示す句で，時には名詞句に等しい場合もある（これが近代ロマンス語の que, che などのもとである）．*e.g.*　　iuvat mē **quod** vigent studia.[1] '學問が盛んなことを（は）私は喜ぶ（私を喜ばせる）.' Plinius Ep. 1. 13.

これに對して部分的間接表明では § 451:　gaudet mīles **quod**

註 (1) iuvat mē tibi tuās litterās **prōfuisse** と比較せよ．

vīcerit hostem. '兵士は敵を敗ったといって喜んでいる.'
Ovid. Tr. 2. 49.

§410 練習問題 26. A.

facinus est vincīre cīvem Rōmānum (Cic. Verr. 5.66.170.). Hāctenus mihi videor dē amīcitiā quid sentīrem potuisse dīcere (Cic. Am. 24.). Veterrima quaeque,[1] ut ea vīna quae vetustātem ferunt, esse dēbent suāvissima, vērumque illud est, quod dīcitur, multōs modiōs salis simul edendōs esse, ut[2] amīcitiae mūnus explētum sit (Cic. Am. 6.7.). Mediōs esse iam nōn licēbit (Cic. Att. 10.8.). "Magna mē spēs tenet, iūdicēs, bene mihi ēvenīre, quod mittar ad mortem." (Cic. Tusc. 1.97.). At pius Aenēās, ut prīmum lūx alma data est, exīre locōsque explōrāre novōs constituit sociīsque exācta referre (Vergil. Aen. 1. 305–). Mūsa mihī causās memorā, quō nūmine laesō[3], quidve dolēns rēgīna deum[4] tot volvere cāsūs insignem pietāte virum tot adīre labōrēs impulerit (Aen. 1.8–). Caesar hīs dē causīs Rhēnum trānsīre dēcrēverat; sed nāvibus trānsīre neque satis tūtum esse arbitrābātur, neque suae neque populī Rōmānī dignitātis[5] esse statuēbat (Caesar, B.G. 4.17.).

§411. 練習問題 26. B.

ホメーロスは盲目だったと傳えられる. 彼は私には神に等しく見える (Catullus). コロンブスはアメリカを發見したといわれている. 神自身が汝に死を忘れぬよう (記憶すること を) 命ずるのだ (Martial. 2. 59.). 同時に Aeduī は Caesar に, 田畑が劫掠され

註 (1) '古いものはみな' (2) '…ためには' 目的句 §413. (3) *abl. abs.* 'いかなる……ために'. (4) deōrum にひとし. (5) *cf.* §204.

たので (*abl. abs.* で) 畑の土地以外に何も殘っていない，と報告した (B.G. 1.11.)． その次の日に C. は全軍に出發するよう命じた．我々はみなの中で唯一人彼が悲しげに首を垂れて地をみつめている (intueor) のに氣づいた．

XXVIII. 目的句，傾向結果句およびその展開

§412. ラテン語では，前に述べたように接續法を用いる句が非常に發達している．その簡單なものは，すでに折にふれて敍べたが，以下その主要な一分野である目的句，傾向結果句およびこれから發展した種々の形式の句を檢討してゆくことにしよう．これらにおいては例の時稱對應の法則（§287）が，時にその內容からして，事實や見方に卽應するため破格の使用をもたらしている場合もある．さてこれらの句に用いられる導入の接續詞は **ut**'that, …ように'を第一とし，その否定に當る **nē**'lest, …ないように'，その他 **quō, quōminus, quīn** などである．まず解り易い ut から始めよう．**ut** は本來疑問あるいは關係副詞で，utī（古くは utei）とも綴られ，quo-stem の *loc.* 形に當る．されば元來は'いかに''…のように''…の場合に'で，英語の as, ギリシア語の hōs であるが，ラテン語でも非常に廣般多義に使用され，以下種々の句に用いられる．なお ut の他の用法については比較句の項（§444）および語彙の項を參照されたい．

§413. **ut** および **nē** を用いる**目的句** Final Clauses.

目的を表す句'…せんがために'は多く **ut** により，接續法を用いて表明される．時に，殊に比較のあるときは ut の代りによく **quō**'…いっそう…ために'が用いられ，否定には **nē**，もしくは **ut nē** が使用される．*e.g.*

oportet ēsse, **ut vivās,** nōn vīvere ut edās. '生きるために食うべきで，食うために生きるべきではない'. Cicero. ad Her. 4.28.　lēgem brevem esse oportet **quō** facilius ab imperītīs **teneātur.** '（それを）辨えない者らにもいっそうた易く守られるように，法律は短くあるを要する.' Seneca, E.M. 94.38.　ita mē **gessī, nē** tibi pudōrī **essem.** '君にとり

恥辱とならないように，こう私は身を處したのである．' Livius, 40.15.

§414. ut を用いる **傾向・結果の句**, Consecutive Clauses. '…のような風に''…するほど，くらいに'あるいは'…それで，その結果…なる，なった'という如き，性向，狀態の說明または結果を示す句は **ut** でよく導かれる．この場合主文內に，これと對應する ita, sīc'そんなに，so', tantus'such, so much, so great', tālis'それほど such'などの語を有することが多い．否定の場合は **ut nōn**, また主文が否定のときは **quīn** も用いられる．*e.g.*

(Alcibiadēs) **adeō** studiīs eōrum **inservīvit, ut nēmō** eum labōre corporisque vīribus **posset** aequiperāre. Nepos. Alc. 11. 'Aは彼等の好むところに大いに力を盡して勵んだので，誰も耐久力や體力において彼に匹敵しうる者がなかった．' **nīl tam** difficile **est, quin** quaerendō investīgārī possiet. Terentius, Heaut. 675. '調べてみて探りつけることができないほど，そんなに難かしいことは何もない．'

§415. こういう **ut** や **nē** の句（否定的な主文後では **quīn** も用いられる）は，それから轉じて動詞でもって自ら目的や結果を想定する語の內容を規定するのに用いられる．卽ち一方では'…しようと欲する，求める，思う，努める，願う，定める'など（目的句→內容句），一方では'…なるよう，するようにする，させる，許す，命ずる，起る'など（傾向句→內容句）であって，時には兩者の限界が相交叉し，また名詞句'ことを命ずる，願う，求める'と考えてよい場合も多い．これらは**內容句乃至對象** Object の名詞句的な **ut** 句と考えられる．これに屬する語法の主なものを次にあげてゆこう．

§416. 對象內容句 Object Clauses に伴う動詞．
Verba studiī et Voluntātis 努力，意志などを表示するもの．'欲する，望む，努める，求める'： volō, mālō, optō, spērō,

XXVIII. 目的句, 傾向結果句およびその展開

cupiō,⁽¹⁾ studeō,⁽¹⁾ operamdō, quaerō, intendō, (ē-)nītor, impetrō, (in-)serviō など．'命ずる, 賴む'：imperō, (ad-)dīcō, prae-cipiō, iubeō, mandō など．'はかる, 氣をつける'：cūrō, cūrae est. caveō, videō．'乞う, 願う, 要求する, 戒める'：rogō, ōrō, petō, precor, implōrō, obsecrō, obtestor, postulō, pōscō, moneō, hortor など．'說きつける, 唆かす, 强いる'：suādeō, indūcō, -pellō, sollicitō, stimulō, cōgō, redigō, urgeō, fatīgō, subōrnō など．'させる'：faciō, efficiō, perficiō など．'決定する, 一致する, 誓う, 考慮する, 思いつく'：statuō, dēcernō, cēnseō, placet, placitum est, vīsum est, convenit, scīscō, agō, iūrō⁽¹⁾, voveō,⁽¹⁾ polliceor,⁽¹⁾ cōgitō, meditor, occurrit mihi または同樣の成句など．'許す, 忍ぶ'：sinō, cēdō, concēdō, permittō, dō, patior, perpetior など．

(1) 印は例が少いもの．一般に不定法が用いられるものが相當ある．sinō, volō, iubeō, cēnseō, dīco (命ずる), spērō, expectō などはことに不定法例が多い．その區別は用者にもよるが大體單なる敍述のときは不定法, 不定法句で；目的や意圖, 欲求が意識されると句になると考えられる． *e.g.*

　　Themistoclēs **persuāsit** populō, ut classis **aedificārētur**. 'T. は市民に, 艦隊を建造するよう說得した.' Nepos, Them. 2.
　　Cūrā et prōvidē, nē quid eī **dēsit**. '何か彼女に足りぬものがないよう, 氣をつけて世話して下さい.'

Cicero, Att. 11.3.3.

§417. さらにこれから轉じて傾向句は '…の傾向がある' '…ことになる, …が起る' という**主語的な名詞句** Subject Clauses となる．卽ち '…ことになる, 結果する'：efficit, fit, efficitur, sequitur ut (nōn)…．'必然, 當然である'：necesse est, opus est, ūsus est, oportet ut (nōn)…．'可能である'：est ut (nōn)…．'…ことが起る'：fit, accidit, ēvenit, contingit alicuī, ūsū venit ut (nōn)…. fierī potest ut (起り得る). '…ことが加わる，これに加えて…'： accēdit ut. '…ことが殘る，だけである'： restat, superest, relinquitur, reliquum est ut…. などはほぼ同型の語法である．

§418. また praeceptum est ut… や reliquum est ut… は，直ちに proximum est, extrēmum est とか iūs est ut…, mōs, tempus, locus est ut…，あるいはさらに一歩を進めて venit tempus, nātūra fert, ex meā rē est ut… のような成句になる．こうなると ut の句は，單に前の語句を説明する**説明句**の用をなすにすぎない．卽ち Explicative Clauses となっている．*e.g.*

(Dīxit) ex quā rē **futūrum, utī** tōtīus Galliae animī ā sē **āverterentur.** 'こういった事情から，全ガリアの人心が彼に背くようなことになろうと言った．' Caesar, B.G. 1.20.
Iūs est bellī, **ut,** quī vīcissent, iīs, quōs vīcissent, quem ad modum vellent, **imperārent.** '征服者が被征服者を自分の欲するように命ずるというのは，戰のならいである．' ibid. 1.36.

§419. 危懼の句．

對象・內容句の一種で，これが恐れ・懸念・心配を意味する動詞 timeō, metuō, vereor, または pungit mē, crucior, timor est, perīculum est, anxius sum などの句にかかるときは，'…ことを恐れる' は **nē** で，'…ないことを…' のときは，**nē nōn** または **ut** を用いる (ut は古い方が多く，nē nōn は古典期の方に多い)．*e.g.*

Pavor cēperat mīlitēs, **nē** mortiferum **esset** vulnus Scīpiōnis. Livius, 42.60. Et tamen **verēmur, ut** hoc, quod ā multīs aliīs perferātur, nātūra **patiātur?** '天性が堪えないだろうと'. Cicero, Tusc. 2.46.

§420. 禁止妨害の句．

また禁止や妨害の動詞も對象・內容句をとるが，'…することを' は '…せぬように' であるため，自ら否定句となって，**nē** 'lest'

あるいは **quō-minus** 'so that the less' を導入に用いる．否定文の後では **quīn** も使用されるが古典にはそう多くない．

prohibeō,[1] vetō[1] '禁ずる'; impediō, obstō, obsistō, teneō, teneor, reprimō '妨げる，制える'; recūsō, repugnō, resistō '拒む'; moror, in morā est 'ためらう'; temperō, abstineō 'ひかえる' などはこれに屬する．

[1] は不定法または不定法句をとる方が多い．また概ね不定法をとりえる．

e.g. Hiemem crēdō **prohibuisse, quōminus** dē tē certum **habērēmus**, quid agerēs. Cicero, Fam. 12.5. '君が何うしてるかを我々が確めるのを，妨げたと….'

§421. 疑惑の句．

dubitō, dubium est '疑わしい'; ambigitur '明かでない' のような疑念を意味する語句を説明する句は，疑問すなわち一種の疑問文を内容とするとも考えられる．それで quis のような疑問詞や num, nē のような語を接續詞として構成されるが（不定法のことも多い，ことに否定のとき），否定の主文，または反語で實は否定なるときは，**quīn** がよく用いられる．*e.g.*

quis dubitet quīn in virtūte dīvitiae **sint**? Cicero, Parad. 4.2. '…富があることを誰が疑おうか．'

§422. 接續詞の省略（もしくは缺除）．

上に述べたような内容句には，時々接續詞 **ut**, まれに **nē** (cavē などにおいて）が省略（本來は缺除している語法）されていることがある．これは'する，させる，欲する，願う，勸める，許す，求める'などの意味の動詞に多く，ことに強い要求，強請，命令などに見られる．一帶に古文や口語的，詩的な語法と考えられる（整った反省的な文語では正格を例とするから）．とりわけ velim, vellem または同類の表現, necesse est, oportet, opus est などに多く見られる．*e.g.* **velim** mihi **ignōscās**. 'どうか宥して下さい．'

Proinde colōre **cavē contingās** sēmina rērum.　Lucretius.
2.755.　'それゆえ，いろんなものの種子に色を付けぬよう（nē
を略）氣をつけよ．'

§423.　目的句・傾向句あるいは理由句の代用としての關係句.

quī を用いる關係代名詞句および同類の句は，しばしば目的・傾向句を代置する．ことに'…のような'という性向の表示に用いられることが多い．例えば multī, paucī, nēmō (est. sunt) … quī; is … tālis, tam … quī; sunt, est quī '…する者がある'; nihil … quod; dignus, idōneus, aptus … quī '…のに適した，値する'などはこれに屬し，同樣に時稱對應の法則に從い，接續法をとる．

e.g.　　lēgātōs Athēnās mīsērunt, **quī** id fierī **vetārent**.
'それ（市壁の建築）が達成されるのを禁ずる（ための）使節をアテナイへ送った．'　　　　　Nepos, Milt. 6. (目的)

　　Quae enim domus **tam** stābilis est, **quae** nōn odiīs **possit** ēvertī? 'されば憎惡によって覆えされえない（ほど）確固たる家がどこにあろう'　　　　Cicero, Am. 23. (傾向)

また關係句が理由を表明するときも（傾向，性狀の一種と考えられる）おなじく接續法をとる．*e.g.*

　　animus, **quī** plūs **cernat** et longius, ad meliōra proficīscitur.'よけいに目が利き遠くの見えるような心は（見えるので），よい方の場所へ向ってゆく．'　　Cic. Sen. 83.

§424.　練習問題 27. A.

Caesar Dumnorīgī custōdēs pōnit, ut quae agat, quibuscum loquātur scīre possit (B.G. 1.20.).　Quae causa est cūr amīcitiam funditus tollāmus ē vītā, nē aliquās propter eam suscipiāmus molestiās? (Cic. Am. 13.).　lēgem brevem esse oportet, quō facilius ab imperītīs teneātur (Sen. Ep. 94.).　Quam ob rem

XXVIII. 目的句, 傾向結果句およびその展開　　153

cavē Catōnī antepōnās nē⁽¹⁾ istum quidem ipsum, quem Apollō, ut ais, sapientissimum iūdicāvit (Cic. Am. 10.). Quīn⁽²⁾ etiam necesse erit cupere et optāre ut quam saepissimē peccet amīcus, quō plūrēs det sibi tamquam ānsās ad reprehendendum (id. 59). Quam ob rem angor iste, quī prō amīcō saepe capiendus est, nōn tantum valet, ut tollat ē vītā amīcitiam, nōn plūs quam⁽³⁾ ut virtūtēs, quia nōnnūllās cūrās et molestiās afferunt, repudiēntur (id. 48.). Hāc igitur fortūnā fruī licet senibus, nec aetās impedit quōminus et cēterārum rērum et in prīmīs agrī colendī studia teneāmus (Cic. Sen. 60.). Audiēbam Pȳthagoram nunquam dubitāsse quīn ex ūniversā mente dīvīnā dēlībātōs animōs habērēmus (Cic. Sen. 78.). Dīvitior mihi vidētur esse vēra amīcitia, nec observāre restrictē nē plūs reddat quam accēperit ; neque enim verendum est nē quid excidat aut nē plūs aequō quid in amīcitiam congerātur (Am. 58.). Dēnique exōrāvit tyrannum, ut abīre licēret, quod iam beātus nōllet esse. satisne vidētur dēclārāsse Dionȳsius nihil esse eī beātum, cuī semper aliquī terror impendeat? (Cic. Tusc. 5.62.). Alcibiadēs ' quoniam ' inquit ' victōriae patriae repugnās, illud moneō, nē iuxtā hostem castra habeās : perīculum est enim, nē immodestiā mīlitum vestrōrum occāsiō dētur Lȳsandrō vestrī opprimendī exercitūs ' (Nepos, Alc. 8). Tantum āfuit, ut perīculōsum reī pūblicae M. Brūtī putāret exercitum, ut in eō firmissimum reī pūblicae praesidium pōneret (Cic. Phil. 10). nāvēs ventō tenēbāntur, quōminus in portum venīre possent (Caesar, B. G. 4.22.). vix reprimor, quīn

---

註 (1) この ne は lest でなく, nē…quidem 'すら…ぬ' である.　(2) 'why' 'それどころか'.　(3) quam ut §445 'no more than that'.

tē manēre iubeam (Plaut. M. G. 1368.).　Deinde, ut cubitum discessimus, mē et dē viā, et quī ad multam noctem vigilāssem, arctior quam solēbat somnus complexus est (Cicero, Sc. 2.). Hīc tū, Āfricāne, ostendās oportēbit patriae lūmen animī ingeniī cōnsiliī-que tuī (ibid. 4.).　Sunt multī quī, quae turpia esse dubitāre[1] nōn possunt, ūtilitātis speciē ductī probent (Quint. 3.8.).

§425.　練習問題 27. B.

君は愛されるためには愛らしくあれ (esto で)．これを聞いて涙せぬほど頑な人はなかった．私に返事を下さるようにお願する．忘れないように彼は何度も使者に言葉を繰返すことを求めた．我我は彼女がもう出かけたのではないかと恐れていました．そのために彼らは彼に使節を送ることに決めた (placet で)．私のほうが間違っていることも可能だろう (potest fieri で)．君が間違っていたなどとは有り得ぬことだ．私はあなたに毎日手紙をかかずには居られなかった (facere non potest で)．すぐ来るようお願いします．

註 (1) dubito はここでは不定法をとっている．

XXIX. 時の句, Cum および Si の句. 條件文の構成について

§ 426. 時および狀況の句 Temporal and Circumstantial Clauses.

主文の內容に對して，これに隨伴する狀況や時の關係を說明する副詞的な句 (Adverbial Clauses) には，いろんな種類のものがある．その中でいちばん用途がひろく，また注意を要するのは **cum** を接續詞として用いる Cum Clauses であるから，まずこれから說明してゆこう．その他には純粹な時の關係を示すものとしては，

同時： (cum), ut, ubi, quandō '…すると，…した折'．
先行する事情： postquam, posteā…quam, post…quam '…したのち'．
後續または期待される事情： prius-quam, ante-quam '…する前に''…しないうちに'
すぐ直接する事態の表示： simul āc, ut prīmum, ubi prīmum '…するや否や'．
その他： quotiēns '…たび每に'，quamdiū '…する間は'．dōnec, quoad '…までは,…まで'，dum '…してるうち,する間は,するまで'，'もし' § 437 などの接續詞を用いる句がある．

§ 427. Cum (quom, quuum) **の句**．

まず，これらのうち Cum の句について述べれば，cum は古くは quom あるいは quum (*cf.* cuī: quoi, vulnus: volnus) とも綴られ，本來 quo-stem を有つ關係詞の副詞的な對格形から出た關係副詞で，tum 'そのとき' に對應する語であるが，ひろく種々な狀況の說明に用いられるに至った．いわば英語やギリシア語の分詞句にも對應する廣般な使用を受け，從ってその句法も內容や時代に

よって異っているので，次にこれのごく概略を提示しよう．

§428. **Cum** の句は一般的に言って，古い前古典期では直說法が多く，古典期ではかなり接續法の使用がひろまった．cum の句に**接續法**が用いられる場合は次のような時である．

a) **隨伴狀況**を述べる句で，殊に**過去時稱**に屬する (cum historicum) もの．**cum narrativum** として物語などの敍述にひろく使用される．內容上ことに過去完了の接續法が多い．

b) 理由を示す cum の句．cum='since''…からには，…だから'．

c) 讓步，對立を示す cum の句．cum='although''…のに，にも拘らず'．

d) iterative 'いつも…する折に'．元來直說法であるが (後記§429, f.)，古典以後接續法も用いることがある．

用例については，練習問題を見られたい．

§429. **直說法**を通例用いる cum の句．一般から言って時の觀念が明確なとき，これを限定，說明するような場合に多い．ことに未來や現在については大體直說法が多く用いられる．そのうち，

a) **cum** determinativum 主文の時を十分に規定するための cum 句，'…した當時は'，'…その時には' という場合．

b) **cum identicum.** 主文と cum 句とが內容上同一事を扱うもの．*e.g.* **cum tacent**, clāmant. '默っているのが (いながら)，叫んでいるのだ．' Cic. Cat. 1.8.

c) **cum** が **et tum** に等しい場合．これは單に話を先へ進めるために cum を使用する場合で，quī=et is と同型である．

d) **cum inversum.** c) と似ているが，cum の副文が後におかれながら，却って主文より重要性をもつ．主文の方が事情の說明をなす場合．'みな食事の支度をしていた，折から (cum) にわかに地震がゆれ出した' などいう類で，從って主文によく vix, nōndum など，副文に subitō, repentē などを有する．

XXIX. 時の句、Cum および Si の句. 條件文の構成について

e) **cum** explicativum. 主文中の時の說明をする場合；a) とよく似ているが，さらに關係句的，形容詞的である. *e.g.*

Septem mēnsēs sunt, **quom** in hāsce aedēs pedem nēmō intrō **tetulit.** '誰も足をふみ入れなくなってから，七ヵ月になる.' Plaut. Mos. 470.

f) **cum iterativum.** 上記 §428 の d) に述べた '度々，いつも' を示す cum の句は本來は直說法を用い，Cicero や Caesar など古典文でもなお直說法が殆んど全部である（用例は問題について見られたい）.

g) **cum … tum.** 指示詞の tum と對應して，'…なる時も，また…なる時も'，'…も，ことにまた…も' と並列の表示に用いられるとき. *e.g.*

cum saepe multa, tum meminī … 'たびたびいろいろと思い出すうちにもことに…憶えている.' Cicero, Am. 2.

§430. 同時あるいは繼續を示す**時の句**.

a) **ut, ubi, quandō**: 時を示す場合は**直說法**，まれに過去時稱で狀況の cum に等しいとき，接續法を用いることもある. 'as'，'…と，とき' に當る.

b) **simul āc, ut prīmum, ubi prīmum**: '…するや否や'.

c) **quotiēns** '…度ごとに'.

これらは，みな**直說法**を用いる. b) は，しばしば完了直說法.
e.g. Simul āc patefacta est speciēs vērna diēī …
Lucret. I. (後出).

§431. a) **先行**する時の句. **postquam** *etc.*

これはみな既往の事實を示す時の句であるから**直說法**を用いる.

b) 後續する. または期待される事件を示す時の句. **antequam, priusquam** （しばしば離して ante … quam, prius … quam とも記される）.

單に前後する實際事の記載と解される場合には直説法；期待，想定‛…しないうちに’と解するときは接續法. 古文では後者は少く，二次的である. 古典期になると，前者にまで（事實上の出來事でも）想定として接續法も用いる事がある. *e.g.* neque ab eō **prius** Domitiānī mīlitēs discēdunt **quam** in cōnspectum Caesaris **dēdūcātur.** ‛兵士らは彼がカエサルの面前へ連れていかれるまで（ぬうちは）引き退かなかった.’ Caesar. B.C. 1.22

§432. あい並行する時の句. ‛…するあいだ’‛…するうち’‛…まで’.

a) **dōnec, quoad** ‛…するまで’‛するあいだは’.

一般に直説法だが，期待と解するときは接續法も，ことに後代ほど多く用いられる. ‛…するあいだは’のときは專ら直説法.

b) **quamdiū** ‛…するあいだは’は直説法である.

c) **dum**: dum も cum と似た語型で，副詞から接續詞に變った語だが，種々な意義にひろく用いられる. その主なのは，

1) ‛…するあいだは’‛so long as’. 直説法をとる. dum licet ‛許される間は’

2) ‛するあいだに，しているうちに’. 經過中の一點をさすときは，古典期まで規則的に，直説法現在を使用する（過去の事柄についても）. 後には cum に倣って接續法も用いるようになった. *e.g.*

dum studērem, fāta invīdērunt mihī.

3) ‛…まで’. *e.g.* manē, dum scrībit. もと直説法だが，次第に final の接續法をとることが多くなった. Plautus にもすでに見られる. *e.g.* lupus observāvit, **dum dormītāret** canis. ‛狼は犬が眠るまで（眠るのを）見守っていた.’ Plaut. Trin. 170.

4) ‛もし…さえしたら’. 假定であるから接續法をとる. §437. dum modo と同じ（modo だけのこともある）.

§433. 條件句について.

主文をなすところの，ある事柄の成立に必要な，またはこれを可

能ならしめる條件や假定の表明は，種々な方式によってなされる．すなわち形容詞や，述語的な名詞その他の語句，同位語，分詞句，獨立從格句などは，みなこの用に當りうるが，最も明瞭，端的にこれを表すのはいわゆる條件句である．

そのうち最も普通なのは sī を以て引出される句で，そのほか dum, dum modo, modo などもこれに屬し，また cum の句，關係代名詞句もこの代用たり得る．

§434. Sī による條件句．

Sī，古くは sei は，もともと so-, sā- *stem* の指示代名詞の *loc.* で，'その場合に' を意味する語であるが，ラテン語ではもっぱら假定，想定の前提 **Protasis** を引出すに用いる接續詞として使用される．これに對して歸結をなす主文（または同價の句）を，**Apodosis** という．上記の如く protasis は，單なる形容詞，名詞，分詞など，あらゆる限定的な語詞によって代用，もしくは構成され得る．限定は卽ち條件を形づくるからである．sī は時に他の詞と結びついて，**sīn** ('だがもし'＜sī-ne), **nisi**, **nī** (' unless, もし…なければ')，また撰擇條件として **sīve … sīve, seu … seu** ' if either …, or …' などとなる．

§435.
このような條件文の構成は，その現實性，非現實性によって，あるいは**直說法**を，あるいは**接續法**を用いる．いま條件文の前提および歸結における法の關係を表示すれば，大體次の如くである．

　a) **論理的條件文** **logical** or **real** conditional sentences. 單純な因果關係による事實，または推論を示す條件文．

　　前提：**直說法諸時稱**． 歸結：左と同じ． (1)

　b) **想定的條件文** **ideal** conditional s.
假定を前提とし，これによって想定される歸結を示す條件文．

　　現在．前提：**接續法**現在 (時に完了)．歸結：左と同じ．時に直說法未來，命令法など． (2)

過去．前提： 接續法未完了過去．歸結： 通例左と同じ． (3)

c) **事實と反對の假定條件文** **irreal** conditional s.

現在．前提： **接續法未完了過去**．歸結： 左と同じ． (4)

過去．前提： 〃 過去完了．歸結： 左と同じ． (5)

§436. 以上は一般的な構成を示すもので，實際の使用には，その場合場合の事情に應じて，種々な句法が使用され得る．大體においてb)は，その可能，不可能を顧慮せず，ただある事件の繼起を想定して推論したものであるから，現在および未來に關しては使用されることが多いが，過去については (3)，殆んど用いうる場合が稀で，概ね (1) か (5) となるわけである．また古文においては，接續法の使用が明確に分化されていず，(2) と (4) が，(4) と (5) が同様に使用され，キケローにおいてさえ時に (4) と (5) の混同？ が見られる．以下に若干例をあげてこれを説明しよう．

Idem, sī puer parvus **occidit**, aequō animō ferendum **putant.** (1)

'また彼らは，もし子供が小さいうち死ぬ場合には，平然としてこれを忍ぶべきだと考えるのだ（いつも）．' Cic. Tus. 1. 93.

Quod sī rectum **statuerimus**, nihil **habeat** rēs vitiī. (2)

'だがもし我々が正しいと決めたとしても，それについて何も悪いことは起らないだろう．' Cic. Am. 38.

Quī **esset** tantus frūctus …, nisi **habērēs** quī illīs aequē āc tū ipse gaudēret? (4)

'もし君自身と同じようにそれを喜んでくれる人をもたなかったら，どうしてかくも大きな喜びがあり得ようか．' Cic. Am. 22.

Sī quis eī **invēnisset** novam voluptātem, eā ipsā nōn **fuisset** contentus. (5)

'もし誰かが彼のために新しい樂しみを工夫し出したとしても，それでもまだ彼は滿足しなかったろう．' Cic. Tusc. 4. 64.

§437. Sī の句はこのほかにも，時に讓歩句として etsī, etiam

XXIX. 時の句, Cum および Si の句. 條件文の構成について　　161

sī'よしたとえ…にもせよ'と同様に用いられるほか, 比較句に'あたかも…の如く' ut sī, quam sī あるいは quasī §445, また間接疑問文に, 名詞句と等しく用いられることもある. それらについては各自の項を參照されたい. sī のほかの接續詞: **dum, dummodo, modo** についても, 大體用法は sī に準ずるが, 概ね (1) (2) の場合に限られ, またやや口語的である. *e.g.*

quōs, valētūdō **modo** bona **sit**, tenuitās ipsa dēlectat.

'そして彼らは, もし健康さえよくあるならば, 正に瘦せているのを喜びとするのである.' Cicero, Brut. 64.

この例のように條件文は, 必ずしも前提と歸結が對應せず主張の強弱, 觀點の相違, 表明の方法などで, いろんな時稱, 法をとり得るのは自ら明らかなことといえよう. **條件文**が**間接話法**に入った場合の表明については次章 §452 を見られたい.

§438.　練習問題 28. A.

Hic ut nāvī ēgressus est, ūnum omnēs cīvēs illum prōsequēbantur, et corōnīs aureīs vulgō dōnābātur (Nepos, Alc. 6.). Itaque cum in circulum vēnisset, in quō aut dē rē pūblicā disputārētur aut dē philosophiā sermō habērētur, nunquam inde prius discessit, quam ad fīnem sermō esset adductus (id. Ep. 3.). omnēs id faciunt quom sē amārī intellegunt (Plaut. Truc. 17). cūncta scrūtandō tamdiū requīsīvit, quamdiū vērum invenīret. (Hadrian 21.1.). Dēbet velle manēre in vītā dōnec retinēbit blanda voluptās (Lucret. 5. 178.). Diēs haud multī intercesserant cum ex Leontīnīs praesidium vēnērunt (Livius). Acerbum est prō benefactīs quom malī messim metās (Plaut. Ep. 5. 253.). Cum ad aliquod oppidum vēnerat, eādem lectīcā ūsque ad cubiculum dēferēbātur (Cic. Ver. 2. 5. 11.). Iam hoc facere noctū adparābant, cum mātrēs familiae repentē in pūblicum prōcurrērunt flentēsque petiērunt nē sē et līberōs hostibus dēderent (B. G. 7. 26.). Plūra scrībam, sī plūs ōtiī habuerō (Cic. Fam.). Āctiō rēcta nōn erit, nisi rēcta fuerit voluntās (Seneca, Ep. 95.). Ego vērō nōn gravārer, sī mihi ipse cōnfīderem (Am. 17.). Sed, quoniam amīcitiae mentiōnem fēcistī, et sumus ōtiōsī, pergrātum mihi fēceris, sī dē amīcitiā disputāris quid sentiās, quae praecepta dēs (Am. 16.). Nisi ad mē scrīpseris, nē suspicārī quidem possum (Cic. Fam. 3. 6.). Ō dea, sī prīmā repetēns ab orīgine pergam, et vacet annālēs nostrōrum audīre labōrum, ante diem clausō compōnat Vesper Olympō (Vergil. Aen. 1. 372–). Nec vērō clārōrum virōrum post mortem honōrēs permanērent, sī nihil eōrum ipsōrum animī efficerent, quō diūtius memoriam suī tenērēmus. Mihi quidem persuādērī nunquam potuit animōs, dum in corporibus essent mortālibus, vīvere, cum excessissent ex eīs, ēmorī (Cic. Sen. 80.).

§ 439. 練習問題 28. B.

我々がこう (haec) 話していた間に，夜が明けだした．ローマの事物の記憶が留る限りは，グラックスはその間は稱讚を受けるだろう (laudo で．Cic. Off. 2. 43)．夕方になるまで我々は話していた．私はいつもばらの花を見るごとにそのとき春が來た（始まった）と思うのが常であった．彼女は私を見ると，忽ち逃げ出した．敵は我が騎兵隊を見つけるや否や，それに向って烈しく突進してきた．しばしば偉大な人材 (magna indoles) が，國家の利益となり得る (prosum) まえに（なりえないうちに），亡ぼされてしまった (extincta fuit)．彼らは祖國から追放されると (cum で) アテナイ人から（に）受け入れられた．

XXX. 讓步句，比較句，および間接話法について．間接表明における條件文

§440. 讓步句 Concessive Clauses.

'…けれども'，'…にもせよ'，'…ではあるが'といった種類の限定說明句も副詞句の一種で，狀況の句に屬する．ただその內容が主文の主張と反對の方向をとる認容や讓步を示す相違がある．これも從って同じく，句の內容が事實であるか假想であるかによって，直說法か接續法かに別れる．しかし古典期以後一般の傾向に從い，讓步句でもだんだん接續法使用の部面がひろまった傾向がある．以下これに用いる接續詞によって說明してゆこう．

§441. et-sī, etiam-sī, tamet-sī (tamen-et-sī).

これらによって導かれる句は，その構成の示すごとく sī 句の一種である（英語の ' even if '）．從って條件句と同樣な機構によって，直說法なり，接續法なりを用いる． *e.g.*

Hic etsī crīmine Pariō est accūsātus, tamen alia causa fuit damnātiōnis. '彼はパロス島事件によって裁判を受けたが，この斷罪には他の理由があった.' Nepos. Milt. 8.　(1)

Pol etsī taceās, palam id quidem est. 'なに，默ってようたって，そいつはもう判然してるんだ.' Plaut. Aul. 421.　(2)

上例の如く，主文には限定に對し，tamen, at, certē, saltem, nihilō minus ' だが，しかし，ともかく，それにも拘らず ' といったような對抗的 adversative な語を多く有する．上例 (1) は事實で，(2) は意圖想定である．

§442. quam-vīs ('どんなに汝が欲しようと') 'たとえ…にもせよ.' は通例その性質上想定で，從って接續法を用いる．まれに直說法を quamquam に倣って用いた例もある．また vīs の代りに volō の他の人稱が用いられている例も稀にある． *e.g.*

quod quī (=sī eī) recūsārent, **quamvīs** honestē id **face-rent,** iūs tamen amīcitiae dēserere arguerentur ab iīs, quibus obsequī nōllent. 'それをもし拒もうものなら，たとえその行いが正しくても，しかも友誼の掟をやぶるものと，自分の意に従うのを拒まれた人々から攻撃されよう.' Cic. Am. 35.

§ 443. **licet** (まれに licēbit).

これは本來は '…としておく，おこう' という並列句であるが，'にもせよ' の義として讓步句に用いられ，專ら接續法を伴なう．(例は問題 29 の 4,5 を見よ)

quamquam ('どんなに…しても') 'けれども'. 古典では專ら直說法を伴なう．接續法は假定なることが明らかな場合に限る．しかし後期以降はますます接續法の使用が增した（ことに Tacitus 以後）．また quamquam は時にしばしば單に副詞として，'だが，固より' の意に用いられる（問題 29 の 1,2 を見よ）．

§ 444. **比較句 Comparative Clauses and Sentences** について．

比較を示す構成には副詞句のほか，關係代名詞句などの形容詞句その他略式の句法が多い．それらについては既に § 358, § 393 以下，また相關詞 ut, sīc などを用いるものについてはさらに § 397 において述べたので，ここには略する．以下はもっぱら副詞句によって，または上記にもれた若干の注意すべき用例にのみ觸れることとする．

§ 445. 想定，假設による比較 '…のような'，'あたかも…の如き，如く'. quam sī, **quasi, tanquam sī, āc sī,** ut sī, **velut sī** その他．これらは何れも想定的なので，sī ideal または irreal の構成に従い接續法を用いる．

quam quī. これは上の變化で，性質を示す傾向句なるが故にやはり接續法を用いる．*e.g.*

tanta fuit omnium expectātiō vīsendī Alcibiadis, ut ad ēius

trirēmem vulgus cōnflueret, proinde āc⁽¹⁾ sī sōlus advēnisset. Nepos, Alc. 6. '(A. の船が港へ着くと）A. を見ようという萬人の期待は非常なもので，彼の船へと市民全體が押しよせた程であった．あたかも彼ひとりが到着したかの如くに.'

§446. 間接話法 Ōrātiō oblīqua について．

主語を對格で，述語動詞を不定法で表す，即ち一般の**不定法句**を言説思考の動詞の内容の表示に用いることについては，すでに§406（§405 その他をも參照）において述べた．これはとりもなおさず**間接話法**または間接表明であって，談話や思想の内容をそのまま，ただ直接に當人の言葉あるいは思考としての形式によらず，第三者の立場に切り換えて表明するものである．

すなわち，すべて**平敍文**の形式によって表明される直接話法 Oratio Recta は，**不定法句**によって間接話法 Oratio Obliqua に轉換される．このとき原形における主文の：

現在を表す述語動詞は： 不定法現在で ⎫
過去を意味する 〃 ： 不定法完了で ⎬（言説思考の時稱に關係なく）表明される．
未來 〃 ： 不定法未來で ⎭

§447. 以上を例を以て表示すれば下の如くである．

O. R. ignōrō.　　O. O. (dīxit) sē⁽²⁾ ignōrāre.
 〃 　ignōrābam.　　 〃 　(dīcēs) tē⁽²⁾ ignōrāsse.
 〃 　statim veniet.　 〃 　(dīcō) eum⁽²⁾ statim ventūrum esse.

§448.

この際**未來不定法**を有しない動詞（つまり spīnum の stem を有しないものは未來不定法がない）や，あっても未來不定

註 (1) この ac は，異同の比較に使用される īdem, simul, similis, aequē āc (atque) の āc '…と，等しい，異る'である．cf. §397．　(2) この場合，それぞれ適宜に對格の主語を補う．主文と同一なときは（三人稱では）sē, sēsē を用いる．なお他國語と同じく，人稱や時，處その他に適當な訂正を施すことを忘れてはならない．例えば hīc 'ここ' → illīc, ibi 'そこ'．nunc 'いま' → tum, tunc 'そのとき'など．

XXX. 讓步句，比較句，および間接話法について

法受動のような、あまり使用しない形式にかえて、しばしば **futū-rum esse (fore**[1]**) ut＋現在**，または**未完了接續法**（時稱對應に從い）の結合が用いられる．

これが**同說未來不定法** periphrastic future infinitive である．

e.g.　　spērābam **fore ut impetrāta essent.**　Cicero, Att. 16.16. '私は（お頼みしたことが）叶えられようと期待していた．'

§449. 間接話法においては，**從屬句**（言說內容における）には悉く原理として**接續法**が使用される．但し說明的，附加的な挿入句はこの限りではない．*e.g.*

(dīxit) Lacedaimoniōs eō nōlle classe cōnflīgere, quod pedestribus cōpiīs plūs quam nāvibus **valērent.**　Nepos, Alc. 8.

'L. は，海軍よりも步兵（陸軍）において**優勢**なので，海戰を欲しないのだ，と言った．'

上例で，優勢なのは事實であるが，副文なので單なる理由句も接續法をとったのである．

なお一般に接續法の使用される，つまり想定の句に**從屬する句**は，特別な事情のない限り（たとえば明らかな事實を述べるとき，または附加的に挿入された，內容上無關係の句など），同じく**接續法**が使用せられる．

§450. また **O.R.** で**主文**に存した**接續法**は，大體その意味に應じて，適當な動詞の**內容句**に變ぜられる．例えば命令ならば iubeō, postulō, rogō などの；願望ならば optō, ōrō, spērō などの；勸誘ならば hortor などの如くである．しかし長い間接話法文內では，多く**接續法のまま**（時稱對應を經て）に殘る．下の練習問題についてカエサル『ガリア戰記』よりの例を參照されたい．また假定句などでは，接續法現在は大體未來不定法によって；その完了，未完了，過去完了は futūrum fuisse など**未來分詞＋fuisse** の形式

　　註 (1) **fore** は，futūrum esse の代りによく用いられる sum の（未來）不定法形．

によって表される．§453 (4) 参照．

§451. 疑問文，命令文，理由，口實などの間接表明．

疑問文の間接表明については既に §289 以下において述べた．ただこれが本當の疑問文でなく，修辭的な形式に過ぎない場合は不定法句でも表される．間接の**命令文**は，iubeō, vetō などの内容なる不定法句として，または内容句として通例表明され，長文内では命令または禁止の接續法で表示される（問題參照）．また文中の一部で，明らかな O.O. となってはいないが，ある人物の見解や口實，その唱える理由などを表している句，文には，やはり同樣に接續法が用いられる．これが **Partial Obliquity** 部分的間接表明とよばれるものである．

§452. 間接話法における條件文．

間接話法では主文が不定法となり，副文はみな接續法を用いるため（上記 §449），使用語形の制限をうけ，いきおい多少の不明確さを伴いがちである．そのため構成の複雜な條件文では，大體次のような方式を用いて，正確さへの努力が試みられる．即ち前提 Protasis "sī …" の文では，しばしば **Repraesentātiō** (*rep.*) が使用され，歸結 Apodosis で接續法が使用されているときは，未來不定法（回說式 §448 とも）や，假定の未來不定法（未來分詞＋fuisse, §450 末項）が用いられる．rep. とは，明確性保持のため，時稱對應により過去時稱たるべきものを，現在（完了）時稱に止めておく操作をいう．

§453.
いま，これらの**條件文**を種々な構成式につき表示すれば下の如くである．

XXX. 讓步句，比較句，および間接話法について

Protasis の形式：

| O.R.: | 直說. | 現在. | sī venit (*rep*)[1] | O.O.: | Dīxit, |

　　　〃　　未來.　sī veniet (*rep*)　　　　　sī venīret,
　　　接續. 現在.　sī veniat　　　　　　　　(*rep*) sī veniat,
　　　〃　　未完了. sī venīret

　　　直說. 過去系. sī vēnit,
　　　　　　　　　veniēbat, vēnerat,
　　　　　　　　　　　　　　　　　　　　sī vēnisset
　　　〃　　未來完了. sī vēnerit, (*rep*)　　(*rep*) sī vēnerit,
　　　接續. 完了.　sī vēnerit,
　　　〃　　過去完了. sī vēnisset,

Apodosis の形式：

O.R.: 直說. 現在. capitur.　**O.O.**: capī. (1)
　　　〃　　未來系. capiētur, captus erit.　　captum
　　　接續. 現在. capiātur.　　　　　　　　　　īrī. (2)
　　（〃　ときに
　　　　　未完了.）caperētur.
　　　直說. 過去系. captus est,
　　　　　　　　　capiēbātur etc.: captum esse (3)
　　　接續法完了系. captus sit, esset.　futūrum fuisse
　　　〃　　未完了. caperētur.　　　　ut caperētur. (4)

以上は假りに受動形を例としたので，能動ならば capere (1), captūrum (2), cēpisse (3) となり，(4) の形には，能動ならば **captūrum fuisse**‘捕えるであったろう’が該當する．受動形の場合は，上記の如き廻説方式を用ゐるのに注意．また (2) にも **fore ut caperētur** の形を用ゐてもよい．

§ 454. 次に間接話法における條件文その他やや複雜な句法の例を若干記しておこう．

註 (1) (rep) と記された形は O. O. で特に rep. を用ゐて區別することができる．

1) Caesar ad eōs nuntiōs mīsit, **nē** hostēs frūmentō nēve aliā rē **iuvārent**: quī **sī iūvissent**, sē eōdem locō quō Helvetiōs **habitūrum**. (O.R. " si iuveritis, vos eodem loco habebo." " もしお前らが敵を援助したら，自分はお前らを H. と同じ境遇におくであろう．") B.G. 1.26.

2) Quid attinet dīcere, **sī contendisset, impetrātūrum** nōn **fuisse**? (O.R. ' si contendisset, non impetravisset.') Cic. Am. 39

3) (dīcī solitum est), **sī** quis in caelum **ascendisset** nātūramque mundī et pulchritūdinem sīderum **perspēxisset,** īnsuāvem illam admīrātiōnem eī **fore**; quae iūcundissima fuisset, sī aliquem, cuī nārrāret, habuisset. (O.R. si perspēxerit, …erit; しかし恐らくは perspēxisset…esset.) ibid. 88.

4) Nōn multō ante urbem captam exaudīta vōx est, **futūrum esse,** nisi prōvīsum esset, **ut** Rōma **caperētur.** Cic. Div.

5) An potest quisquam dubitāre, **quīn, si** Q. Ligārius in Italiā esse **potuisset,** in eādem sententiā **futūrus fuerit,** in qūa frātrēs fuērunt? Cic. Lig. 34. (この例のような場合，二重の接續法の使用が要求されるため，quīn のあとで 未來分詞＋fuerim の變化でもって，irreality が表現されるのが常である．)

6) Neque sibi hominēs ferōs āc barbarōs temperātūrōs exīstimābat, **quīn, cum** omnem Galliam **occupāvissent,** ut ante Cimbrī et Teutonīque **fēcissent**[1], in prōvinciam exīrent atque inde in Italiam **contenderent.** (B.G. 1.33.) "もし全ガリアを占領したら，前に C. らがしたように，ローマ領へ入ってゆき，さらにイタリアへ向うのをさし控えるだろうとは思われなかった．" (1) は副文なるため attractio で接續法となる．

§ 455. 練習問題 29. A.

Quamquam omnis virtūs nōs ad sē allicit, tamen iūstitia et līberālitās id māximē efficit (Cic. Off. 1. 56.). Quamquam quis est tam stultus, quamvīs sit adolēscēns, **cui** sit explōrātum sē ad vesperum esse vīctūrum? (id. Sen. 67.). Sunt **quī**, quod sentiunt, etsī optimum sit, tamen invidiae metū nōn audeant dīcere (Off. 1. 84.). Fremant omnēs **licet**, dīcam quod sentiō (de Or. 1. 195.). Quamvīs licet īnsectēmur istōs (Stoicōs), metuō **nē** sōlī philosophī sint (Tus. 4. 53.). Quid enim (est) **tam** absurdum **quam** dēlectārī multīs inanimīs rēbus, ut honōre, ut glōriā, ut aedificiō, animante virtūte praeditō, eō **quī** vel amāre vel, ut ita dīcam, redamāre possit, nōn admodum dēlectārī? (Am. 49.). Neque enim sunt istī audiendī, quī virtūtem dūram et quasī ferream esse quandam volunt: quae quidem est **cum** multīs in rēbus, **tum** in amīcitiā tenera atque tractābilis, **ut** et bonīs amīcī quasī diffundātur et incommodīs contrahātur (Am. 48.). Miltiadēs cum **totidem** nāvibus **atque** erat profectus, Athēnās rediit (Nepos, Milt. 7.). Dīvitiācus respondit, hoc esse miseriōrem fortūnam Sequānōrum quam reliquōrum, **quod** sōlī nē in occultō quidem querī audērent absentisque Ariovistī crūdēlitātem, **velut sī** cōram adesset, horrērent (Caesar, B.G. 1. 32.). Quid dulcius **quam** habēre **quīcum**[(1)] omnia audeās sīc loquī ut tēcum? **quī**[(2)] esset tantus frūctus in prosperīs rēbus, nisi habērēs quī illīs **aequē āc** tū ipse gaudēret? (Am. 22.).

§ 456. 練習問題 29. B.

明日は雨がふっても，私は出かけよう．彼らは，たとえ大雨がふっても，翌日出發しようと約束した．もし明日天氣がよければ，散

註 (1) =cum quo (2) =quo modo

歩をしに田舎に行きましよう。 彼は私に, もし明日天氣がよかったら, 出かけようではないかと勸めた. 彼は私に, もし翌日天氣がよかったら, 田舎へ行くつもりか, と訊ねた. 彼女は, きのうもし天氣がよかったら, 出かけるところだったと言った. また私は, 君らがたとえどんなに雨が降ろうと, 翌日出かけるだろうということを疑わなかった. 彼女は嘘をついて, まるで自分がその場に居たかのように, 君をけして見なかったと言った. 彼は君と同じ意見だった.

§ 457. 練習問題 30.

a. カエサル, 'ガリア戰記'.

Caesar, B.G. 1.31. Locūtus est prō hīs Dīvitiācus: Aeduōs iīs proeliīs calamitātibusque frāctōs, quī et suā virtūte et populī Rōmānī amīcitiā plūrimum[1] ante in Galliā potuissent, coāctōs esse iūreiūrandō cīvitātem obstringere, sēsē neque obsidēs repetītūrōs neque recūsātūrōs, quōminus[2] perpetuō sub illōrum diciōne atque imperiō essent.……

Futūrum[3] esse paucīs annīs, utī omnēs ex Galliae fīnibus pellerentur atque omnēs Germānī Rhēnum trānsīrent.

b. キケロ, '文學の用について'.

T. Cicerō. Prō Archiā Poētā 16.

Quaeret quispiam: quid? illī ipsī summī virī, quōrum virtūtēs litterīs prōditae[4] sunt, istā-ne doctrīnā, quam tū effers[5] laudibus, ērudītī fuērunt? Difficile est hoc dē omnibus cōnfirmāre, sed tamen est certum[6] quod respondeam. Ego multōs hominēs sine doctrīnā nātūrae ipsīus habitū[7] prope

---

註 (1) もっとも勢力があった. (2) recuso の内容句, 'ことを拒む' § 420. (3) futurum est ut の句. § 418, 453. (4) prodo より, '示す, 傳える, 語る'. (5) ef-fero より, '宣べる, もち上げる, ほめる'. (6) certum '決っている'. (7) habitus より, '狀態, 性質, 性格.'

dīvīnō per sē ipsōs et moderātōs et gravēs fuisse fateor: atque īdem⁽¹⁾ ego hoc contendō, cum ad nātūram eximiam et illustrem accesserit ratiō⁽²⁾ quaedam cōnformātiō-que doctrīnae, tum illud nescio quid⁽³⁾ praeclārum āc singulāre solēre exsistere.…Quod sī nōn hic tantus frūctus ostenderētur et sī ex hīs dēlectātiō studiīs sōla peterētur, tamen, ut opīnor, hanc animī adversiōnem hūmānissimam āc līberālissimam iūdicārētis⁽⁴⁾: Nam cēterae neque temporum⁽⁵⁾ sunt neque aetātum omnium neque locōrum: haec studia adolēscentiam acuunt,⁽⁶⁾ senectūtem oblectant, secundās rēs ōrnant, adversīs perfugium āc sōlācium praebent, dēlectant domī, nōn impediunt forīs, pernoctant nōbīscum, peregrīnantur,⁽⁷⁾ rūsticantur.

（大意）'誰かこう訊ねる人もあろう，何だと，文學にその名を傳えている，それらの有名な偉人たち自身が，その，君が讚めちぎっている文學，學問というやつに，通じていたとでも言うのかと．いかにも，これを萬人について證するというのは難かしいが，私の返答はすぐにもちゃんと出せるので，勿論私とて，多くの人士が，學問の敎養によらずに，彼ら自身で天來ともいうべき生來の稟質により自ら節度あるしっかりした人物になったことを認めはするが，同時に，すぐれて輝かしい資性にもし學問敎養の形成する働らきともいうべきものが加わった場合は，いつも何らかの特に立派な，尋常ならぬ高さに達するものだ，と主張するのである．またよしこれほどの利益を得るというのでなく，單に文學から樂しみだけを求めるにしても，思うにこの精神的な氣ばらしより以上に情操をやしない

註 (1) idem 'しかし，同時にまた私は'．(2) ratio，ここでは 'はからい，課程，力'．(3) nescio quid '何らかの，ある'．(4) '君らは判斷するであろう'．ideal conditional clause. §435. (5) tempus の *gen. plur.* '時期に屬する' もの．§204. (6) acuō より，'砥ぐ，鋭くする，刺激を與える．' (7) peregrinantur. dep. で，'他所へ旅に出る'，我々と共に．

品性を高めるものはないであろう．何となれば他の樂しみはいずれもあらゆる時機，年齢，場所に共通という譯にはゆかない．この文學への傾倒は青年に刺激を與え老年をなぐさめ，順境には飾りとなり逆境には隱處と慰安とを與え，家に居ては樂しみとして，外でも邪魔にならず，我々と共に夜を過ごし，旅に出で，田舎に休らうのである．'

附錄 I. 特異なる變化を示す名詞
および動詞について

§458. ラテン語の名詞變化の大要はすでに第一から第五變化まで述べて來た如くであるが，中にはその所屬が不明確なもの，使用法が尋常でないもの，卽ち單數のみ，または複數のみで用いられるとか，單數と複數で意味を異にするものとか，種々注意すべき語詞がある．これらは元來個々の語詞の特性に屬するので，むしろ辭典について明らめらるべき事柄ではあるが，その主な項目を以下に擧げて大綱を知る資にしよう．まず第一は，

§459. Abundantia （一つ以上の性變化を有する名詞．左側が通例型）

1) 單數ですでに兩性 (*m.* と *n.*) 形を有するもの

aevom (aevum):	aevus	年頃, 時代	clipeus : -um	楯
baculum :	baculus	杖	collum : -us	頸
cāseus :	cāseum	乾酪	gladius : -um	劍
cavum :	cavus	凹み	nāsus : -um	鼻
tergum :	tergus	脊	uterus : -um	胎
thēsaurus :	-um	寶藏	iugulum : -us	喉首

その他

2) 單數と複數で性を異にするもの．a) 以下は複數で時に中性 (-a)．clīvus 丘 (pl.-a のみ)．iocus 戯れ．locus (loca 土地, locī 書物などの箇所, 條り)．

b) fīlum 絲．frēnum くつばみ．rāstrum くまで．等は複數で **-ī**．balneum 風呂．dēlicium たのしみ, 喜び．epulum 饗宴．は複數で -ae のみ．

§460. Heteroclita et Metaplasta. 二つ以上の變化に跨るもの（つまり語幹が多少異うものを併有する）．數字は變化の種類を

表す. ostrea (1): ostreum (2) 牡蠣. māteriēs (5): -ria (1) 物質, 材. mollitia (1): -tiēs (5) 柔軟さ. sertum (2): serta (1) 編み冠. 多くの樹木名 cypressus サイプレス, 絲杉. fāgus ぶな. fīcus いちじく. laurus 月桂. myrtus 桃金孃. pīnus 松など. その他 colus 糸卷. arcus 弓などは (2) と (4) と兩方の格形に跨る. domus はその甚しいもの §319. famēs 飢. tābēs 潰滅, くされ. requiēs 靜けさ, いこい. は (3) と (5). *e.g.* *abl.* famē, tābē, requiē. *acc.* requiem. plēbs 庶民 *gen.* plēbis は plēbēs (5) とも. vesper 夕方, 夕星は *gen.* vesperis; *acc.* vesperum (-am); *dat. abl.* vesperō *abl.* vespere; vesperā. *loc.* vesperī など (2), (3), (1) を. その他 femur 腿 (*gen.* femoris, feminis), iecur 肝臟 (*gen.* iecoris, iecinoris), iter 行程, pecus, また pecū 羊 (*gen.* pecoris, pecudis), rēte また rētis 網などは (3) 內で.

§461. Singulāria tantum

專ら單數で用いられる名詞は, 特にラテン語というよりも, 一般に諸國語に共通な性格のもので, 卽ち,

固有名詞, 抽象名詞, 集合名詞, 物質名詞がその主なものである. これらも時には例外的に複數で用いられることがある (抽象名詞等が普通名詞化した場合は無論であるが). *e.g.*

Rōma. Mediolānum 'ミラノ'; iuventūs, vēritās; volgus '大衆', plēbs '民衆'; aurum '金', vēr '春', humus '大地', tellūs '大地', lac '乳', mel '蜜' など.

§462. Plūrālia tantum

專ら複數で使用されるものには, ラテン語特有の慣習に基くものが多い.

a) 都市名や祭日, 曆日の類: Athēnae, Thēbae; Abdēra *n. plur.*; Sāturnālia (十二月にある種まきの祭), Kalendae 月の朔日, Nōnae 月の五日または七日. Idūs 月の十三日または十五日.

b) 集合的な意味をもつ類: *e.g.* bīgae 二頭立馬車, cūnae

搖籃, dīvitiae 富, exsequiae 葬儀, 法事, exuviae 掠奪品, fēriae 祭日, nuptiae 婚禮, rēliquiae 遺物, scālae 梯子, valvae 扉, (以上 a-stem. 女性名詞) fastī 曆, līberī 子供たち (自由人の), loculī 財布 (以上 o-stem 男性), arma 武器, cibāria 糧食, claustra 閂, 錠前, compita 四辻, diāria 日給, frāga いちご, virgulta 木立 (以上 o-stem, 中性), moenia 壘壁, māgālia 小屋.

c) その他: facētiae 洒落, ふざけ; ineptiae ばからしい, 下らぬこと; nūgae つまらぬこと; tenebrae 暗黑; thermae 溫浴場. など.

d) 身體の部分: artūs *m.* 手肢; genae *f.* あご, ほほ; īlia *n.* 腹; intestīna *n.* 腸, はらわた; palpebrae *f.* まぶた; rēnēs *m.* 腎臟; tōnsillae *f.* のどぼとけ; torī *m.* 筋肉 など.

e) ふつう複數で使用される名詞: (主なものに止める) ambāgēs *f.* 回り道, わき道のむだ話: blanditiae *f.* 追従, 甘言; fidēs *f.* 竪琴; habēnae *f.* 手綱; precēs *f.* 祈り; spolia *n.* 掠奪品; verbera *n.* 鞭; cervīcēs *f.* くび; faucēs *f.* のど; nārēs *f.* 鼻孔; mālae *f.* あご; tempora *n.* こめかみ; viscera *n.* 臟腑.

§463. 複數で意味を變える名詞. ( ) 內は單數の意味.

aedēs *f.* 家 (社)	litterae *f.* 手紙, 文學 (文字)
aquae *f.* 溫泉 (水)	lūdī *m.* 祭, 催しもの (遊び)
auxilia *n.* 援軍 (援け)	mōrēs *m.* 性格 (習慣)
castra *n.* 陣 (とりで)	opēs *f.* 資力 (援け)
cōpiae *f.* 手勢, 軍勢 (夥多)	operae *f.* 勞働者 (仕事)
fīnēs *m.* 領域 (終り)	partēs *f.* 役割 (部分)
grātiae *f.* 感謝 (典雅)	tabulae *f.* 勘定 (板)

§464. 格形の缺けている名詞, 形容詞. Dēfectīva in Cāsibus.

ふつう或る格形だけでしか現れない名詞がある. これには偶々用例が見えないという場合の方が多いであろう. しかし特に著しいもので, よく出る語には次のような例がある.

infitiās *acc. plur.* のみ，īre で'否認する.'
naucī *gen. sing.* '木屑だけの(價の).'
fors *f. nom.* と forte *abl. sing.* '偶然.'
nēmō *nom. acc. dat. sing.* のみ. *gen. abl.* には nūllīus, nūllō を用いる．また daps 饗宴，frūx 果實，ops 富，prex 祈り，vicis 變化(いずれも *f*.)，は複數は大體揃っているが，單數では *acc. gen. abl.* のみしかない (但し，frūx と prex は *dat*. frūgī, precī あり．また *gen. plur.* も frūgum, opum, precum しか見えない．尤も Ops *f. nom.* は'富，豐饒の女神'の名として用いられている．prex は *gen*. なし).

形容詞でも數詞以外に，

frūgī (frūx の *dat*. より)'有用な，宜い'，sēmis '半分'は，この語形だけで專ら用いられる.

§465. 不變化名詞. Indēclīnābilia.

fās '掟，正しいこと，許されていること'；nefās 'その反對'；īnstar '似たもの'，ふつう名詞の *gen*. と共に'…の如き'；nihil, nīl '無，何も…ない'．尤も nihilō, nihilī の格形も特別の場合には用いられる．māne '朝'，secus '性'以上はみな中性で，專ら單數の *nom. acc.* に用いられる．pondō は *abl. sing.* のみで，もとは'重さにおいて'から，'一ポンドの重さ'に轉義した．

§466. 不規則動詞について.

ラテン語文法で不規則動詞というのは，要するにその變化形が上記四種の規則動詞 ((1) より (4) まで) の型にあわないものか，または缺けるところのあるものをいう．後者は Dēfectīva と呼ばれる．そして大體みな未完了系時稱について論ずるものである．すでに述べた sum §57, dō §56, eō §69, possum §70, volō §71 はこれに屬するが，主要動詞に屬するため，特に記述した次第である．その他次のような動詞がこれに屬する．その中 fīō, nōlō については，すでに若干ふれるところがあった (§219, 334).

附錄 I. 特異なる變化を示す名詞および動詞について

§ 467. edō '食う'（大體第三變化）

變化基本形: **edō, ēsse,** 完了 **ēdī,** *sup.* **ēsum.**

直說法 現在. { edō   edimus
             ēs   ēstis
             ēst   edunt

接續法 現在. { **edim** (edam) **edimus**
             edīs 以下 **editis**
             edit   **edint**

接續法，現在には，第三變化として規則的な edam 以下の形も有する．語根 ED-, *cf.* eat, essen. 大體第三變化であるが，若干 thematic vowel o/e のない形を有する．また接續法では -ī- をもつ語形（もと希求法）が用いられる．未完了以下は大體規則的．注意すべき語形はブラック・タイプとした．以下同じ．

§ 468. ferō '運ぶ，持つ，耐える'（大體第三變化）

基　本　形: **ferō, ferre, tulī, lātum**
注意すべき形: 直說法・現在・能動. ferō, **fers, fert** ; ferimus, **fertis,** ferunt.
受　　　動: feror, **ferris, fertur** ; ferimur 以下. 他は規則的.
命　令　法: 能動. **fer, fertō** ; **ferte, fertōte.**
　　　　　　受動. **ferre, fertor** その他.

語根 BHER-. *cf.* bear. φέρω. 完了と supinum 幹は telā-[1] より．即ち完了 tulī<(te)-tolai; lātum<tlāto-m.[1]

§ 469. **volō, nōlō, mālō.**

volō は既にのべたので，その派生動詞たる nōlō (<nē-volō) と mālō (<mag(-is) volō) とについて主な點をあげよう．

nōlō, nōlle, 完了 **nōluī** (supine stem なし) '欲しない'
mālō, mālle, 完了 **māluī** (supine stem なし) 'よけいに欲する'．

volō と趣を同じくする．そして 直說法, 現在の *sing.* 2.3 ; *plur.* 2. で分解して **nōn vīs, nōn vult, nōn vultis** ; **māvīs, mā**-

註 (1) *cf.* tollō<tol-nō 'もち上げる，除く'. τλήμων

vult, māvultis の形を示す．nōlō と mālō の他の語形は volō の變化と等しく，nōlunt, mālumus などの形を示す．直說法．未完了は nōlēbam, 未來．nōlam, mālēs 以下 volō に準ずる．接續法，現在は velim と同じく，nōlim, nōlīmus; mālīs, mālint など．ただ nōlō のみにある命令形：**nōli** (單.2), nōlītō (單.2.3); **nōlite** (複.2), nōlītōte (同上), nōluntō (複.3), に注意．

§470. **fīō** 'なる，なされる'

基　本　形：**fīō, fierī,** (factus sum).

　　　　　　faciō の *pass*. としてよく用いられる．defectiva で，ない語形が多い (—で示す).

直說法・現在：　fīō, fīs, fit；—, —, fīunt.

接續法・ 〃 ：　fīam, fīās 以下．規則的．

未完了：fīēbam 以下，未來．fīam, fīēs 以下．

接續法未完了．fierem 以下．

命　令　法：　fī, fīte.

語根は BHU- で，これの io-praesens である．*cf*. §附錄 IV.

§471. **Dēfectīva**

queō 'できる' と **nequeō** 'できない' (大體 eō '行く' に準ずる), **aiō** '言う，肯う', **inquam** '曰く', **fātur** '言う' がこれに屬するが，その保有する語形については，卷尾變化表，不規則動詞の項 §541, 542, 543 を見られたい．また salvēre, avēre '丈夫である，元氣である' は挨拶の言葉として專ら命令にのみ (命令形と不定法) に用いられる．

salvē, avē, -tō, -te の如くである．

coepī '始めた', **meminī** '覺えている', **ōdī** '憎んでいる' の完了系のみを有する三動詞については §124 參照．なお meminī のみ命令形：**mementō** (單.2), mementōte (複.2) を有する．

II. ギリシア名詞の變化（ラテン文中における）

§472. ローマはちょうど飛鳥，奈良朝以降の日本のように，紀元前後の爛熟したギリシア文化を受け入れ，その繼承者となった．從ってこれに伴い，多數のギリシア語がその中にとり入れられ，その若干はすでに消化されてラテン語と同じようになったが，ことに固有名詞，およびこれに準ずるものは，なお相當のギリシア語の變化形式を殘留していた．次に述べるのは，その大體で，ほぼこれによってその動向を見定めることができよう．餘は字典について究められたい．

§473. 第一變化所屬名詞．（固有名詞が主で，從って複數はまれ，時に複.屬.で **-um** の形をとる）．男性には，單.主.で **-ās** もしくは **-ēs**，女性には **-ē** (<ā), **-a** に終り特異格形を有するものがある． *e.g.* （　）内は少い別形を示す．

主．	Circ-ē, (-a) *f.*	Pelopid-ās *m.*	Anchīs-ēs *m.*
對．	-ēn, (-am)	∥ -am, -ān	∥ -ēn, (-am)
屬．	-ēs, (-ae)	∥ -ae	∥ -ae
與．	-ae	∥ -ae	∥ -ae
從．	-ā, (-ē)	∥ -ā	∥ -ē, -ā
呼．	-ē, (-a)	∥ -ā, (-a)	∥ -ē, (-ā, -a)

§474. 第二變化名詞．男性で時に單.主. **-os**（大抵は **-us** に同化したが），中性で **-on** のギリシア格形を保有するものがある．その場合は下の如くになる． *e.g.*

主．	Dēl-os, (-us) *m.*	Ili-on, (-um) *n.*	Androge-ōs, (us) *m.*
對．	∥ -on, (-um)	∥ -on, (-um)	∥ -ōn, -ō, -ōna, (-um)
屬．	∥ -ī	∥ -ī	∥ -ī
與．	∥ -ō	∥ -ō	∥ -ō
從．	∥ -ō	∥ -ō	∥ -ō

呼． 〃 -e　　　 〃 -on (-um)　　 〃 -ōs

複數では時に，主．-oe e.g. Adelphoe；屬．-ōn e.g. Georgicōn の格形が見られる（多くは文學作品名）．

§475. 第三變化名詞．最も著しい特徵は子音語幹が (m. f.) 單．對．で -a，複．對．で -as の格形を有すること，呼格形を別に有することである．なお n- 語幹は單．主．でしばしば n を失い延音となる．e.g.

單．主．	Par-is	āer	Atlās	Antiph-ō, (-ōn)
對．	Par-ida, -im, -in	āera, (āerem)	Atlant-a, (-em)	〃 -ōnta, (-ōntem)
屬．	Par-idis, -idos	āeris	Atlantis	〃 -ōntis
與．	Paridī	āerī	Atlantī	〃 -ōntī
從．	Paride	āere	Atlante	〃 -ōnte
呼．	Pari, Paris	āer	**Atlā**	〃 -ō, (-ōn)

§476. 二重母音や長母音幹（外見上）の語は，かなりあいまいな形を示す．e.g.

主．	hērōs	Orpheus	Achill-ēs, (-eus)	Dīdō
對．	hērō-a, -em	Orphe-um, -a	Achill-em, -ea, -ēn	Dīd-ō, -ōnem
屬．	hērō-is	Orpheī	Achill-is, -eī, -ī, -eōs	Dīd-ūs, -ōnis
與．	hērō-i	Orpheō	Achill-ī	Dīd-ō, -ōnī
從．	hērō-e	Orpheō	Achill-e, -ē, -ī	Dīdō, -ōne
呼．	hērōs	**Orpheu**	Achill-ē, -eu, -e	Dīdō

複數では，概ね規則的であるが，時に對．-as の外，主．-es，屬．-ōn を殘すものもある．e.g. lampades 炬火，hērōes 英雄たち，

Metamorphōseon 書名 (-sis の複數).

§477. その他注意すべきは固有名詞に多い第三變化の -ēs に終る名詞で，これは半ば第一變化，半ば第三變化 -i- 語幹のような格形を示す．

e.g.	主.	Sōcratēs	Aristophan-ēs		Eurīpid-ēs	
	對.	Sōcrat-ēn, -em	〃	-em	〃	-em
	屬.	Sōcrat-is,-ī	〃	-is	〃	-is,-ae
	與.	Sōcratī	〃	-ī	〃	-ī,-ae
	從.	Sōcrate	〃	-e	〃	-e
	呼.	Sōcrat-ē,-es	〃	-ēs	〃	-ēs

なお第三變化所屬の中性名詞. -a (stem: -at-). *e.g.* poēma の類 (drāma 演劇; axiōma; oedēma 腫脹，など) は，單.屬. -poēm-atis (他は規則的)，複.主. poēm-ata, 屬 **-atum,** (-ōrum)，與.從. **-īs** の形をとるのが常である．

III. 古風な名詞および動詞の語形について

古典期以前のたとえば Plautus, Terentius, あるいは Ennius, Naevius ら, さらに下って Lucretius 時には擬古的に Vergilius らにも見られる古い語形について, それらに接する人のため簡単に述べておこう.

A. 名詞. 第一變化: 單.屬. -ās 法律語で pater familiās 家父など. またしばしば -āī の形が Plautus や Lucretius, など, まれに Vergilius にも見える. 從格には -ād の原形も見られる. 複.屬. -ārum のほか, Aenead**um** Lucret. 1.1. Ennius. Ann. 180. 等の形が見られる. agricolum (=-lārum. Lucret. 4. 586) なども數個ある. 複.與.從. では第二變化と共に, **-eis** (=īs) の形が時に用いられる.

第二變化: 單.主. **-os** の原形も時に殘る. *e.g.* equos, mortuos など. また 對. -om (中性.主. も同じ), 從 -ōd. 複. では 屬. -ōrum の代りに **-om** または **-um** が屢々見られる. *e.g.* deum=deorum. famulum=-lōrum. Vergil. Aen. 11.34.

第三變化: i-*stem* で從.單. -īd, 對. -im, 複.對. -eis もまれに見える.

第四變化: 單.屬. -uos, -ous. 與. -ū. 複.與.從. Idubus など -ubus の形がよく見られる.

第五變化: 單.屬. -ēī のほか -eī, -ei, -ē, ī も見える.

B. 代名詞. sibei=sibī, mī=mihī, mēd, tēd = mē, tē (對格) が著しいもの.

hic, haec, hoc の格變化に -ce (iste, ille の變化にまで時につく) がついた形は極めて普通で, Cicero にまで見られる. hōrunc, hīsce, huiuscemodī Cic. Mur. 66. *etc.* また

ollus, olle=ille; olleis=illīs *etc.*

ipse では, i- が變化した eum-psum, eampse, eōpsō などの形に注意. これと並行する so-, sā- から出た sapsa, sumpse などもある.

quī の變化では 單.從. に **quī** (-d) の形があり, quī-cum ' with whom ', quī ' how ? ' などに殘されている.

C. 動詞. 全般的に言って，動詞の分類が明かでないものがある. 殊に (2) と (3). *e.g.* fulgēre, fulgere ; tueor, tuor. また (3) と (4) に多い. 完了幹でもわかる通りである. その他**接續法形**には古い形が保たれているものが屢々見られる. *e.g.*

siem, siet=sim, sit ; **duim,** duit, crēduis=dem, det, crēdās (古い optative より). また s-aorist の optative から來た接續法がよくある. *e.g.* **faxō**, faxim, dīxis, ausit など (=fēcerō, fēcerim, dīxeris, ausus sit). また **laud-āssō,** laud-āssim =-āverō, -averim. また (4) の未完了に -ībam, -ībō の形が見られる. **不定法では受動 -ier**=-ī. *e.g.* suspicārier, nōminārier, loquier, dīcier, vidērier=-ārī, loquī, dīcī, vidērī *etc.*

Gerundīvum にも, (3) および (4) で, **-undus** の類型がよく用いられる. 現に **gerund** の名稱もその一例であるが, sūmundum, quaerundō, ferundum, faciundā (Verg. Aen. 8.441) など, しかし一方では -end- の語形も勿論使用されている.

完了幹に reduplication が失われず, ついていることもある. *e.g.* tetulī=tulī (＜tetolai).

IV. 動詞現在幹の形成法について

　ラテン語動詞の現在時稱幹は，種々な方法で形成されている．その最も多いのは**幹形成母音** thematic vowel **o/e** を有する，所謂規則動詞中で，これの前に -i̯- を附した **-i̯o-praesentia** である．そして殆んど名詞，形容詞，他の動詞幹から二次的につくられた派生動詞はみなこれに屬する．しかしその他にも種々な形成法がありラテン語の動詞體系を理解するのには是非とも必要なことであるから，以下に，いわゆる四種の規則動詞別に從い，これを述べてゆこう．

　I. 第一變化動詞. その大部は派生動詞 derivative verbs で，**名詞**（主として第一變化 -ā-stem，ときに第二，第三變化名詞よりも．*e.g.* cūrāre＜cūrā; dōnāre＜dōnum; laudāre＜laus, laudis *etc.*）より，-ā-i̯-o/e- による形成法で作られる．動詞の *p.p.p.* から同樣にして作られる iterativa, intensiva（'たびたび，つよく'）-tāre, -itāre, -titāre（-sāre *etc.* を含む），また -icāre, -igāre, -ulāre, -illāre その他も同じい．少數は -ā に終る語根から直接に o/e なしに作られたものの變化である．*e.g.*　　nāre, flāre, fārī. この類の io-praes. もある．*e.g.* stāre, stō＜*stā-i̯ō; arāre, arō＜*arā-i̯ō などはこれに屬する．　　　　* は想定原形を示す．

　II. 第二變化. **-éi̯ō** の形をもつ causativa, intensiva, iterativa がこれに屬する．語根は通例 -o-（Ablaut の項參照）を示す．*e.g.*　　doceō, moneō. ＜*dek-,*men-. lūceō＜*louq-ei̯ō. また第二變化名詞形容詞（o/e-*stem*）から出た io-praes. もある．
e.g.　　audeō＜avide-i̯ō : avidus.

　その他動詞の -ē- 形（多く aorist に現れ，狀態を示す）からの io-の動詞や，-ē に終る語根の，o/e のない，卽ち athematic verbs も交っている．前者は maneō, placeō など，後者は videō, habeō,

-pleō などを含む.

III. 第三變化. これは既に述べたように，最もふつうな變化形式で，從っていろんな構成法の現在幹を有する.

1) **單純**な語根から o/e により作られたもの. *e.g.* veh-ō, sequ-or.

2) **重複語根**から, reduplicated present-stems. sistō＜*si-st-ō : *stā- ; sīdō＜*si-zd-ō : sed-eō ; serō＜*si-sō ; reddō＜*re-di-d-ō ; bibō＜pi-b-ō. など.

3) **鼻音**を根に加えるもの, nasal present-stems. これにもギリシア語に明かなように, ne : n, nā : nə, neu : nu の三通りの種類がある. ラテン語では, ne : n の系統が一番多く, **nasal infix** で iungō, -hendō, tangō, vincō など（完了では n がない）; 次は nā 系で, li-nō, si-nō, pōnō＜*po-si-nō, cernō＜*kri-nā-, tollō＜*tḷnā- などがこれに屬する. nu の系統は mi-nuō など少數.

4) **-i̯o**-praesntia. これは (3b) として多く, (4) と同趣なので, そこで述べる. (3) としては -**uō**. *e.g.* metuō, statuō などの派生動詞が主である.

5) -**sk** o/e. 古いのでは poscō＜*porcscō＜*pr̥k-skō *cf.* precēs 祈禱, サンスクリト. pr̥cchāmi. gnōscō, nāscor, crēscō など. 二次的のも多く obdormīscō '眠りこむ', senēscō '老いこむ' など.

6) -tō, -dō, -sō など. いずれも少數. tendō, plectō, nectō, vīsō など.

IV. 第四變化動詞と第三變化 b 類. 所屬動詞の多くは子音語根から作られた -**i̯o**-praesentia で, 大體語根が單音節で單子音に終るものは (3b) に入り, 二音節以上か, 單音節でも長母音をもつか, 二子音以上で終るものは (4) に入った（例外もある）. *e.g.* fug-iō, spec-iō, cap-iō (3b) ; vinc-iō, aud-iō, sent-iō, mēt-ior (4). 但し feriō, saliō, veniō など, r. l. m. n. v（つまり半母音）に終る根は,

例外 pariō, morior を除き (4) である（二重母音と考えていいためであろう）. 但し古ラテン形には parīre, morīrī の形が見える. (4) にはその外 causativa -ī-＜*-ei̯e- からのものや, -ī-stem の denominativa (＜-ī-i̯o-), 長い単音節の -ī-stem などが加わる. e.g. sōpiō, sōpīre＜*su̯op-ei̯ō; fīniō＜fīnis, partior＜pars, partis; sciō＜scī-'切り別つ'. cf. schizō, schei-den. また -turiō, -suriō の如き desiderativa '…したがる, 欲する' も特異な種類で, ēsuriō '食べたがる', empturiō '買いたがる' などを含む.

V. ラテン語における母音交替
Ablaut について

インド・ヨーロッパ語族の言語で，ある言語における語源を同じくして相關聯する語詞または形式間に，その母音組織が一定の型の下に互いに入れ替る現象が見られる．これを**母音交替** Ablaut, Vowel gradation と呼ぶ．これには量的な面と質的な面とがあり，音質の變化（主として e→o）を **Abtönung** と名づける．たとえば **sed-** という語根は，ラテン語で sēd-ēs, sed-eō, sēd-ī, sī-dō, nī-dus. '巣', (sod- の形はラテンでは現れていない) などに知られ, sed-, sēd-, sd->zd (sīdō>si-zdō, nīdus<ni-zd-) などと Ablaut している．これは Ablaut-Reihe の中の e-Reihe に屬するもので，その他に o-, a- の series があり，各々これを強弱によって，語形（またはその母音）を種々な強さの段階 grade, Stufe に區別する．ドイツ語によれば（學者により多少名稱を異にするが），一番弱いのは母音が全然消滅した段階で，これを S (Schwund-stufe) とし，母音が十分に示されているのを V (Voll-stufe), その變音を Vo, さらに母音が特に長く延ばされたのを D (Dehn-stufe), その變音を Do と名づけられる．いま上の三列を表示すれば下の如くになる．

	S	V	Vo	D	Do	
e—列	消失	e	o	ē	ō	(1)
o—列	〃	o	—	ō	—	(2)
a—列	〃	a	o	ā	ō	(3)

インド・ヨーロッパ語にはこの他長母音の系列があり，これは S で全く消滅する前に，甚しく約められて弱音化した段階を有する．これを R (Reduktions-stufe) とし，その音價を ə で示す（ラテン語では多く a として現れる）．これを表示すると，

V. ラテン語における母音交替 Ablaut について

	S	R	V	Vo	D	Do	
ē—列	消失	ə	ē	ō	元來長音なの	(4)
ō—列	〃	ə	ō		でDはない	(5)
ā—列	〃	ə	ā	ō		(6)

ところで上記の Ablaut-Reihe はしばしば半母音（すなわち半子音）i, u, l, r, m, n を伴い，いわゆる Diphthong の Reihe を形づくる．その場合 S. や R. の段階では，この半母音が子音の前で母音化したり，次に來る母音の前で子音化したりして，いろんな形態をつくる．例えば gu̯em-‘來る，行く’という語根が弱くなると e がまず弱音を示す ь になり（R. で），ついで消滅する（S. で）．それで R. では gu̯ьm- となり，S. では gu̯m- となる．また次に子音に始まる形成詞や接尾語が來れば，gu̯mto- などいう形になるので，從って m は母音化（音節を作る．*e.g.* table, soften の l. n のように）して m̥ となる．この段階を T. (Tief-Stufe) と名づけて區別しよう．從って，上の重母音の Reihe は次のような諸形式をとることとなる．

	S.	T.	R.	V.	Vo	D.	Do	
ei—列	i̯	i	i̯i̯	ei	oi	ēi	ōi	(7)
eu—列	u̯	u	u̯u̯	eu	ou	ēu	ōu	(8)
el—列	l	l̥	ьl	el	ol	ēl	ōl	(9)
er—列	r	r̥	ьr	er	or	ēr	ōr	(10)
em—列	m	m̥	ьm	em	om	ēm	ōm	(11)
en—列	n	n̥	ьn	en	on	ēn	ōn	(12)

上表において S. は次に母音が來るとき，T. は次に子音が來るとき．また i̯, u̯ は子音化した i, u; 即ち j, w を表し，l̥, m̥ 等は母音化した l, m 等を表す．ь は極めて弱化した短母音（元來ロシア語で palatal 系の弱音を示す記號）で，これに對し ə は長母音からの弱音を表す．

さてラテン語では，上表の ьl, ьr, ьm, ьn は大體 al, ar, am, an

として現れるものと考えられる。また syllabic の l, r, m, n は，それぞれ ol (ul), or, em, en として規則的に現れる。一方ふつうの diphthong, 即ち ei, oi, eu, ou はラテン語では單純化され，通例 ī, ī（ときに ū，まれに oe), ū, ū となる。

以下實例について，ラテン語でこれらの Ablaut-Reihe がどんな形で働いているかを檢討してみよう。

(1) sed- '坐る': V. sed-eō; S. sī-dō<*si-zd-ō; D. sēd-ī. teg- '覆う': Vo. tog-a; V. teg-ō.
(2) od- '憎む': V. od-ium D. ōdī.
(3) ac- '銳い': V. ac-uō; D. āc-er; Do. ōcius.
(4) dhē- '置く': R. fa-ciō; S. ab-d-ō; V. fē-cī; Vo Sacer-dō-s.
(5) dō- '與える': R. da-re; S. de-d-ī; V. dō-num.
(6) stā- '立つ': R. sta-tus; S. ste-t-ī; V. stā-re (stō< *stā-i̯ō).
(7) ei- '行く': T. i-ter, ex-i-tus; V. ī-re, eō<ei-ō. bheidh- '信ずる': T. fid-ēs; V. fid-ō; Vo. fid-ī<*foid-ai.
(8) deuq- '引く，ひきいる': T. dux<*duk-s; V. dūcō<*deuk-ō. leuq- '光る，白い': Vo. lūc-us; V. lūx< *leuk-s; T. luc-erna.
(9) kel- '蔽う': S. cl-am; T. oc-cul-tus; V. oc-culō< *-kel-ō; D. cēl-ō.
(10) bher- '運ぶ，荷う': T. fors <*bhr̥ti-s; V. fer-ō; Do. fūr<*fōr.
(11) gu̯em- '來る，行く': T. veniō<*gu̯em-i̯ō; T. ad-ven-tus; D. vēn-ī.
(12) men- '考える': T. mēns<*mn̥-tis; Vo. mon-eō.

R. はラテン語では殘っている形が少いが，carpō<*qь̥rp-ō : *qerp '切る，割る' cf. corp-us. maneō<*mь̥n-ei̯ō のような例は

V. ラテン語における母音交替 Ablaut について

これに屬する．その他著しい Ablaut の例を示せば，

比較を示す接尾語： -i̯es- は (7) と同じく，-is-，-i̯es-，-ios-，-iōs- として mag-is, mā-ies-tās, mā-ius, mā-iōr-ēs などに現れ，行爲者を示す -ter- は，S. pa-tr-is；D. pater<*pa-tēr；Do. auc-tōr-is に現れる．

また**長重母音** ēi, ēu などはラテン語では，みな約るか，後方の半母音を失うかした．dīxī<*dēik-s-；nauta<*nāu-tā-<*nāvi-tā；plūrimus<*plō-isьmos は前者の例で，diem<*di̯ēm：di̯ēu-；dominō (單.與.)<-ōi は後者の例である．

變　化　表

I. 名詞の變化
II. 形容詞の變化
III. 代名詞の變化
IV. 數詞
V. 動詞の變化

I. 名詞の變化

第一變化の名詞 (-ā- 語幹)

§478. -a に終る男・女性名詞

	puella (女性) 少女	nauta (男性) 水夫
單主	puella	nauta
對	puellam	nautam
屬	puellae	nautae
與	puellae	nautae
從	puellā	nautā
複主	puellae	nautae
對	puellās	nautās
屬	puellārum	nautārum
與	puellīs	nautīs
從	puellīs	nautīs

第二變化の名詞 (-o- 語幹)

§479. -us に終る男性名詞

	dominus 主人	fīlius 息子
單主	dominus	fīlius
呼	domine	fīlī
對	dominum	fīlium
屬	dominī	fīlī (fīliī)
與	dominō	fīliō
從	dominō	fīliō
複主	dominī	fīliī
對	dominōs	fīliōs

屬	dominōrum		fīliōrum
與	dominīs		fīliīs
從	dominīs		fīliīs

§480. -er に終る男性名詞

	puer 少年	vir 男	liber 本
單主	puer	vir	liber
對	puerum	virum	librum
屬	puerī	virī	librī
與	puerō	virō	librō
從	puerō	virō	librō
複主	puerī	virī	librī
對	puerōs	virōs	librōs
屬	puerōrum	virōrum	librōrum
與	puerīs	virīs	librīs
從	puerīs	virīs	librīs

§481. -um に終る中性名詞

	verbum 言葉	cōnsilium 策, 慮
單主	verbum	cōnsilium
對	verbum	cōnsilium
屬	verbī	cōnsilī (consiliī)
與	verbō	cōnsiliō
從	verbō	cōnsiliō
複主	verba	cōnsilia
對	verba	cōnsilia
屬	verbōrum	cōnsiliōrum
與	verbīs	cōnsiliīs
從	verbīs	cōnsiliīs

第三變化の名詞

§482. -i- 語幹の男・女性名詞

	avis (女性) 鳥	turris (女性) 塔	aedēs (女性) 社
單主	avis	turris	aedēs
對	avem	turrim	aedem
屬	avis	turris	aedis
與	avī	turrī	aedī
從	ave	turrī	aede
複主	avēs	turrēs	aedēs　家
對	avēs (-īs)	turrīs (-ēs)	aedēs (-īs)
屬	avium	turrium	aedium
與	avibus	turribus	aedibus
從	avibus	turribus	aedibus

§483. 省約語幹の男・女性名詞

	ars (女性) (arti-) 技術	urbs (女性) (urbi-) 都市	mōns (男性) (monti-) 山
單主	ars	urbs	mōns
對	artem	urbem	montem
屬	artis	urbis	montis
與	artī	urbī	montī
從	arte	urbe	monte
複主	artēs	urbēs	montēs
對	artēs (-īs)	urbēs (-īs)	montēs (-īs)
屬	artium	urbium	montium
與	artibus	urbibus	montibus
從	artibus	urbibus	montibus

§484. -i- 語幹の中性名詞

	mare 海 (mari-)	animal 動物 (animāli-)
單主	mare	animal
對	mare	animal
屬	maris	animālis
與	marī	animālī
從	marī	animālī
複主	maria	animālia
對	maria	animālia
屬	(marium)	animālium
與	maribus	animālibus
從	maribus	animālibus

§485. 破裂音幹の男・女性名詞

	lēx (女性) (lēg-) 掟	virtūs (女性) (virtūt) 勇氣	princeps (男性) (princip-) 首長
單主	lēx	virtūs	princeps
對	lēgem	virtūtem	principem
屬	lēgis	virtūtis	principis
與	lēgī	virtūtī	principī
從	lēge	virtūte	principe
複主	lēgēs	virtūtēs	principēs
對	lēgēs	virtūtēs	principēs
屬	lēgum	virtūtum	principum
與	lēgibus	virtūtibus	principibus
從	lēgibus	virtūtibus	principibus

§486. 破裂音幹の中性名詞

	caput 頭 (capit-)	cor 心 (cord-)
單主	caput	cor
對	caput	cor
屬	capitis	cordis
與	capitī	cordī
從	capite	corde
複主	capita	corda
對	capita	corda
屬	capitum	(cordum)
與	capitibus	cordibus
從	capitibus	cordibus

§487. 鼻音幹の名詞

	homō（男・女性） (homin-) 人間	leō（男性） (leōn-) 獅子	nōmen（中性） (nōmin-) 名
單主	homō	leō	nōmen
對	hominem	leōnem	nōmen
屬	hominis	leōnis	nōminis
與	hominī	leōnī	nōminī
從	homine	leōne	nōmine
複主	hominēs	leōnēs	nōmina
對	hominēs	leōnēs	nōmina
屬	hominum	leōnum	nōminum
與	hominibus	leōnibus	nōminibus
從	hominibus	leōnibus	nōminibus

§488. 1. 流音幹の名詞

	māter (女性) 母	auctor (男性) 著者.
	(mātr-)	(auctōr-)
單主	māter	auctor
對	mātrem	auctōrem
屬	mātris	auctōris
與	mātrī	auctōrī
從	mātre	auctōre
複主	mātrēs	auctōrēs
對	mātrēs	auctōrēs
屬	mātrum	auctōrum
與	mātribus	auctōribus
從	mātribus	auctōribus

2. 擦音幹の名詞

	mōs (男性) 習性	genus (中性) 種類
	(mōs-)	(gen-o/es-)
單主	mōs	genus
對	mōrem	genus
屬	mōris	generis
與	mōrī	generī
從	mōre	genere
複主	mōrēs	genera
對	mōrēs	genera
屬	mōrum	generum
與	mōribus	generibus
從	mōribus	generibus

第四變化の名詞 (-u- 語幹)

§489.

	manus (女性) 手	domus[1] (女性) 家	cornū (中性) 角
單主	manus	domus	cornū
對	manum	domum	cornū
屬	manūs	domūs (domī)	cornūs
與	manuī (-ū)	domuī (domō)	cornū
從	manū	domō (domū)	cornū
複主	manūs	domūs	cornua
對	manūs	domōs, domūs	cornua
屬	manuum	domōrum, domuum	cornuum
與	manibus	domibus	cornibus
從	manibus	domibus	cornibus

第五變化の名詞 (-ē- 語幹)

§490.

	diēs (男・女性) 日 (月日の)	rēs (女性) 事物
單主	diēs	rēs
對	diem	rem
屬	diēī	reī
與	diēī	reī
從	diē	rē
複主	diēs	rēs
對	diēs	rēs
屬	diērum	rērum
與	diēbus	rēbus
從	diēbus	rēbus

註 (1) 單.呼. domus. 位. domī.

II. 形容詞の變化

第一, 第二變化の形容詞

§ 491. a-, o- 語幹: bonus 善い

	男性	女性	中性
單主	bonus	bona	bonum
單呼	bone	——	——
對	bonum	bonam	bonum
屬	bonī	bonae	bonī
與	bonō	bonae	bonō
從	bonō	bonā	bonō
複主	bonī	bonae	bona
對	bonōs	bonās	bona
屬	bonōrum	bonārum	bonōrum
與	bonīs	bonīs	bonīs
從	bonīs	bonīs	bonīs

§ 492. ro-, ra- 語幹: sacer 神聖な

	男性 (sacro-)	女性 (sacra-)	中性 (sacro-)
單主	sacer	sacra	sacrum
對	sacrum	sacram	sacrum
屬	sacrī	sacrae	sacrī
與	sacrō	sacrae	sacrō
從	sacrō	sacrā	sacrō
複主	sacrī	sacrae	sacra
對	sacrōs	sacrās	sacra
屬	sacrōrum	sacrārum	sacrōrum
與	sacrīs	sacrīs	sacrīs
從	sacrīs	sacrīs	sacrīs

II. 形容詞の變化

第三變化の形容詞

§493. -i- 語幹の形容詞

	levis 輕い		ācer 銳い		
	男・女性	中性	男性	女性	中性
單主	levis	leve	ācer	ācris	ācre
對	levem	leve	ācrem		ācre
屬	levis	levis	ācris		ācris
與	levī	levī	ācrī		ācrī
從	levī	levī	ācrī		ācrī
複主	levēs	levia	ācrēs		ācria
對	levēs (-īs)	levia	ācrēs (-īs)		ācria
屬	levium	levium	ācrium		ācrium
與	levibus	levibus	ācribus		ācribus
從	levibus	levibus	ācribus		ācribus

§494. 子音幹の形容詞

	fēlīx 幸福な (fēlīc-)		prūdēns 思慮ある (prūdent-)	
	男・女性	中性	男・女性	中性
單主	fēlīx	fēlīx	prūdēns	prūdēns
對	fēlīcem	fēlīx	prūdentem	prūdēns
屬	fēlīcis	fēlīcis	prūdentis	prūdentis
與	fēlīcī	fēlīcī	prūdentī	prūdentī
從	fēlīcī(-e)	fēlīcī(-e)	prūdentī(-e)	prūdentī(-e)
複主	fēlīcēs	fēlīcia	prūdentēs	prūdentia
對	fēlīcēs(-īs)	fēlīcia	prūdentēs(-īs)	prūdentia
屬	fēlīcium	fēlīcium	prūdentium	prūdentium
與	fēlīcibus	fēlīcibus	prūdentibus	prūdentibus
從	fēlīcibus	fēlīcibus	prūdentibus	prūdentibus

II. 形容詞の變化

	vetus 古い		senex 老いた	
	(vetes-)		(senec-, sen-)	
	男・女性	中性	男・女性	中性
單主	vetus	vetus	senex	senex
對	veterem	vetus	senem	senex
屬	veteris	veteris	senis	senis
與	veterī	veterī	senī	senī
從	vetere	vetere	sene	sene
複主	veterēs	vetera	senēs	(sena)
對	veterēs	vetera	senēs	(sena)
屬	veterum	veterum	senum	senum
與	veteribus	veteribus	senibus	senibus
從	veteribus	veteribus	senibus	senibus

§495. 現在能動分詞の變化

	amāns		iēns	
	(amant-)		(eunt-)	
	男・女性	中性	男・女性	中性
單主	amāns	amāns	iēns	iēns
對	amantem	amāns	euntem	iēns
屬	amantis	amantis	euntis	euntis
與	amantī	amantī	euntī	euntī
從	amante(-ī)	amante(-ī)	eunte(-ī)	eunte(-ī)
複主	amantēs	amantia	euntēs	euntia
對	amantēs(-īs)	amantia	euntēs(īs)	euntia
屬	amantium	amantium	euntium	euntium
與	amantibus	amantibus	euntibus	euntibus
從	amantibus	amantibus	euntibus	euntibus

§496. 形容詞比較級の變化

	melior より良い (meliōs-)		plūs より多い (plūs-)	
	男・女性	中性	男・女性	中性
單主	melior	melius	——	plūs
對	meliōrem	melius	——	plūs
屬	meliōris	meliōris	——	plūris
與	meliōrī	meliōrī	——	plūrī
從	meliōre	meliōre	——	plūre
複主	meliōrēs	meliōra	plūrēs	plūra
對	meliōrēs	meliōra	plūrēs	plūra
屬	meliōrum	meliōrum	plūrium	plūrium
與	meliōribus	meliōribus	plūribus	plūribus
從	meliōribus	meliōribus	plūribus	plūribus

III. 代名詞の變化

§497. 人稱代名詞

	一人稱		二人稱	
	單	複	單	複
主	egō	nōs	tū	vōs
對	mē	nōs	tē	vōs
屬	meī	nostrī (-trum)	tuī	vestrī (-trum)
與	mihī	nōbīs	tibī	vōbīs
從	mē	nōbīs	tē	vōbīs

§498. 再歸代名詞

三人稱（單・複とも）

主	──
對	sē, sēsē
屬	suī
與	sibī
從	sē, sēsē

§499. is それ，その，指示代名詞

	男性	女性	中性
單主	is	ea	id
對	eum	eam	id
屬	ēius	ēius	ēius
與	eī	eī	eī
從	eō	eā	eō
複主	eī, iī, ī	eae	ea
對	eōs	eās	ea
屬	eōrum	eārum	eōrum
與	eīs, iīs, īs	eīs, iīs, īs	eīs, iīs, īs
從	eīs, iīs, īs	eīs, iīs, īs	eīs, iīs, īs

§500. hic 'これ，この'

	男性	女性	中性
單主	hic	haec	hoc
對	hunc	hanc	hoc
屬	hūius	hūius	hūius
與	huīc	huīc	huīc
從	hōc	hāc	hōc
複主	hī	hae	haec
對	hōs	hās	haec
屬	hōrum	hārum	hōrum
與	hīs	hīs	hīs
從	hīs	hīs	hīs

§501. ille 'あれ，あの'

	男性	女性	中性
單主	ille	illa	illud
對	illum	illam	illud
屬	illīus	illīus	illīus
與	illī	illī	illī
從	illō	illā	illō
複主	illī	illae	illa
對	illōs	illās	illa
屬	illōrum	illārum	illōrum
與	illīs	illīs	illīs
從	illīs	illīs	illīs

§502. iste 'それ，その (君のいう，君のわきの)'

	男性	女性	中性
單主	iste	ista	istud
對	istum	istam	istud
屬	istīus	istīus	istīus

與	istī	istī	istī
從	istō	istā	istō
複主	istī	istae	ista
對	istōs	istās	ista
屬	istōrum	istārum	istōrum
與	istīs	istīs	istīs
從	istīs	istīs	istīs

§503. 關係代名詞

quī

	男性	女性	中性
單主	quī	quae	quod
對	quem	quam	quod
屬	cūius	cūius	cūius
與	cuī	cuī	cuī
從	quō	quā	quō
複主	quī	quae	quae
對	quōs	quās	quae
屬	quōrum	quārum	quōrum
與	quibus	quibus	quibus
從	quibus	quibus	quibus

§504. 疑問代名詞（疑問形容詞）

| 男性 | 女性 | 中性 |

quis? quī? 誰が, 何が, どの

	男性	女性	中性
單主	quis (quī)	quae	quid (quod)
對	quem	quam	quid (quod)
屬	cūius	cūius	cūius
與	cuī	cuī	cuī
從	quō	quā	quō
複主	quī	quae	quae

對	quōs	quās	quae
屬	quōrum	quārum	quōrum
與	quibus	quibus	quibus
從	quibus	quibus	quibus

§505. 代名形容詞

ūnus[(1)] 唯一の   alter[(1)] 他方の（二者のうち）

	男性	女性	男性	女性
單主	ūnus	ūna	alter	altera
對	ūnum	ūnam	alterum	alteram
屬	ūnīus		alterīus	
與	ūnī		alterī	
從	ūnō	ūnā	alterō	alterā

duo 二つの

	男性	女性	中性
主	duo	duae	duo
對	duo, duōs	duās	duo
屬	duōrum	duārum	duōrum
與	duōbus	duābus	duōbus
從	duōbus	duābus	duōbus

trēs 三つの

	男・女性	中性
主	trēs	tria
對	trēs	tria
屬	trium	trium
與	tribus	tribus
從	tribus	tribus

註（1） 中性單數 ūnum, alterum も主格・對格以外男性と同樣に變化される．複數形はふつうの形容詞と同樣．

IV. 數　　詞

§ 506.

	普通數詞	順序數詞
1.	ūnus, -a, -um	prīmus, -a, -um (prior)
2.	duo, duae, duo	secundus (alter), -a, -um
3.	trēs, tria	tertius 以下同じく
4.	quattuor 以下不變	quārtus
5.	quīnque	quīn(c)tus
6.	sex	sextus
7.	septem	septimus
8.	octō	octāvus
9.	novem	nōnus
10.	decem	decimus
11.	undecim	undecimus
12.	duodecim	duodecimus
13.	tredecim	tertius decimus
	(decem et trēs, tria)	(decimus et tertius)
14.	quattuordecim	quārtus decimus
15.	quīndecim	quīntus decimus
16.	sēdecim	sextus decimus
17.	septendecim	septimus decimus
18.	duodēvīgintī (octōdecim)	duodēvīcēsimus
19.	undēvīgintī (novendecim)	undēvīcēsimus
20.	vīgintī	vīcēsimus
21.	ūnus, a, um et vigintī	ūnus et vīcēsimus
	(vīgintī ūnus)	(vīcēsimus prīmus)
30.	trīgintā	trīcēsimus

IV. 數　　詞

40.	quadrāgintā	quadrāgēsimus
50.	quīnquāgintā	quīnquāgēsimus
60.	sexāgintā	sexāgēsimus
70.	septuāgintā	septuāgēsimus
80.	octōgintā	octōgēsimus
90.	nōnāgintā	nōnāgēsimus
99.	undēcentum	undēcentēsimus
100.	centum	centēsimus
101.	centum (et) ūnus, -a, um	centēsimus prīmus
200.	ducentī, -ae, -a	ducentēsīmus
300.	trecentī 以下同じく	trecentēsimus
400.	quadringentī	quadringentēsimus
500.	quīngentī	quīngentēsimus
600.	sescentī	sescentēsimus
700.	septingentī	septingentēsimus
800.	octingentī	octingentēsimus
900.	nōngentī	nōngentēsimus
1,000.	mīlle	mīllēsimus
2,000.	duo mīlia	bis mīllēsimus
10,000.	decem (dēna) mīlia	deciēs mīllēsimus
100,000.	centum (centēna) mīlia	centiēs mīllēsimus

§ 507.

	配分數詞	度數副詞	ローマ數字
1.	singulī, -ae, -a	semel	I
2.	bīnī 以下同じく	bis	II
3.	ternī (trīnī)	ter	III
4.	quaternī	quater	IV
5.	quīnī	quīnquiēs (-ēns)	V
6.	sēnī	sexiēs 以下同じく	VI

7.	septēnī	septiēs	VII
8.	octōnī	octiēs	VIII
9.	novēnī	noviēs	IX
10.	dēnī	deciēs	X
11.	undēnī	undeciēs	XI
12.	duodēnī	duodeciēs	XII
13.	ternī dēnī	terdeciēs	XIII
14.	quaternī dēnī	quaterdeciēs	XIV
15.	quīnī dēnī	quīndeciēs	XV
16.	sēnī dēnī	sēdeciēs	XVI
17.	septēnī dēnī	septiēsdeciēs	XVII
18.	duodēvīcēnī	duodēvīciēs	XVIII
19.	undēvīcēnī	undēvīciēs	XIX
20.	vīcēnī	vīciēs	XX
21.	vīcēnī singulī	vīciēs semel	XXI
30.	trīcēnī	trīciēs	XXX
40.	quadrāgēnī	quadrāgiēs	XL
50.	quīnquāgēnī	quīnquāgiēs	L
60.	sexāgēnī	sexāgiēs	LX
70.	septuāgēnī	septuāgiēs	LXX
80.	octōgēnī	octōgiēs	LXXX
90.	nōnāgēnī	nōnāgiēs	XC
99.	undēcentēnī	undēcentiēs	IC
100.	centēnī	centiēs	C
101.	centēnī singulī	centiēs semel	CI
200.	ducēnī	ducentiēs	CC
300.	trecēnī	trecentiēs	CCC
400.	quadringēnī	quadringentiēs	CCCC
500.	quīngēnī	quīngentiēs	D

IV. 數　　詞

600.	sescēnī	sescentiēs	DC
700.	septingēnī	septingentiēs	DCC
800.	octingēnī	octingentiēs	DCCC
900.	nōngēnī	nōngentiēs	DCCCC
1,000.	singula mīlia	mīlliēs	(CIↃ) または M
2,000.	bīna mīlia	bis mīlliēs	IIM
10,000.	dēna mīlia	deciēs mīlliēs	CCIↃↃ
100,000.	centēna mīlia	centiēs mīlliēs	CCCIↃↃↃ

V. 動詞の變化

規則動詞

規則動詞變化一覽表

§508. 能動相（表中には同形式についてその一つのみを例と

		現　　在	未完了過去	未　　來
直説法	1	am-ō	amāb　-am	amāb　-ō
	2	hab-eō	habēb　-am	habēb　-ō
	3	mitt-ō	mittēb　-am	mitt　-am
	3b	cap-iō	capiēb　-am	capi　-am
	4	ven-iō	veniēb　-am	veni　-am
接續法	1	am-em	amār　-em	
	2	hab-eam	habēr　-em	
	3	mitt-am	mitter　-em	
	3b	cap-iam	caper　-em	
	4	ven-iam	venīr　-em	
命令法	1	am-ā,　-āte		am -ātō, 以下
	2	hab-ē,　-ēte		hab -ētō
	3	mitt-e,　-ite		mitt-itō
	3b	cap-e,　-ite		cap -itō
	4	ven-ī,　-īte		ven -ītō
不定法	1	amāre		amāt- ⎫
	2	habēre		habit- ⎬ -ūrum
	3	mittere		miss- ⎭ +esse
	3b	capere		capt-
	4	venīre		vent-
分詞	1	amāns		amātūr- ⎫
	2	habēns		habitūr- ⎬ -us
	3	mittēns		mis ūr- ⎭ -a
	3b	capiēns		captūr- -um
	4	veniēns		ventūr-

してあげる)

完　　了	過去完了	未來完了
amāv　-ī habu　-ī mīs　-ī cēp　-ī vēn　-ī	amāver　-am habuer　-am mīser　-am cēper　-am vēner　-am	amāver　-ō habuer　-ō mīser　-ō cēper　-ō vēner　-ō
amāver　-im habuer　-im mīser　-im cēper　-im vēner　-im	amāviss　-em habuiss　-em mīsiss　-em cēpiss　-em vēniss　-em	
	Gerundium	amand- habend- mittend- } -um capiend- } -ī veniend- } -ō
amāvisse habuisse mīsisse cēpisse vēnisse	Gerundīvum	amandus habendus mittendus capiendus (veniendus)
	Supīnum	amāt　-um, -ū habit　-um, -ū miss　-um, -ū capt　-um, -ū vent　-um, -ū

§509. 受動相（表中には同形式についてその一つのみを例と

		現　　在	未完了過去	未　　來
直説法	1	am　-or	amāb　-ar	amāb -or
	2	vid　-eor	vidēb　-ar	vidēb -or
	3	mitt　-or	mittēb -ar	mitt　-ar
	3b	cap　-ior	capiēb -ar	capi　-ar
	4	aud　-ior	audiēb -ar	audi　-ar
接続法	1	am　-er	amār　-er	
	2	vid　-ear	vidēr　-er	
	3	mitt　-ar	mitter -er	
	3b	cap　-iar	caper　-er	
	4	aud　-iar	audīr　-er	
命令法	1	am -āre,-āminī		am -ātor, -antor
	2	vid -ēre,-ēminī		vid -ētor, -entor
	3	mitt-ere,-iminī		mitt-itor, -untor
	3b	cap -ere,-iminī		cap -itor, -iuntor
	4	aud -īre,-īminī		aud -ītor, -iuntor
不定法	1	amārī		amātum īrī
	2	vidērī		vīsum　īrī
	3	mittī		missum īrī
	3b	capī		captum īrī
	4	audīrī		audītum īrī
分詞	1			
	2			
	3			
	3b			
	4			

してあげる)

完　了	過去完了	未來完了
amāt-us　　+sum amāt-ī　　+sumus	vīs-us　　+eram vīs-ī　　+erāmus	miss-us　　+erō miss-ī　　+erimus
capt-us　　+sim capt-ī　　+simus	audīt-us　　+essem audīt-ī　　+essēmus	

amāt- vīs- miss-　 -um +esse capt- audīt-

amāt- vīs-　 -us miss-　 -a capt-　 -um audīt-

§510. 基本形

1 cantō	2 habeō	4 veniō
cantāvī	habuī	vēnī
cantātum	habitum	ventum
cantāre	habēre	venīre
3 mittō	3 b capiō	
mīsī	cēpī	
missum	captum	
mittere	capere	

能 動 相
直 說 法

§511. 現在

單.1.	1 cantō	2 habeō		4 veniō
2.	cantās	habēs		venīs
3.	cantat	habet		venit
複.1.	cantāmus	habēmus		venīmus
2.	cantātis	habētis		venītis
3.	cantant	habent		veniunt
單.1.	3 mittō	3 b faciō		
2.	mittis	facis		
3.	mittit	facit		
複.1.	mittimus	facimus		
2.	mittitis	facitis		
3.	mittunt	faciunt		

§512. 未完了過去

單.1.	1 cantiēbam	2 habēbam	3 veniēbam
2.	cantābās	habēbās	veniēbās
3.	cantābat	habēbat	veniēbat

V. 動詞の變化

複.1.	cantābāmus	habēbāmus	veniēbāmus
2.	cantābātis	habēbātis	veniēbātis
3.	cantābant	habēbant	veniēbant
單.1.	3 mittēbam	3b faciēbam	
2.	mittēbās	faciēbās	
3.	mittēbat	faciēbat	
複.1.	mittēbāmus	faciēbāmus	
2.	mittēbātis	faciēbātis	
3.	mittēbant	faciēbant	

§ 513. 未來

單.1.	1 cantābō	2 habēbō	4 veniam
2.	cantābis	habēbis	veniēs
3.	cantābit	habēbit	veniet
複.1.	cantābimus	habēbimus	veniēmus
2.	cantābitis	habēbitis	veniētis
3.	cantābunt	habēbunt	venient
單.1.	3 mittam	3b faciam	
2.	mittēs	faciēs	
3.	mittet	faciet	
複.1.	mittēmus	faciēmus	
2.	mittētis	faciētis	
3.	mittent	facient	

§ 514. 完了

單.1.	negāvī	mīsī
2.	negāvistī	mīsistī
3.	negāvit	mīsit
複.1.	negāvimus	mīsimus
2.	negāvistis	mīsistis
3.	negāvērunt (-ēre)	mīsērunt (-ēre)

§515. 過去完了, 未來完了

	過去完了		未來完了	
單.1.	negāveram	mīseram	negāverō	mīserō
2.	negāverās	mīserās	negāveris	mīseris
3.	negāverat	mīserat	negāverit	mīserit
複.1.	negāverāmus	mīserāmus	negāverimus	mīserimus
2.	negāverātis	mīserātis	negāveritis	mīseritis
3.	negāverant	mīserant	negāverint	mīserint

接 續 法

§516. 現在

單.1.	1 cantem	2 habeam	4 veniam
2.	cantēs	habeās	veniās
3.	cantet	habeat	veniat
複.1.	cantēmus	habeāmus	veniāmus
2.	cantētis	habeātis	veniātis
3.	cantent	habeant	veniant

單.1.	3 mittam	3 b faciam
2.	mittās	faciās
3.	mittat	faciat
複.1.	mittāmus	faciāmus
2.	mittātis	faciātis
3.	mittant	faciant

§517. 未完了過去

單.1.	1 cantārem	2 habērem	4 venīrem
2.	cantārēs	habērēs	venīrēs
3.	cantāret	habēret	venīret
複.1.	cantārēmus	habērēmus	venīrēmus
2.	cantārētis	habērētis	venīrētis

V. 動詞の變化

	3.	cantārent	habērent	venīrent
單.1.		3 mitterem	3 b facerem
	2.	mitterēs	facerēs
	3.	mitteret	faceret
複.1.		mitterēmus	facerēmus
	2.	mitterētis	facerētis
	3.	mitterent	facerent

§ 518. 完了，過去完了

　　　　　　完　　　了　　　　　過　去　完　了

		完 了		過 去 完 了	
單.1.		negā(ve)rim[1]	mīserim	negā(vi)ssem	mīsissem
	2.	negā(ve)ris	mīseris	negā(vi)ssēs	mīsissēs
	3.	negā(ve)rit	mīserit	negā(vi)sset	mīsisset
複.1.		negā(ve)rimus	mīserimus	negā(vi)ssēmus	mīsissēmus
	2.	negā(ve)ritis	mīseritis	negā(vi)ssētis	mīsissētis
	3.	negā(ve)rint	mīserint	negā(vi)ssent	mīsissent

註(1) 以下（　）部をとれば短縮形となる。

命　令　法

§ 519.

現在：單.2.		1 cantā	2 habē	4 venī
	複.2.	cantāte	habēte	venīte
未來：單.2.		cantātō	habētō	venītō
	3.	cantātō	habētō	venītō
	複.2.	cantātōte	habētōte	venītōte
	3.	cantantō	habentō	veniuntō

現在：單.2.		3 mitte	3 b fac
	複.2.	mittite	facite
未來：單.2.		mittitō	facitō

	3.	mittitō	facitō
複.	2.	mittitōte	facitōte
	3.	mittuntō	faciuntō

不 定 法

§520.

現在：	1 cantāre	2 habēre	4 venīre
完了：	cantāvisse	habuisse	vēnisse
未來：	cantātūrum,	habitūrum,	ventūrum,
	-am, -um esse	-am, -um esse	-am, -um esse
現在：	2 mittere	3 b facere	
完了：	mīsisse	fēcisse	
未來：	missūrum,	factūrum,	
	-am -um, esse	-am, -um esse	

分 詞

§521.

現在：	1 cantāns	2 habēns	4 veniēns
未來：	cantātūrus,	habitūrus,	ventūrus,
	-a, -um	-a, -um	-a, -um
現在：	3 mittēns	3 b faciēns	
未來：	missūrus,	factūrus,	
	-a, -um	-a, -um	

受 動 相

直 說 法

§522. 現在

單.1.	1 amor	2 videor	4 audior
2.	amāris, -re	vidēris, -re	audīris, -re

3.	amātur	vidētur	audītur
複.1.	amāmur	vidēmur	audīmur
2.	amāminī	vidēminī	audīminī
3.	amantur	videntur	audiuntur

單.1.	3 mittor	3b capior	
2.	mitteris, -re	caperis, -re	(以下つねに單.2.には別形 -re がある)
3.	mittitur	capitur	
複.1.	mittimur	capimur	
2.	mittiminī	capiminī	
3.	mittuntur	capiuntur	

§523. 未完了過去

單.1.	1 amābar	2 vidēbar	4 audiēbar
2.	amābāris	vidēbāris	audiēbāris
3.	amābātur	vidēbātur	audiēbātur
複.1.	amābāmur	vidēbāmur	audiēbāmur
2.	amābāminī	vidēbāminī	audiēbāminī
3.	amābantur	vidēbantur	audiēbantur

單.1.	3 mittēbar	3b capiēbar
2.	mittēbāris	capiēbāris
3.	mittēbātur	capiēbātur
複.1.	mittēbāmur	capiēbāmur
2.	mittēbāminī	capiēbāminī
3.	mittēbantur	capiēbantur

§524. 未來

單.1.	1 amābor	2 vidēbor	4 audiar
2.	amāberis	vidēberis	audiēris
3.	amābitur	vidēbitur	audiētur

複.1.	amābimur	vidēbimur	audiēmur
2.	amābiminī	vidēbiminī	audiēminī
3.	amābuntur	vidēbuntur	audientur

單.1.	3 mittar	3 b capiar
2.	mittēris	capiēris
3.	mittētur	capiētur
複.1.	mittēmur	capiēmur
2.	mittēminī	capiēminī
3.	mittentur	capientur

§525. 完了，過去完了，未來完了

		完了	過去完了	未來完了
單.1.	amātus, -a, -um ⎫	sum	eram	erō
2.	amātus, -a, -um ⎬ +	es	erās	eris
3.	amātus, -a, -um ⎭	est	erat	erit
複.1.	amātī, -ae, -a ⎫	sumus	erāmus	erimus
2.	amātī, -ae, -a ⎬ +	estis	erātis	eritis
3.	amātī, -ae, -a ⎭	sunt	erant	erunt

接　續　法

§526. 現在

單.1.	1 amer	2 videar	4 audiar
2.	amēris, -re	videāris, -re	audiāris, -re
3.	amētur	videātur	audiātur
複.1.	amēmur	videāmur	audiāmur
2.	amēminī	videāminī	audiāminī
3.	amentur	videantur	audiantur

單.1.	3 mittar	3 b capiar

V. 動詞の變化

	2.	mittāris, -re	capiāris, -re
	3.	mittātur	capiātur
複.1.		mittāmur	capiāmur
	2.	mittāminī	capiāminī
	3.	mittantur	capiantur

§527. 未完了過去

單.1.	1 amārer	2 vidērer	4 audīrer
2.	amārēris	vidērēris	audīrēris
3.	amārētur	vidērētur	audīrētur
複.1.	amārēmur	vidērēmur	audīrēmur
2.	amārēminī	vidērēminī	audīrēminī
3.	amārentur	vidērentur	audīrentur

單.1.	3 mitterer	3b caperer
2.	mitterēris	caperēris
3.	mitterētur	caperētur
複.1.	mitterēmur	caperēmur
2.	mitterēminī	caperēminī
3.	mitterentur	caperentur

§528. 完了, 過去完了

		完　了	過去完了
單.1.	amātus, -a, -um ⎫	sim	essem
2.	amātus, -a, -um ⎬	sīs	essēs
3.	amātus, -a, -um ⎭	sit	esset
複.1.	amātī, -ae, -a ⎫	sīmus	essēmus
2.	amātī, -ae, -a ⎬	sītis	essētis
3.	amātī, -ae, -a ⎭	sint	essent

§529. 命　令　法

　現在：單.2.　　1 amāre　　　2 vidēre　　　4 audīre

複.2.	amāminī	vidēminī	audīminī
未來：單.2.	amātor	vidētor	audītor
3.	amātor	vidētor	audītor
複.3.	amantor	videntor	audiuntor
現在：單.2.	3 mittere	3 b capere	
複.2.	mittiminī	capiminī	
未來：單.2.	mittitor	capitor	
3.	mittitor	capitor	
複.3.	mittuntor	capiuntor	

§530. 不定法

現在：	1 amārī	2 vidērī	4 audīrī
完了：	amātum,	vīsum,	audītum,
	-am, -um esse	-am, -um esse	-am, -um esse
未來：	amātum īrī	vīsum īrī	audītum īrī
現在：	3 mittī	3 b capī	
完了：	missum,	captum,	
	-am, -um esse	-am, -um esse	
未來：	missum īrī	captum īrī	

§531. 分　　詞

完了：	1 amātus,	2 vīsus,	4 audītus,
	-a, um	-a, -um	-a, -um
完了：	3 missus,	3 b captus,	
	-a, -um	-a, -um	

§532. Gerundium

主：　1 ——　　2 ——　　4 ——

V. 動詞の變化

對：	amandum	habendum	veniendum
屬：	amandī	habendī	veniendī
與：	amandō	habendō	veniendō
從：	amandō	habendō	veniendō
主：	3 ——	3 b ——	
對：	mittendum	capiendum	
屬：	mittendī	capiendī	
與：	mittendō	capiendō	
從：	mittendō	capiendō	

§ 533. Gerundīvum

1 amandus　2 habendus　3 { mittendus　4 veniendus
　　　　　　　　　　　　　 capiendus

（變化は第一・第二變化の形容詞に同じ）

§ 534. Supīnum

對 ：	1 amātum	2 habitum		4 ventum
與,從：	amātū	habitū		ventū
對 ：	3 missum	3 b captum		
與,從：	missū	captū		

不規則動詞

§ 535. sum 存在する，である

基本形

sum, esse, fuī, futūrus

直說法　　　　　　　　**接續法**

現　在

	單	複	單	複
1.	sum	sumus	sim	sīmus

	單	複	單	複
2.	es	estis	sīs	sītis
3.	est	sunt	sit	sint

未完了過去

	單	複	單	複
1.	eram	erāmus	essem	essēmus
2.	erās	erātis	essēs	essētis
3.	erat	erant	esset	essent

未　來

	單	複
1.	erō	erimus
2.	eris	eritis
3.	erit	erunt

完　了

	單	複	單	複
1.	fuī	fuimus	fuerim	fuerimus
2.	fuistī	fuistis	fueris	fueritis
3.	fuit	fuērunt	fuerit	fuerint

過去完了

	單	複	單	複
1.	fueram	fuerāmus	fuissem	fuissēmus
2.	fuerās	fuerātis	fuissēs	fuissētis
3.	fuerat	fuerant	fuisset	fuissent

未來完了

	單	複
1.	fuerō 、	fuerimus
2.	fueris	fueritis
3.	fuerit	fuerint

命令法　　　單　　複

現在： 2.　es　　este

未來： 2. estō   estōte
　　　 3. estō   suntō
不定法 現在： esse　完了： fuisse
　　　 未來： futūrum, -am, -um　　esse 又は fore
分　詞 現在： (-sēns), (ēns)
　　　 未來： futūrus, -a, -um

§536. possum 出來る

基 本 形

possum, posse, potuī, ──

　　　　直 說 法　　　　　　接 續 法
　　　　　單　　　複　　　　單　　　複
現　在： 1. possum　possumus　　possim　possīmus
　　　　 2. potes　　potestis　　　possīs　　possītis
　　　　 3. potest　possunt　　　possit　　possint
未完了過去： poteram以下 poterāmus以下 possem以下 possēmus以下
未　　來： poterō　 〃 poterimus 〃　──　　　──
完　　了： potuī　　 〃 potuimus 〃　potuerim 〃 potuerimus 〃
過去完了： potueram 〃 potuerāmus 〃 potuissem 〃 potuissēmus 〃
未來完了： potuerō 〃 potuerimus 〃　──　　　──

不定法 現在： posse　完了： potuisse
分　詞 (現在： potēns 形容詞)

§537. dō 與える

基 本 形

dō, dare, dedī, datum

　　能動形　　　　　　　受動形
　　　　　直 說 法
　　　　單　　　複　　　　單　　　複
現　在： 1. dō　　　damus　　　　──　　　damur
　　　　 2. dās　　　datis　　　daris(-re)　daminī

	3.	dat	dant	datur	dantur
未完了過去：		dabam	以下	dabar	以下
未　　來：		dabō	〃	dabor	〃
完　　了：		dedī	〃	datus sum	〃
過去完了：		dederam	〃	datus eram	〃
未來完了：		dederō	〃	datus erō	〃

接　續　法

現　　在：	dem, dēs, det 以下	—, dēris(-re), dētur 以下
未完了過去：	darem 〃	darer 〃
完　　了：	dederim 〃	datus sim 〃
過去完了：	dedissem 〃	datus essem 〃

命　令　法

	單	複	單	複
現在：2.	dā	date	dare	daminī
未來：2.	datō	datōte	dator	—
3.	datō	dantō	dator	dantor

不定法	現在：	dare	darī
	完了：	dedisse	datum, -am, -um esse
	未來：	datūrum, -am, -um esse	datum īrī
分詞	現在：	dāns	完了： datus, -a, -um
	未來：	datūrus, -a, -um	gerundivum: dandus

§538.　eō 行く

基　本　形

eō, īre, iī(īvī), itum

直　說　法		接　續　法	
現　　在：單	複	單	複
1. eō	īmus	eam	eāmus
2. īs	ītis	eās	eātis
3. it	eunt	eat	eant

V. 動詞の變化

未完了過去：	ībam	以下	īrem	以下
未　　來：	ībō, ībis	〃	———	〃
完　　了：	iī(īvī)	〃	ierim(īverim)	〃
過去完了：	ieram(īveram)	〃	īssem(īvissem)	〃
未來完了：	ierō(īverō)	〃	———	〃

命令法　　　　單　　　複

現在： 2.　ī　　　īte
未來： 2.　ītō　　ītōte
　　　 3.　ītō　　euntō

不定法　現在： īre　　完了： īsse (īvisse)
　　　　未來： itūrum, -am, -um esse
分　詞　現在： iēns　　屬： euntis　　完了： ———
　　　　未來： itūrus, -a, -um　Gerundium： eundum 以下

§539. volō 欲する, nōlō 欲せぬ, mālō 更に欲する

基本形　　volō, velle, voluī
　　　　　nōlō, nōlle, nōluī
　　　　　mālō, mālle, māluī

直　說　法

現在：單.1.	volō	nōlō	mālō
2.	vīs	nōn vīs	māvīs
3.	vult	nōn vult	māvult
複.1.	volumus	nōlumus	mālumus
2.	vultis	nōn vultis	māvultis
3.	volunt	nōlunt	mālunt
未完了過去：	volēbam 以下	nōlēbam 〃	mālēbam 〃
未　　來：	volam, volēs 〃	nōlam, nōlēs 〃	mālam, mālēs 〃
完　　了：	voluī 〃	nōluī 〃	māluī 〃
過去完了：	volueram 〃	nōlueram 〃	mālueram

未來完了： voluerō　〃　nōluerō　〃　māluerō

接　續　法

現　　在：單.1. velim　　　　nōlim　　　　mālim
　　　　　　2. velīs　　　　nōlīs　　　　mālīs
　　　　　　3. velit　　　　nōlit　　　　mālit
　　　　複.1. velīmus　　　nōlīmus　　　mālīmus
　　　　　　2. velītis　　　nōlītis　　　mālītis
　　　　　　3. velint　　　nōlint　　　 mālint
未完了過去：單.1. vellem　　　nōllem　　　māllem
　　　　　　2. vellēs　　　 nōllēs　　　 māllēs
　　　　　　3. vellet　　　 nōllet　　　 māllet
　　　　複.1. vellēmus　　 nōllēmus　　 māllēmus
　　　　　　2. vellētis　　 nōllētis　　 māllētis
　　　　　　3. vellent　　　nōllent　　　māllent
完　　了：　　voluerim　　 nōluerim　　 māluerim
過 去 完 了：　voluissem　　nōluissem　　māluissem
命令法　　──　　2. nōlī, nōlīte　　　──
　　　　　──　　2. nōlītō, nōlītōte　　──
　　　　　──　　3. nōlītō, nōluntō　　──
不定法　現在：velle　　　nōlle　　　　mālle
　　　　完了：voluisse　　nōluisse　　 māluisse
分　詞　現在：volēns　　　nōlēns　　　　──

§540. ferō 運ぶ，edō 食う，fīō …になる

註 (1) は複合動詞のみにみえる形，(2) は想定の語形.

　　　基 本 形　　　ferō, ferre, tulī, lātum
　　　　　　　　　　edō, ēsse(edere), ēdī, ēsum
　　　　　　　　　　fīō, fierī, factus sum を代用

直説法　　　能動相　　受動相
　現　在：單.1. ferō　　feror　　edō　　　fīō

	2.	fers	ferris(-re)	ēs⁽¹⁾(edis)	fīs
	3.	fert	fertur	ēst(edit)	fit
複.	1.	ferimus	ferimur	edimus	fīmus⁽²⁾
	2.	fertis	feriminī	ēstis(editis)	fītis⁽²⁾
	3.	ferunt	feruntur	edunt	fiunt
未完了過去：		ferēbam	ferēbar	edēbam	fīēbam
未　　來：		feram	ferar	edam, edēs	fīam, fīēs
完　　了：		tulī	lātus sum	ēdī	factus sum
過去完了：		tuleram	lātus eram	ēderam	factus eram
未來完了：		tulerō	lātus erō	ēderō	factus erō

接　續　法

現　　在：		feram	ferar	edim(edam)	fīam
未完了過去：		ferrem	ferrer	essem (ederem)	fierem
完　　了：		tulerim	lātus sim	ēderim	factus sim
過去完了：		tulissem	lātus essem	ēdissem	factus essem

命　令　法

現　在：單.	2.	fer	ferre	ēs (ede)	fī
複.	2.	ferte	feriminī	ēste (edite)	fīte
未　來：單.	2.	fertō	fertor	ēstō (editō)	fītō⁽²⁾
	3.	fertō	fertor	ēstō(editō)	──
複.	2.	fertōte		ēstōte(editōte)	──
	3.	feruntō	feruntor	eduntō	──
不定法 現在：		ferre	ferrī	esse(edere)	fierī
完了：		tulisse	lātum esse	ēdisse	factum esse
未來：		lātūrum esse	lātum īrī	ēsūrum esse	factum īrī
分　詞 現在：		ferēns, -entis		(edēns)	──
完了：		lātus, -a, -um		──	──
未來：		lātūrus, -a, -um		ēsūrus, -a, -um	──

gerundivum : ferendum edendum ——

§541. queō …できる, nequeō …出來ない

queō

	直 説 法		接 續 法	
	單	複	單	複
現　在：1.	queō	——	queam[2]	queāmus
2.	quīs[2]	——	queās	——
3.	quit	queunt	queat	queant
未完了過去：			3. quīret	
完　了：1.	quīvī	——	——	——
2.	——			
3.	quīvit	quīvērunt	quīverit	——
		(-ēre)		
過去完了：	——	——	3. quīvissent	

分　詞　現在： quiēns (queuntis 以下)

不定法　現在： quīre　　完了： quīvisse

nequeō

	直 説 法		接 續 法	
	單	複	單	複
現　在：1.	nequeō	——	nequeam	nequeāmus
2.	(nōn quīs)[2]	nequītis[2]	nequeās	——
3.	nequit	nequeunt	(nōn queat)	nequeant
未完了過去：1.	——	——	nequīrem[2]	
2.	——	——		
3.	nequībat	nequībant	nequīret	nequīrent
完　了：1.	nequīvī[2]	nequīvimus[2]	nequīverim	——
2.	nequīstī[2]	——		
3.	{nequīvit[2]	nequīvērunt	nequīverit	nequīverint
	{nequiit	nequiēre		

過去完了：3. {nequīverat nequīverant nequīvisset[2]
              nequierat[2] nequierant nequīsset nequīssent
不定法 現在： nequīre
       完了： nequīvisse 又は nequisse
分 詞 現在： 單. nequiēns[2] (nequeuntis 以下)

§ 542. **āiō** いふ, **inquam** いふ.

直 説 法

		單	複	單	複
現 在：	1.	āiō	——	inquam	inquimus
	2.	ais	——	inquis	——
	3.	ait	āiunt	inquit	inquiunt
未完了過去：	1.	āiēbam	āiēbāmus	——	
	2.	āiēbās	āiēbātis	——	
	3.	āiēbat	āiēbant	inquiēbat	
未　　來：	2.			inquiēs	
	3.			inquiet	
完　　了：	2.	——		inquīsti	
	3.	ait		inquit	

接 續 法

現　在：單.3. āiat

§ 543. **fātur** いふ.

直 説 法

現　　在：單.3. fātur
未　　來：單.1. fābor　　3. fābitur
完　　了：單.3. fātus est
過去完了：單.1. fātus eram　3. fātus erat
命令法　　fāre　　不定法. 現在　　fārī
分 詞　現在 fantī,[2] fantem[2]　　完了　fātus

註　§541, 542, 543 において (2) は古典に一度しかみられない形.

主要動詞基本形表

以下の表には amō(1), moneō(2), statuō(3), audiō(4), arbitror(1) の如き規則的に基本形を形づくる動詞は記載されていない。變化表（§510以下）を參照されたい。

尙，-uō に終る動詞（solvō, volvō とも）の基本形は通則として次の如くである。

stat-uō(3), stat-uere, stat-uī, stat-ūtum

前置詞や前綴の附加による複合動詞は，特殊な語例以外は記載されていないから，末項注意を參照して各原單動詞の變化から推知されたい．

ab-oleō	abolēre	abolēvī	abolitum	廢する
ac-cendō	accendere	accendī	accēnsum	點火する
ad-olēscō	adolēscere	adolēvī	adultum	成長する
a-gnōscō	agnōscere	agnōvī	agnitum	知る
agō×	agere	ēgī	āctum	爲る
alō	alere	aluī	altum	育てる
am-iciō	amicīre	amicuī(-xī)	amictum	包む
ap-eriō	aperīre	aperuī	apertum	開く
arcessō	arcessere	arcessīvī	arcessītum	召喚する
ārdeō	ārdēre	ārsī	(ārsūrus)	燃える
audeō	audēre	ausus sum		敢てする
augeō	augēre	auxī	auctum	增す
bibō	bibere	bibī	——	飮む
cadō×	cadere	cecidī*	cāsum	落ちる
caedō¹	caedere	cecīdī*	caesum	切る
canō×	canere	cecinī²	——	歌う
capessō	capessere	capessīvī	capessītum	摑える
capiō×	capere	cēpī	captum	捉える
carpō××	carpere	carpsī××	carptum××	摘む
caveō	cavēre	cāvī	cautum	用心する
cēdō	cēdere	cessī	cessum	讓る

cēnseō	cēnsēre	cēnsuī	cēnsum	評する
cernō	cernere	crēvī	crētum	見分ける
cieō	ciēre	cīvī	citum	動かす
cingō	cingere	cīnxī	cīnctum	締める
-ciō	-cīre	-cīvī (-ciī)	-citum	<cieō
claudō³	claudere	clausī	clausum	閉じる
cōgō(<agō)	cōgere	coēgī	coāctum	強いる
colō	colere	coluī	cultum	耕す
cōn-sulō	cōnsulere	cōnsuluī	cōnsultum	謀る
coquō	coquere	coxī	coctum	煮る
crēdō	crēdere	crēdidī	crēditum	信ずる
crepō	crepāre	crepuī	crepitum	響く
crēscō	crēscere	crēvī	crētum	増す
cubō	cubāre	cubuī	cubitum	横になる
cūdō	cūdere	cūdī	cūsum	叩く
-cumbō	-cumbere	-cubuī	-cubitum	<cubō
cupiō	cupere	cupīvī	cupītum	欲する
currō	currere	cucurrī*	cursum	走る
dēleō	dēlēre	dēlēvī	dēlētum	破壊する
dīcō	dīcere	dīxī	dictum	言う
discō	discere	didicī	——	學ぶ
dīvidō	dīvidere	dīvīsī	dīvīsum	分つ
dō	dare	dedī	datum	與える
-dō⁴	-dere	-didī	-ditum	<dō
doceō	docēre	docuī	doctum	敎える
domō	domāre	domuī	domitum	馴らす
dūcō	dūcere	dūxī	ductum	導く
edō	ēsse	ēdī	ēsum	食う
ē-liciō	ēlicere	ēlicuī	ēlicitum	誘い出す

emō×	emere	ēmī⁵	ēmptum	買う
ē-mungō	ēmungere	ēmūnxī	ēmūnctum	鼻をかむ
ē-necō	ēnecāre	ēnecuī	ēnectum	殺す
eō	īre	iī (īvī)	(itūrus)	行く
facessō	facessere	facessī	facessītum	成就する
faciō×	facere	fēcī	factum××	作る
fallō××	fallere	fefellī*	falsum	欺く
farciō××	farcīre	farsī	fartum	滿たす
fateor×	fatērī	fassus sum××		告白する
faveō	favēre	fāvī	fau(s)tum	惠む
-fendō	-fendere	-fendī	-fēnsum	擊つ, 護る
ferō	ferre	(te-)tulī	lātum	運ぶ
ferveō	fervēre	ferbuī	———	熱する
fīdō	fīdere	fīsus sum		信賴する
fīgō	fīgere	fīxī	fīxum	固定する
findō	findere	fidī	fissum	裂く
fingō	fingere	fīnxī	fictum	造る
fīō	fierī	factus sum		なる
flectō	flectere	flexī	flexum	曲げる
fleō	flēre	flēvī	flētum	泣く
-flīgō	-flīgere	-flīxī	flīctum	突合わす
fluō	fluere	flūxī	(flūxus)	流れる
fodiō	fodere	fōdī	fossum	掘る
foveō	fovēre	fōvī	fōtum	撫育する
frangō×	frangere	frēgī	frāctum	破る
fricō	fricāre	fricuī	frictum	摩擦する
fruor	fruī	frūctus sum		享受する
fugiō	fugere	fūgī	fugitum	逃げる
fulciō	fulcīre	fulsī	fultum	支える

V. 動詞の變化

fulgeō	fulgēre	fulsī	——	輝く
fundō	fundere	fūdī	fūsum	注ぐ
fungor	fungī	fūnctus sum		果す
gaudeō	gaudēre	gāvīsus sum		悦ぶ
gemō	gemere	gemuī	gemitum	嘆息する
gerō	gerere	gessī	gestum	運ぶ
gignō	gignere	genuī	genitum	生む
gradior××	gradī	gressus sum		歩む
haereō	haerēre	haesī	(haesūrus)	密着する
hauriō	haurīre	hausī	haustum	飲盡す
in-cessō	incessere	incessī	——	攻擊する
ind-ulgeō	indulgēre	indulsī	indultum	耽る
iaciō×	iacere	iēcī	iactum××	投げる
iubeō	iubēre	iussī	iussum	命ずる
iungō	iungere	iūnxī	iūnctum	結ぶ
iuvō	iuvāre	iūvī	iūtum	助ける
lābor	lābī	lāpsus sum		滑る
lacessō	lacessere	laccessīvī(-iī)	lacessītum	刺戟する
laedō[1]	laedere	laesī	laesum	傷つく, 打つ
lavō	lavāre	lāvī	lautum (lōtum)	洗う
legō×	legere	lēgī[6]	lēctum	集める
linō	linere	lēvī (līvī)	litum	塗る
linquō	linquere	līquī	(-lictum)	殘る
liqueō	liquēre	licuī	——	融け漂う
loquor	loquī	locūtus sum		話す
lūceō	lūcēre	lūxī	——	輝く
lūdō	lūdere	lūsī	lūsum	遊ぶ
lūgeō	lūgēre	lūxī	lūctum	悲しむ
mandō	mandere	mandī	mānsum	噛む

V. 動詞の變化

maneō	manēre	mānsī	mānsum	留まる
mergō	mergere	mersī	mersum	浸す
mētior	mētīrī	mēnsus sum		量る
metō	metere	messuī	messum	收穫する
micō	micāre	micuī	——	閃く
misceō	miscēre	miscuī	mixtum	混ずる
mittō	mittere	mīsī	missum	送る
mordeō	mordēre	momordī	morsum	嚙む
morior	morī	mortuus sum		死ぬ
moveō	movēre	mōvī	mōtum	動かす
mulceō	mulcēre	mulsī	mulsum	宥める
mulgeō	mulgēre	mulxī, (mulsī)	mulctum (mulsum)	乳搾る
nanciscor	nanciscī	nactus sum		獲得する
nāscor	nāscī	nātus sum		生れる
nectō	nectere	nexuī(nexī)	nexum	結ぶ
neō	nēre	nēvī	nētum	紡ぐ
nītor	nītī	nīxus (nīsus) sum		倚る
nōlō	nōlle	nōluī	——	欲しない
nōscō[12]	nōscere	nōvī	nōtum	知る
nūbō	nūbere	nūpsī	nuptum	結婚する
ob-līviscor	oblīviscī	oblītus sum		忘れる
oc-culō	occulere	occuluī	occultum	隱す
oleō	olēre	oluī	——	匂う
op-eriō	operīre	operuī	opertum	覆う
ōrdior	ōrdīrī	ōrsus sum		始める
orior	orīrī	ortus sum	(oritūrus)	昇る
paciscor	paciscī	pāctus sum		約定する
pandō	pandere	pandī	pānsum (passum)	擴げる

pangō×	pangere	pepigī7	pāctum	定める
parcō××	parcere	pepercī (parsī)	(parsūrus)	宥す
pariō8××	parere	peperī*	partum××	生む
pāscō	pāscere	pāvī	pāstum	養う
patior××	patī	passus×× sum		蒙る
paveō	pavēre	pāvī	——	恐れる
pectō	pectere	pexī	pexum	梳る
pel-liciō	pellicere	pellēxī	pellectum	誘う
pellō	pellere	pepulī*	pulsum	推す
pendeō	pendēre	pependī*	——	掛る
pendō	pendere	pependī*	pēnsum	掛ける
per-cellō	percellere	perculī	perculsum	打つ
petō	petere	petīvī	petītum	求める
pingō	pingere	pīnxī	pictum	彩色する
plangō	plangere	plānxī	plānctum	打つ
plaudō	plaudere	plausī	plausum	拍つ
-pleō	-plēre	-plēvī	-plētum	滿す
pōnō	pōnere	posuī	positum	置く
poscō	poscere	poposcī	——	要求する
possum	posse	potuī	——	能う
prandeō	prandēre	prandī	prānsum	食事する
pre-hendō	prehendere	prehendī	prehēnsum	擱む
premō×	premere	pressī	pressum	押す
pro-ficīscor	proficīscī	profectus sum		出發する
pungō	pungere	pupugī	pūnctum	刺す
quaerō	quaerere	quaesīvī	quaesītum	尋ねる
quatiō9	quatere	-cussī	quassum	振る
queror	querī	questus sum		かこつ

quiēscō	quiēscere	quiēvī	quiētum	休息する
rādō	rādere	rāsī	rāsum	剃る
rapiō×	rapere	rapuī×	raptum××	奪う
regō×10	regere	rēxī	rēctum	支配する
reor	rērī	ratus sum		考える
re-pellō	repellere	reppulī	repulsum	退ける
rēpō	rēpere	rēpsī	——	這う
re-periō	reperīre	repperī	repertum	見出す
re-tundō	retundere	rettudī	retūnsum (retūsum)	鈍くする
rīdeo	rīdēre	rīsī	rīsum	笑う
rōdō	rōdere	rōsī	rōsum	齧る
rumpō	rumpere	rūpī	ruptum	破れる
ruō	ruere	ruī	rutum (ruitūrus)	倒れる
saepiō	saepīre	saepsī	saeptum	圍う
saliō×	salīre	saluī×	——	跳ぶ
sanciō	sancīre	sānxī	sānctum	崇む
sapiō×	sapere	sapuī	——	辨える
sarciō	sarcīre	sarsī	sartum	補綴する
scandō××	scandere	scandī××	scānsum××	登る
scindō	scindere	scidī	scissum	引裂く
scīscō	scīscere	scīvī	scītum	決定する
scrībō	scrībere	scrīpsī	scrīptum	書く
sculpō	sculpere	sculpsī	sculptum	刻む
secō	secāre	secuī	sectum	切る
sedeō×	sedēre	sēdī	sessum	坐る
sentiō	sentīre	sēnsī	sēnsum	感ずる
se-peliō	sepelīre	sepelīvī	sepultum	埋める

V. 動詞の變化

sequor	sequī	secūtus sum		從う
serō	serere	seruī	sertum	綴る
serō	serere	sēvī	satum˟	蒔く
serpō	serpere	serpsī	——	這う
sinō	sinere	sīvī	situm	許す
sistō	sistere	stitī	statum	立つ
soleō	solēre	solitus sum		慣れる
sonō	sonāre	sonuī	sonitum	音がする
spargō˟˟	spargere	sparsī˟˟	sparsum˟˟	散らす
spernō	spernere	sprēvī	sprētum	侮る
-spiciō	-spicere	-spēxī	-spectum	觀る
spondeō	spondēre	spopondī*	spōnsum	誓約する
sternō	sternere	strāvī	strātum	敷く
stō	stāre	stetī	statum	立つ
strepō	strepere	strepuī	——	音をたてす
stringō	stringere	strīnxī	strictum	緊る
struō	struere	strūxī	strūctum	積む
suādeō	suādēre	suāsī	suāsum	説き付ける
suēscō	suēscere	suēvī	suētum	…を常とする
sum	esse	fuī	(futūrus)	ある
tangō˟	tangere	tetigī*	tāctum	觸れる
tegō	tegere	tēxī	tēctum	覆う
temnō	temnere	-tempsī	-temptum	輕蔑する
tendō	tendere	tetendī*	tentum	擴げる
teneō˟	tenēre	tenuī˟	tentum	保持する
tergeō	tergēre	tersī	tersum	拭く
terō	terere	trīvī	trītum	摩擦する
texō	texere	texuī	textum	織る
tingō	tingere	tīnxī	tinctum	浸す

V. 動詞の變化

tollō	tollere	sustulī[11]	sublātum[11]	擧げる
tondeō	tondēre	totondī	tōnsum	剪る
tonō	tonāre	tonuī	——	雷鳴する
torqueō	torquēre	torsī	tortum	捩る
torreō	torrēre	torruī	tostum	焦がす
trahō	trahere	trāxī	tractum	曳く
tremō	tremere	tremuī	——	震ら
trūdō	trūdere	trūsī	trūsum	衝く
tueor	tuērī	tuitus sum		守る
tundō	tundere	tutudī*	tūnsum	撞く
turgeō	turgēre	tursī	——	脹れる
ulciscor	ulciscī	ultus sum		復讐する
ungō	ungere	ūnxī	ūnctum	油を塗る
urgeō	urgēre	ursī	——	勵ます
ūrō	ūrere	ussī	ūstum	燃やす
ūtor	ūtī	ūsus sum		用ら
vādō	vādere	-vāsī	——	行く
vehō	vehere	vēxī	vectum	運ぶ
vellō	vellere	vellī	vulsum	引拔く
veniō	venīre	vēnī	ventum	來る
verrō	verrere	verrī(versī)	versum	掃く
vertō	vertere	vertī	versum	轉ずる
vetō	vetāre	vetuī	vetitum	禁ずる
videō	vidēre	vīdī	vīsum	見る
vinciō	vincīre	vīnxī	vinctum	縛る
vincō	vincere	vīcī	victum	征服する
vīsō	vīsere	vīsī	——	訪問する
vīvō	vīvere	vīxī	victum	生活する
volō	velle	voluī	——	欲する

vomō	vomere	vomuī	vomitum	吐く
voveō	vovēre	vōvī	vōtum	誓う

○複合動詞形成の際，母音の合音，子音の同化が行われることがある．例へば

 con-agō＞cōgō； dē-emō＞dēmō； con-emō＞cōmō.
 au-ferō, abstulī, ablātum；dif-ferō, distulī, dīlātum.

○また複合動詞では原動詞の幹母音の弱化がしばしば見られる．即ち上表中

 × を附した動詞の複合形では 幹母音＞i：
           例 ad-emō＞adimō
 ××   〃   幹母音＞e：
           例 ad-spargō＞aspergō
 ＊   〃   完了形で概ね重節を省く
           例 cadō：cecidī に對して oc-cidī.

 - を附した形は複合動詞のみにみられるもの．

 ( ) は過去分詞幹では supīnum を有せざるものの代用形, 他は別形を示す．

 1 複合動詞では各形とも ae＞ī
 2 〃 完了形は -cinuī
 3 〃 各形とも au＞ū
 4 〃 dō (與う) と dhē (置く) の二系統がある．
 5 〃 完了形は多く -mpsī 例 cōmō, cōmpsī
 6 〃 dī-ligō, intel-legō, neg-legō では完了形は -lēxī
 7 〃 完了形は多く -pēgī
 8 〃 (4) に移行, reperiō は其項をみよ．
 9 〃 qua＞cu
 10 〃 surgō (sub-), pergō (per-) では完了形は sur-rēxī, etc となる．
 11 suf-ferō より補充．
 12 ad-, con- は agnōscō, cōgnōscō となる．ag- の項をみよ．

語　　彙

○以下の語彙は主として練習問題中の單語を對象とし，羅一和の部分においては本文中の語例，文例をも考慮した．但し文法用語は省略した．

○羅一和において
1) 譯は主として文中の用例をあげたが本義も考慮した．
2) 複合語は（殊に前綴をもつもの）語義の理解に便利と思われる場合には (-) を挿入してその構成を示した．複合動詞の基本形については，原動詞のそれを前表により調べ，勘考されたい．
3) 動詞については，規則動詞は (1)(2)(3)(4) によって所屬變化型を示し，不規則變化動詞は參照すべき個所を § によって示した．( ) 内は別形，若くは原形を示す．名詞については，屬格と共に *m.f.n.* によって各性を示し，形容詞その他で名詞化されたものは〔名〕として區別した．
　　形容詞は，各性の主・單・を（特殊の場合は屬格をも）示した．
　　名詞，動詞，形容詞以外の各品詞については〔　〕によって文法的説明を加えた．
4) 語彙中に用いた外國語略號は次の如くである．
　　nom.（主格）　　*acc.*（對格）　　*gen.*（屬格）　　*dat.*（與格）
　　abl.（從格）　　*loc.*（位格）　　*m.*（男性名詞）　*f.*（女性名詞）
　　n.（中性名詞）　*sg.*（單數）　　*pl.*（複數）　　*impers.*（非人稱動詞）
　　dep.（形式所相動詞）　*semidep.*（半形式所相動詞）　　　　*ind.*（直説法）　　　*conj.*（接續法）　　　　*inf.*（不定法）
　　　　c. …と共に，…をとる　　　　*s. seu,* 'あるいは，または'
　例　*c. dat.* '與格をとる'　　　　　*v.* '…を見よ，…から出ている'
　　　　× 主要動詞基本形表を見よ．

羅――和

A

ab (ā, abs) [前] *c. abl.*
　～より，～から（時間，空間，原因，關係）
　～のために，～により（行爲者）§217
ab-eō　立去る　*v.* eō.
ab-hinc [副] 今から以前
ab-horreō (2) *c. abl.*
　隔る，相容れない，敵對する
abs-cēdō (3) 遠ざかる，出掛ける
ab-solvō (3) 解放する，赦す
abs-trahō (3) ひき離す
ab-sum 不在である，離れている §170 ＋ut～ ～より遠い，～どころではない
ab-surdus, a, um 不合理な，不快な
ab-undō (1) *c. abl.*
　～に富む，～で滿ちる
ab-ūtor (3), *dep.* 消耗する，使い古す
āc [接] atque を見よ
ac-cēdō (3) (ad-) 近づく，加わる　accedit ut～ 加るに
ac-cidō (3) (*v.* cadō) 到達する ac-cidit＋*dat. inf.* または ut～ ～が起る §417

ac-cipiō (3) (*v.* capiō) 受取る，迎える
ac-currō (3) 走りよる
ac-cūsō (1) (*v.* causō) *c. gen.* 訴える de＋*abl.* ～のかどで訴える §220
ācer, ācris, ācre 鋭い，烈しい
acerbus, a, um 熟してない，にがい，つらい
aciēs, -ēī. *f.* 光，視線，尖端，戰列
ac-quiēscō (ad-) (3) 靜まる，休む；*c. abl.*, ～で滿足する
āctiō, -ōnis. *f.* 行爲，訴訟
āctus　agō の *p. p. p.*
acuō (3) 研ぐ
ad [前] *c. acc.*
　へ向って（方向，目的）ころ（時）のために（關係）§325
ad-dīcō (3) 賛成する，献ずる，競賣に出す
ad-dūcō (3) 導く
ad-dō (3) 加える
ad-eō [副] それほど *c.* ut.
　～くらいに．§ 414
ad-eō 赴く，訪れる
ad-ferō (3) 齎す，生み出す
ad-gregō (1) 結合する，集める
ad-hibeō (2) 應用する，適用す

語彙（羅――和）

る，つける
ad-igō (3) (*v.* agō) おしやる
aditus, -ūs. *m.* 到達，ゆくこと
adiūtrīx, -īcis. *f.* 援助者(女の)
ad-iuvō (1) 援助する
admīrātiō, -ōnis. *f.* 嘆賞，嘆美
ad-mīror (1) *dep.* 驚嘆する，訝む 「る
ad-mittō (3) 〜に送る，承認す
admodum ［副］ 十分に，ずいぶん 「［名］ 青年
adolēscēns, -centis ［形］ 若い
ad-stō (1) 傍に立つ
ad-sum 現在いる，侍る，出席している
adulēscēns＝adolēscēns
adulor[1] 阿諛する
ad-veniō (4) 到着する，赴く
adventus, -tūs. *m.* 到來
adversus, (adversum) ［前，副］ ＋*acc.* 〜に向って，逆に
adversus, a, um 向う，逆の
ad-vertō (3) 向ける
aedificō (1) 建てる
aedēs, -is. *f.* 社，*pl.* 家
Aeduus (Haeduus). *m.* (ガリアの一種族名)
aeger, -gra, -grum 病める，苦しい，つらい
aegritūdō, -inis. *f.* 苦しみ，病
aequālis, e *c. dat.* …と同じい，等しい，同年輩の

aequor, -oris. *n.* 海原
aequus, a, um 等しい，靜かな，公正な
aestās, -ātis. *f.* 夏，暖氣
aestimō (1) 評價する，見積もる §145
aestīvus, a, um 暑い，暖い
aetās, -atis. *f.* 年齡，一生
aeternitās -ātis. *f.* 永遠 「の
aeternus, a, um 永遠の，不斷
　in aeternum ［副］ 永遠に
aevum, -ī. *n.* 時，生涯，世紀
af-fīnis (ad-), e *c. dat* 隣の；に同盟せる
af-fluō (ad-) (3) 溢れる
Āfricānus, -ī. *m.* (アフリカの征服者，スキピオの稱號)
ager, agrī. *m.* 畑
agō (3)× 爲す，追う，訴える
agricola, -ae. *m.* 農夫
aiō 云う，肯う §471
　ut ait 曰く
alacer, cris, cre 輕快な，活
albus, a, um 白い 「潑な
Alcibiadēs, -is. *m.* (アテナイの政治家名) 「＝アの王)
Alexander, -drī, *m.* (マケド
aliēnus, a, um 他の，異る，快からぬ *c. dat.* §348
aliquandō ［副］ かつて，何時か 「或人
aliquis ［不定代］ 誰かしら，

aliter［副］他に
　aliter～, aliter～ ～と～と
　は別である §359
alius, a, ud ［代形］他の，ち
　がった §359
　aliī～, aliī～ 或者は～,
　或者は～. aliī aliōs お互
　がお互同志を
al-liciō (ad-) (3) 魅する，引き
　よせる
almus, a, um 育む，慈愛深い
alō (3)× 養い育てる
alter, altera, alterum ［代形］
　（二者のうち）他方の §359
altitūdō, -dinis. f. 高さ
altus, a, um 高い，深い
amābilis, e 愛らしい
ambō, ae, ō 兩の §362「える
ā-mēns, -entis 正心なき，狂
amīcitia, -ae. f. 友情
amīcus, a, um, c. dat. に好
　意ある，親しい ［名］友人
amita, -ae. f. （父方の）伯叔母
ā-mittō (3) 放つ，追い出す，捨
　てる
amnis, -is. m. 川，流れ
amō (1) 愛する
amor, -ōris. m. 愛，戀
ampliter ［副］=amplē，十
　分に
amplus, a, um 大なる，廣い，
　十分な

an ［疑問の助詞］～か？ an-
　nē 或は～か？
anas, anatis. f. 家鴨
angō (3)× のどをしめる，苦し
　める 「悶
angor, ōris. m. 胸苦しさ，苦
anima, -ae. f. 空，風，生命，魂
anim-ad-vertō 注意する，氣づ
　く c. acc. inf.
animal, ālis. n. 生物，動物
animālis, e 生ある
animō (1) 活氣づける
animus, -ī. m. 精神，心，勇氣
annālis., e 年の
　［名］m. pl. 年代記
annus, -ī. m. 歳，年
annuus, a, um 一年間の
an-quīrō (3) 探索する，訊ねる
ansa, -ae. f. 把手，機會
ante ［副，前］ c. acc.
　前に（時，處），～より～（關
　係）§325
ante-cellō (3) 優れている，勝
　る c. abl. §222, 9
ante-eō 優れている
ante-cēdō (3) 先に立つ，優れ
　ている
ante-pōnō (3) c. dat. 前に置
　く，より尊重する 「§431
ante-quam ［接］～まえに
anterior, -us ［比］より前の
ante-vertō (3) 先んずる，予測

する，より好む
Anticyra, -ae. *f.* （都市の名）
antīquus, a, um 古い，昔の
ānulus, -ī. *m.* 指輪
anxius, a, um 心配な，氣懸りな *c. gen.*
apis, -is. *f.* 蜜蜂
Apollō, -inis. *m.* （ギリシアの「神名」）
ap-pāreō (ad-) (2) 現われる *impers. c. dat. inf.* 〜こ とは明白である §417
ap-parō (ad) (1) 準備する，企てる
ap-pellō (ad-) (1) 話しかける，名を呼ぶ，名づける
ap-propinquō (1) *c. dat.* 接近する
Aprīlis, e 四月の
aptus, a, um, *c. dat.* 〜に適わしい
apud ［前］ *c. acc.* 〜の許で，〜の所に（場所，家），〜によれば（意見，所說）§325
aqua, -ae. *f.* 水，海
Arabs, -abis. *m.* アラビア人
āra, -ae. *f.* 祭壇
Arar, -aris. *m.* （川名，今日の
arātrum, -ī. *n.* 鋤〔ソーヌ川〕
arbitror (1) *dep.* 思う，判斷する
arbor (arbōs), -oris. *f.* 樹木
arcessō (accersō) (3)× 召喚する §220
arctus (artus), a, um 狹い，密接な，ややこしい
ārdor, -ōris. *m.* 熱，溫み
arcus, -ūs. *m.* 弓
Arganthōnius, -ī. *m.* （タルテソスの王）
argentum, -ī. *n.* 銀，銀貨
arguō (3) 示す，責める，批難する 「人の酋長）
Ariovistus, -ī. *m.* （ゲルマン
Aristophanēs, -is. *m.* （ギリシアの喜劇作家）§477
arma, ōrum. *n. pl.* 武器，軍備，軍勢
ars, artis. *f.* 技術，藝術
artus, -ūs. *m.* 四肢
arx, arcis. *m.* 砦
a-scendō (ad-) (3) *v.* scandō 登る，（舟などに）乘る
a-scrībō (ad-) (3) 書き加える
aspectus (ad-) -ūs. *m.* 眺め，樣相
asper, -era, -erum, 險しい，困難な
asperē ［副］險しく，嚴しく
a-spiciō (ad-) (3) 見る，眺める
as-sentior (ad-) (4) *dep.* 同意する
as-suēscō (ad-) (3) *c. abl.* 〜に慣れる
assuētus (ad-) a, um, *c. abl.*

に慣れた
astrum, -ī. *n.* 星, *pl.* 大空
at [接] 併し, だが
Athēnae, -ārum. *f.* アテナイ
Athēniēnsis, e アテナイの
　　[名] *m.* アテナイ人
Atlanticus (= Atlantiacus) a,
　　um. 大西洋の
at-que (=āc) [接] と, また,
　　更に, より
atrōx, *gen.* -ōcis おそろしい,
　　殘酷な
at-tineō (2) (*v.* teneo) 達す
　　る, 關わる *impers. c. acc.
　　inf.* 〜關する, 重要である
auceps, aucupis. *m.* 鳥補り
auctor, -ōris. *m.* 創始者, 著者
auctōritās, -ātis. *f.* 力, 權威
auctumnus (aut-), -ī. *m.* 秋
audācia, -ae. *f.* 大膽, 圖々しさ
audācter [副] 大膽に
audāx, *gen.* ācis 大膽な
audeō (2)× *semidep. c. inf.*
　　敢て〜する
audiō (4) 聞く, 聽く
Augustus, -ī. *m.* (ローマ皇帝
　　の稱號)
aureus, a, um 金(色)の
aurum, -ī. *n.* 金, 金貨
auscultō (1) 傾聽する, 從ら
ausus (sum)　audeo の *pf.*
aut [接] 或は, さもなくば

aut〜aut 〜か, 或は〜か
autem [接] 一方, また, し
　　かし
auxilium, -ī. *n.* 援助 *pl.* 援軍
avis, -is. *f.* 鳥

B

Bandusia, ae. *f.* (ローマ近郊
　　の泉名)
barbarus, a, um 野蠻な
　　[名] *m.* 蕃人, 夷狄
beātrīx, -īcis. *f.* 祝福する女
　　性　　　　　　　「福な
beātus, a, um 祝福された, 幸
beātē [副] 幸福に
bellātrīx, -īcis. *f.* 戰う女性,
　　戰好きな女
bellō (1)　戰う *c.* cum 〜と
bellum -ī. *n.* 戰
bene [副] (比) melius, (最上)
　　optimē よく
benefactum, -ī. *n.* 親切, 恩
benevolus (beniv-), a, um 親
　　切な, 善意の
bēstia, -ae. *f.* けもの, 野獸
bibō, (3)× 飲む
bīduum, -ī. *n.* 二日間
bīnī, ae, a [數] 二つ宛の, 二
　　倍の
bis [副] 二度, 二倍
blandior (4) *dep.* 愛撫する,
　　甘言を呈する

語彙（羅——和）　253

bland-us, a, um　魅惑的な，やさしい
bonus, a, um, (比) melior, (最上) optimus　よい，優れた　[名] n. よいもの，善　pl. 財産
bōs, bovis m. f.　牛
bracchium (brāch-) -ī. n.　腕
brevis,　短い，簡潔な
breviter [副]　短い
Brūtus, i. m.　（ローマの人名）

C

cadō (3)×　落ちる，倒れる，沒落する
caecus, a, um　盲の，見えない
caelebs, -ibis. m. f.　獨身者
caelestis, e　天上の，神の　[名] m.　天上の神
caelum, -ī, n.　天空
Caesar, -aris. m.　（ローマの政治家）
calamitās, -ātis. f.　災害，不幸
calcar, -āris. n.　拍車
campus, -ī. m.　野原 「輝く
candidus, a, um　白い，白く
canis, -is, m. f.　犬
canō (3)×　歌う
cantō (1)　歌う
cānus, a, um　灰白の，白髮の
capillus, -ī. m.　頭髮 「得る
capiō (3)×　捕える，占領する，

capital, -ālis. n.　破滅，重罪，死
captus, a, um　capiō の p. p. p.　捕まった，いためた，悪い
caput, -itis. n.　頭，首領，主　damnāre capitis　死刑を宣告する §220
careō (2) c. abl.　〜を缺く
cāritās, -ātis. f.　愛，慈愛
carmen, -inis. n.　歌
carō, carnis. f.　肉
cārus, a, um　大切な，可愛い，高價な
castrum, -ī. n.　城塞，pl. 陣營　「災禍，不幸
cāsus, -ūs. m.　沒落，偶然，格
caterva, -ae. f.　群，軍勢
Catilīna, -ae. m.　（キケローが執政官であった頃起った謀叛の主謀者）
Catullus, -ī. m.　（ローマの抒情詩人）
causa, -ae. f.　原因，理由　quae causa est cūr　〜という譯は何か
causā (abl.) c. gen.　〜の爲に §327
caveō (2)× c. nē 又は ut〜 用心する　c. acc.　〜を避ける §416, 419
cavus, a, um　凹んだ，うつろな

cēdō (3)× 赴く, 退く c. dat.
　～に讓る
celer, eris, ere 速い
celeritās, -ātis. f. 機敏, 速さ
cēlō (1) 隱す §67
cēnseō (2) 思う, 評價する
centum [數] 百の　　　「長
centuriō, -ōnis. m. 百人隊の
cernō (3)× 覺る, 識別する
certē [副] 實に, 確かに
certō [副] 確かに, 確實に
certō (1) 爭う, 競う
certus, a, um 定った, 確かな,
　正確な
　aliquem certiōrem facere
　dē～ ～について或人に報
　告する
　alicuī certum est c. inf.
　或人にとって～ということ
　は定っている
cervīx, -īcis. f. 頸
cēterī, ae, a 他の, 殘りの
　[名] 他の人, 他のこと
Cethēgus, -ī. m. (ローマの人
　名)
Cicerō, -ōnis. m. (ローマの文
　學者, 政治家)
Cimbrī, -ōrum, m. (ゲルマニ
　アの種族)
cinis, -eris. m. 灰, 骨灰
circulus, -ī. m. 圓, 會合
circum, circā [前] c. acc.

～の邊りで, ～をめぐって,
　～について, 大凡 §325
circum-fundō (3) 擴がる, と
　りまく
circum-stō (1) 周りにいる, 邊
　りにいる, とりまく
cis, citrā [前] c. acc. の此
　側に, の手前に §325
citō [副] 速かに compar.
　citius
citrō [副] (ultrō と共に用い
　られるだけ)
　ultrō citrōque そこここ,
　あちらこちらに　　「速い
citus, a, um (cieō の part.)
cīvis, -is. m. 市民
cīvitās, -ātis. f. 都市, 國家
clārus, a, um 明らかな, 優れ
　た, 著名な
classis, -is. f. 船, 艦隊
claudō (3)× 閉じる, 終る
clēmēns, -entis やさしい, 寬
　慈な, (氣候が) 溫和な
cōmō (3)<*con-emō 買う, 買
　い集める
coepī (incipiō の完了形として)
　～し始めた §471
coetus, -us. m. 集合, 群集
cōgitō (1) 考える, 慮る
co-gnātus, a, um 血統を同じ
　くする [名] m. 親類
cō-gnōscō (3) 知る, 認める

cō-gō (3) <cum-agō c. ut ま
   たは inf. ～ように強いる
co-hibeō (2) v. habeō 抑制す
   る, 抑える
col-lēga, -ae. m. 同僚
col-ligō (3) 集める
collis, -is. m. 丘
collum, -i. n. 頸「する, 住む
colō (3)× 耕す, 崇める, 涵養
color, -ōris. m. 色, 顔色, 美
columba, -ae. f. 鳩
com-mittō (3) 集める, 託す
   る, 合戦する, 犯す
commodus. a, um 都合のいい,
   便利な [名] n. 便宜, 利益
com-moror (1) dep. 猶豫する
   滯留する
com-moveō (2) 駆り立てる
com-mūnis, e, c. gen. s. dat.
   ～に共有の, 共通の
com-placeō (2) 共に喜ぶ, 大
   いに氣に入る
com-plector× dep. 抱く, とり
   込む　　　　　　「す §207
com-pleō (2) c.gen. ～で充た
com-pōnō (3) 一所にする, 終
   らす, 休ませる
com-pos, gen. -potis, ～を保
   てる, 支配せる c. gen.
com-prehendō (3) 把握する
con-cēdō (3) c. dat. ～に讓步
   する, 許容する

concilium, -ī. n. 集會, 民會
con-clāmō (1) 大聲に叫ぶ, 叫
   びあう, 死者に別れをつげ
con-cupiō (3) 欲求する　「る
cōn-ferō 集める, のばす c.abl.
   ～と比べる
   sē cōnferre 赴く
cōnfēstim [副] 卽座に
cōn-ficiō (3) なしとげる, 征服
   する
cōn-fīdō (3) semidep. c. dat.
   信賴する, 託する
cōn-firmō (1) 確める, 確信す
   る, 元氣づける
cōn-flīgō (3) 衝突する, 交戰す
   る　　　　　　　　「る
cōn-fluō (3) 流れあう, 群り集
cōnformātiō, -ōnis. f. 形成
con-gredior (3) dep. 遭う, 合
   戰する, 挑戰する　「げる
con-gerō (3) 集める, つみ上
cōnor (1) dep. 試みる, 企てる
cōn-scius, a, um, c. gen. ～
   を知れる, 覺れる
cōn-sector (1) dep. 從う, 追う
cōn-sentiō (4) 同意する, 同感
   である
cōn-sīderō (1) 注視する, 思慮
   する
Cōnsidius. -ī, m. (人名)
cōn-silium. -ī, n. 思慮, 計略
cōn-sistō (3) 成立つ

cōnspectus, -ūs. *m.* 視界, 視力
cōn-spiciō (1) 視る, 熟視する
cōn-spicor (1) *dep.* 見つける, 認める
cōnstāns, -antis 恒久の, 首尾一貫せる
cōn-stituō (3)＜cum-statuō 建てる, 設ける, 決定する *c. inf. s.* ut §416
cōn-stō (1) 成立つ, 存在する; *c. abl. s. gen.* に價する cōnstat *impers.* 定っている, 確である
cōn-suēscō (3) 慣れる
cōnsuētūdō, -inis. *f.* 習慣, 經驗
cōnsul, -ulis. *m.* 執政官
cōnsulō (3) 相談する; *c. dat.* ～の利をはかる, の爲を思ふ
cōn-sūmō (3) 消費し盡す, (時が) 經つ, 日が暮れる
contemplor (1) *dep.* 眺める, 熟考する
con-tendō (3) 爭ふ, 主張する, 強いて求める, 努力する, 急いでゆく
contentus, a, um *c. abl.* ～に滿足せる
contentiō. -ōnis, *f.* 努力, いさかい
continēns, -entis. *f.* 本土, 大陸
con-tineō (2) ＜*cum-teneō 含む, 保持する, 保つ, 節度をもつ
con-tingō (3) 觸れる, 達する, 關係する; *impers. c. dat. inf. s.* ut ～ことが起る, ～ということになる
continuō ［副］ すぐさま
contrā ［前］ *c. acc.* に對して, に反して
con-trahō (3) 糾合する, 縮める, 契約する
contrārius, a, um と反對の
con-veniō 合する, 逢ふ *impers. c. dat. s. acc. inf.* に都合がいい, ～ことが適當である
con-vertō (3) ふりかえる, 向ける
con-vincō (3) *c. gen.* 有罪とする §220
con-vorō (1) 貪る
co-orior (4) *dep.* 生起する, 現れる
cōpia, ae. *f.* 多數, 量, 資力; *pl.* 軍勢
cor, cordis. *n.* 心, 心臟
cōram ［副, 前］ *c. abl.* に對面して, の面前で
Corinthus, -ī. *f. loc.* -ī (ギリシアの市名)「の) 翼
cornū, -ūs, *s. ū. n.* 角, (戰陣
corōna, -ae. *f.* 花冠

corōnō (1) 花冠で飾る
corpus, -oris. *n.* 身體, 體
cottī-diē (quotī-, cotī-) ［副］
  毎日
crās ［副］ 明日
crēdō (3)× *c. dat.* 〜を信ず
  る, 〜と思う
creō (1) 創造する; *c. acc. acc.*
  〜を〜にする, 〜に任ずる
crēscō (3)× 生長する, 增す
crīmen, -inis. *n.* 咎, 罪, 訴因
crīnis, -is. *m* 髮
crūdēlis, e 殘酷な, 非人情な
crūdēlitās, -ātis. *f.* 嚴しさ,
  殘忍さ
cruor, -ōris. *m.* 血, 殺戮
cubiculum, -ī. *n.* 寢室
cubō (1)× 臥す, 橫わる, cubi-
  tum īre 就床する
cucumis, -mis *s.* meris. *m.*
  胡瓜
cūiās, -ātis ［疑代］ 何處生れ
  の（者）
cūius *v.* quī, quis
cultus, -ūs. *m.* 耕作, 營み,
  文化, 裝飾
cum ［前］ *c. abl.* と共に（隨
  伴）, と同時に（時）, に於て
  （環境）, により（手段）, を以
  て（樣態）§324
cum ［接］ 〜する時, 〜の際,
  〜だから, 〜にも拘らず

§427-9
cum primum〜 〜や否や
cum〜, tum〜 一方では
  〜, 他方では（殊に）〜
cūnctor (1) *dep.* ためろう, 滯
  在する
cūnctus, a, um 凡ての
cupiditās, ātis. *f.* 慾望, 情慾
cupidus, a, um. *c. gen.* 〜を
  切望せる, 求める
cupiō (3) *c. ut* 〜を欲求する
cūr ［疑副］ 何故？
cūra, ae. *f.* 心配, 世話, 勤勉,
  cum cūrā ていねいに, cur-
  ae esse *c. dat.* 〜が氣をつ
  ける, cūram dare *c. dat.*
  〜に配慮する
cūrō (1) *c. ut* 〜よう氣遣う;
  世話する, 醫やす
currō (3)× 走る
currus, -ūs. *m.* 車, 勝利（の
  車）
custōs, -ōdis. *m. f.* 番人, 保
  護者

D

damnātiō, -ōnis. *f.* 處罰, 有
  罪判決
damnō (1) *c. abl. s. gen.* 〜
  と判決する, と宣罪する
Danaī, ōrum, *s.* um. *m. pl.*
  ギリシア人

daps, dapis. f. (sg. nom. は用いられず普通 pl.) 饗宴

dē ［前］ c. abl. ～より下へ，～よりこちらへ，の廉で，(場所，起源); ～について(關係) §324

dea, -ae. f. 女神 pl. dat. abl. -ābus とも

dēbeō (2) v. habeō 負債がある; c. inf. せねばならぬ

decem ［數］十の

decemplex, -icis 十倍の

dē-cernō (3) 決定する，判斷する; c. inf. s. ut と布令る

decet impers. 適わしい，べきである §370

dē-clārō (1) 示す，任命する，宣言する，告げる

dēcoctor, -ōris. m. 濫費者，破産者

decorō (1) 飾る

decōrus., a, um 適わしい，結構な

dē-dō (3) 與える，放棄する，明け渡す

dē-fendō (3)× 防ぐ，守る

dē-ferō 運ぶ，いう，延ばす，敬う

de-inde ［副］ついで prīmum ～ deinde まず～ついで～

dēlectātiō, -ōnis. f. 快樂，欣び

dē-lectō (1) 樂します; dep. dēlector c. abl. ～を悦ぶ

dē-lībō (1) 取る，取り去る，摘む

dēlictum, -ī. n. 罪，過失

dē-mīror (1) dep. 驚く，訝る

dē-mittō (3) 落す，降す，弱くする，垂らす

dē-mōnstrō (1) 指示する，證明する

Dēmosthenēs, -is. m. (ギリシアの雄辯家)

dēnique ［副］つまり，更に，終りに

dē-nuō ［副］今一度，あらたに

dēns, -entis. m. 齒

dē-plōrō (1) 嘆く，哀哭する

dē-populor (1) dep. 劫掠する

dē-scendō (3) 降る

dē-serō (3) 棄てる，立去る

dēsīderium, -ī. n. 欲求，追慕

dē-sīderō (1) 求め憧れる，必要とする

dē-sinō (3) 止める，終える

dē-sipiō (3) v. sapiō 馬鹿になる

dē-sistō (3) 止める，棄てる，諦める 「君

despotēs, -is m. 君，主人，暴

dēstinō (1) 決心する，目論む;

aliquid sibī destināre ～
を買いこむ
dē-stringō (3) (劍を) 拔き放つ
dē-sum 不在である, 缺けている. c. dat. ～に
dēterior, -ius ［比］より下の, 劣った
deus. -ī. m. 神
dextra, -ae. f. 右側, 右手
diciō, -ōnis. f. (sg. nom. は使われない) 力, 權威, 支配
dīcō (3)× 言う c. acc. inf. §446
dictum, -ī. n. 言葉, 格言
diēs, -ēī. m. f. (月日の)日, 晝
dif-ferō (dis-) (不)散らす；異る c. abl. s. dat. ～と
dif-ficilis, e, 困難な, 氣難しい
dif-ficiliter ［副］むずかしく
digitus, -ī. m. 指
dignitās, -ātis. f. 品位, 尊嚴
dignus, a, um c. abl. ～に價する, 適當した × c. quī §423
dīlectus, a, um dīligō の p.p.p.
dīligēns gen., entis c. gen. ～を愛する, 勤勉な「孜と
dīligenter ［副］注意深く, 孜
dīligentia, -ae. f. 勤勉
dī-ligō (3) <*dis-legō 選ぶ, 愛する
dīmicō (1) 戰う, 爭う
dī-mittō (3) 放つ, 赦す

Dionȳsus, -ī. m. (ギリシアの神名)　「退く
dis-cēdō (3) 立去る, 別れる,
disciplīna, -ae f. 學問, 訓練
discipulus, ī m. 弟子
discō (3)× 學ぶ
dis-crepō (1) c. dat. ～と一致せぬ, 異る「潰滅させる
dis-iiciō (3) v. jaciō 散らす,
dis-putō (1) 吟味する, 推理する, 論議する
dis-serō (3) 詳細に考察する, 論議する
dis-sideō (2) 離れる, 異る, 意見を異にする
dis-similis, e. c. gen. s. dat. と異る, 似ていない
dī-spiciō (3) はっきり見分ける, しらべる
dis-pliceō (2) v. placeō c. dat. ～の氣に入らぬ
dī-stō (1) c. dat. から離れて
diū ［副］長らく　　「いる
diūtinus, a, um 永い
dīves, gen. -itis; pl. nom. n. dītia; c. abl. ～に富める
dīvīnus, a, um 神の 「貴族)
Dīvitiācus, -ī. m. (ガリアの
dīvitiae, -ārum. f. 富
dīvus, a, um 神の, 神聖な, ［名］m. 神
dō× 與える；c. ut ～を許す

§ 416
doceō× *c. acc. acc.* 教える
doctrīna, -ae. *f.* 學問, 教養
doctus, a, um 學識ある
doleō (2) 悲しむ, 痛む
dolor, -ōris. *m.* 痛み, 悲嘆
domesticus, a, um 家の, 本國の
domina, -ae. *f.* 女主人
dominus, -ī. *m.* 主人
domō (1)× 馴らす
domus, -ūs. *f.* 家; *loc.* domī 家に § 319, 489
dōnec [接] までは, 〜間は § 432
dōnō (1) 贈與する, 赦免する
dōnum, -ī. *n.* 贈物
dormiō (4) 眠る
dōs, dōtis. *f.* 嫁資
dubitō (1) *c.* quīn 疑う § 421
du-centī, ae, a [數] 二百
dūcō (3)× 導く, 〜と思う, *c. gen.* 〜と評價する
dūdum [副] すぐ前に
dulcis, e 甘い, 快い, 樂しい
dum [接] 〜する間は, 〜するうちに, 〜するまでは; dum modo もし〜とすれば § 432, 437
Dumnorīx, -īgis, m. (ガリアの貴族, Divitiacus の兄弟)
duo, ae, o [數] 二, 二つの

dūrus, a, um 固い, 嚴しい, つらい
durō (1) 堪えしのぶ, 持久する
dux, ducis. *m.* 指揮官, 將軍

E

ebur, -oris. *n.* 象牙「が?
ec-quis, -quid [疑代] 誰(何)
edō× 食う § 467, 540
ē-dūcō (3) 導き出す, 教導する
ef-ferō (不) 持ち出す, 奪う, 有頂天にする, ほめる
ef-ficiō (3) *v.* faciō なしとげる 〜ようにする, *c.* ut § 416; *impers.* efficit ut 〜ことになる § 417
ef-frēnātus, a, um 轡を取った, 放縦な, 氣儘な
egēnus, a, um 〜を缺ける, 乏しい
egeō (2) *c. abl. s. gen.* 〜が必要である, 缺けている
ego [人代] 私 § 199
ē-gredior (3) *dep.* 歩み出る, 降りる 「追放する
ē-iiciō (4) *v.* iaciō 投げ出す,
ēlegāns, -antis 優れた, 纖細な
ēleganter [副] 優雅に, 優れ
ēloquentia -ae. *f.* 雄辯 して
ē-loquor (3) *dep.* 話す, 演説する
emō (3)× *c. abl. s. gen.* 〜で

~買う, とる
ē-morior (3) 死ぬ
enim [接] 何故ならば, 即ち
ē-nītor (3) dep. 努める
ēnsis, -is. m. 劍
eō [副] そこへ
eō [副] それほど
　eō~quō ~だけ,それだけ~
eō× (不)行く, (時が)經つ, (運命に)なる §538
Epidicus, -i. m (プラウトス劇中の人名)
epistula, -ae. f. 書信
eques, -itis. m. 騎兵, 騎士
equester, tris, tre. 騎馬の, [名] 騎兵
e-quidem [副] 全く, 實際
equitātus, -ūs. m. 騎兵隊
equus, -ī. m. 馬
ergā [前] c. acc. ~の爲に, 向って (親和的)
ergō [副,前] そのため,そこで; c. gen. ~のために
ē-ripiō (3) v. rapiō 奪う, 取る
errō (1) さまよう, 誤つ
ē-rudiō (4) c. de ~を教える, 訓える
ērudītus, a, um 敎養ある,造詣深い
erus (herus), -ī. m. 主人
et [接,副] そして, また, ~

も, しかも
et-enim [接] というのは, 實に~だから
etiam [副] なお又, さえも
Etruscī. -ōrum. m. pl. エトルスキー人
et-sī [接] たとえ~とも §441
Euryalus, -ī. m. (人名, アェネアスの部下)
ē-veniō (4) 出てくる, 起る; ēvenit c. dat. inf. s. ut ~がおこる §372, 417
ē-vertō (3) 覆す
ex (ē) [前] c. abl. ~から (時,處,原因), ~によって (關係), ~で (材料) §324
exāctus, a, um <exigo 正確な, 確實な
ex-animō (1) 息を絶えさせる, 殺す; dep. 死ぬ
ex-audiō (4) 聽く, 傾聽する
ex-cēdō (3) 出發する,立去る, 退却する
excellēns, -entis 秀でた, 優れた
ex-cellō (3) c. dat. ~を超える, に優る
ex-cidō (3) v. cadō 脱落する, 落ちる 「範
exemplar, -āris n. 寫し, 例,
ex-eō 出發する, 立ち去る

ex-erceō (2) 働かす，訓練する，實施する
exercitātiō, ōnis. f. 練習，訓練
exercitus, -ūs. m. 軍隊
ex-igo (3) v. agō 追ひ拂ふ，追放する，完遂する，強要する
eximius, a, um すぐれた
ex-īstimō (-īstumō) (1) 評價する，思ふ §221, 145
ex-ōrō (1) 乞い求める 「期
expectātiō, -ōnis, f. 期待，豫
ex-pellō (3) 追放する，追いだす
experīmentum, ī. n. 實驗
ex-pleō (2) c. abl. s. gen. ～で滿たす §207, 222
ex-plōrō (1) しらべる，確かめる，探險する
ex-plōrātus, a, um 確實な，確信せる
ex-spectō (exp-) (1) 期待する，待つ 「存する
ex-sistō (3) 生れる，現れる，
ex-(s)tinguō (3)× 亡ぼす，消す
ex-stō (1) 目立っている，現れる，存在する
extemplō [副] 突然，ふいに
exterior, -us [比] より外の
ex-tollō (3) 擧げる，ほめる
extrā [前] c. acc. ～の外，を越えて，～を別として

ex-trahō (3) 引き拔く
extrēmus, a, um 最後の
ex-sultō (exul-) (1) v. saltō とぶ，驕る，心揚がる

F

faber, -brī. m. 工匠，製作者
fābula, -ae. f. 物語，戯曲，劇
faciēs, -ēī. f. 顏，姿，相
facile [副] 容易に
facilis, e 容易な，氣樂な
faciliter [副] ＝facile
facinus, -oris. n. 犯罪，陰謀
faciō (3)× する，作る；c. gen. ～と評價する，～と見做す §145 facio ut ～ようにする §416 「資材，機會
facultās, -ātis. f. 能力，伎倆，
fallō (3)× 欺く
  dep. fallor (3)× 誤る
familia, ae. f. 家庭，家族
familiāris, e 家庭の；c. dat. ～と親しい
famulor (1) dep. c. dat. 奉仕する，仕える
Fannius, -iī. m. （ローマ人名）
fās, n. （不變化）正しいこと，許されていること. fās est c. inf. s. ut s. supin. ～が許されている，～してよい §370, 418
fateor (2)× dep. 告白する，認

める
fātum, -ī. n. 運命
　fatum est ut ～は運命である §418
fātur (不) 云う，話す §543
Faunus, -ī. m. (家畜作物豐饒の神)
faux, faucis. f. 咽喉
faveō (2)× 愛顧を示す，目をかける，支持する
febris, -is. f. 熱, 熱病
fēcundus, a, um 豐饒な; c. abl. ～に富める
fēlēs, -is. f. 猫
fēlīciter [副] 幸福に，幸福に 「も
fēlīx, -īcis 幸福な，好意ある
fēmina, -ae. f. 婦人
femur, -oris. n. 腿
ferē [副] 殆んど，普通に
ferō (不)× 運ぶ，もつ，(噂を)傳える，耐える §468, 540
ferōciter [副] 暴々しく
ferrum, ī. n. 鐵，劍
fertīlis, e 肥沃な，多産の
ferus, a, um 荒々しい，野生
festīnō (1) 急ぐ，速める 「の
festīnus, a, um 急げる，速い
fētus, a, um c. abl. に富める
fidēs, -eī. f. 信仰，信頼
fīdō (3)× semidep. c. abl. s. dat. ～を信頼する
fīdus, a, um 信頼すべき; c.

dat. ～を信頼せる，～に忠實な
fīlia, -ae. f. 娘　pl. dat. abl.
fīlius, -ī. m. 息子　└-ābus
fīniō (4) 定める，限る
fīnis, -is. m. 限界, 終, 目的; pl. 地區，邊域
fīnitimus, a, um c. dat. ～に隣接せる
fīō (不) (faciō の pass. として) §470, 570 される，なる;
　fit ut ～ようになる §417
　fierī potest ut ～こともあり得る §417　　「に
firmiter [副] しっかり，堅固
firmus, a, um 強い，堅固な
flāvus, a, um 黃色い，金髮の
fleō (2)× 泣く
flētus, -ūs. m. 涕泣
floccus, -ī. m. 羊毛の屑，つまらぬもの
flōreō (2) 花さく，榮える
flōs, -ōris. m. 花
flūmen, -inis. n. 河，流れ
fluō (3)× 流れる
fluvius, -ī. m. 河，流れ
foedus, a, um 怖ろしい，醜い
foedus, -eris. n. 契約，誓約
fōns, -ontis. m. 泉，起源
fore (sum の fut. 時に pres. inf.)
　fore ut ～ことがある §448

forīs [副] 戸外に，外に
Formiae, -ārum. f. (イタリア の都市名)
formōsus, a, um （容姿が）美しい，優雅な
fors, abl. forte (nomin. abl. sing. のみ用いられる) 機會，運; (cum) forte 偶偶，ひょっと
fortis, e 強い，勇敢な
fortiter [副] 勇敢に
fortūna, -ae. f. 運命，幸運; pl. 財産　　　　「る
frangō (3)× 粉碎する，擊破す
frāter, -tris. m. 兄弟
frāternus, a, um 兄弟の
fraus, fraudis. f. 欺瞞，詐欺
fremō (3)× 吼える，不平をいう
frētus, a, um c. abl. ～に信頼せる，支えられた
frīgus, -oris. n. 寒さ，冬
frōns, frontis. f. 額，前面
frūctus, -ūs. m. みのり,果實效果，利益，享受
frūmentum. -ī. n. 麥，穀物
fruor (3)× dep. c. abl. ～を享受する，たのしむ
fugiō (3)× 逃げる，遁れる
fulgur, -uris. n. 電火
funditus [副] 根底から,徹底的に

fungor (3)× dep. c. abl. ～を役目とする，～の務を果す
fūnus, -eris. n. 葬儀，殺害
furtim [副] そっと，こっそ
furtum, -ī. m. 盗み　　　 「り

G

Gallia, -ae. f. ガリア（今のフランス）
Gallus, -ī m. ガリア人
gaudeō (2)× semdep. c. abl. s. acc. inf. ～を喜ぶ，樂しむ
gelidus, a, um 氷った，冷たい　　　　　　　　「名)
Gellius, -ī, m. （ローマの家族
generō (1) 生む，起す
gēns, gentis. f. 國民,國,家系
gentīlis, e 同族の
Germānī, -ōrum. m. pl. ゲルマニア人
gerō (3)× 帶びる，する; se gerere 振舞う
gestiō (4) 放縱に振舞う; c. inf. ～したがる
gladius, -ī. m. 劍
glōria, -ae. f. 名聲，榮譽
glōrior (1) dep. c. inf. s. abl. s. dē 得意になる，～を誇る
gnārus, a, um, c. gen. ～を知れる

語彙（羅――和）

gracilis, e 華奢な，痩せた
gradātim ［副］段々に，漸次
gradior (3)× *dep.* 歩む
gradus, -ūs. *m.* 歩度，段階
Graecia, -ae. *f.* ギリシア
Graecus, a, um ギリシアの
　［名］*m.f.* ギリシア人
grātia, -ae. *f.* 雅美，感謝，恩
　義；*abl.* grātiā *c. gen.*
　～の為に §327
　grātiās agere *c. dat.* ～に感
　　謝する　　　「たゞで
grātis, (grātiīs) ［副］喜んで,
grātulor (1) *dep. c. acc. dat.*
　～に～を祝う
grātus, a, um *c. dat.* ～に快
　い，有難い
gravidus, a, um *c. gen. s. abl.*
　～に富む，に満ちた
gravis, e 重い，重要な，荘重な
gravō (1) 重くする，壓する．
　dep. gravor いやがる
gubernātor, -ōris. *m.* 舵取り

H

habeō (2) 持っている；*c. acc.*
　acc. ～を～と思う，と評價
　する §221, 145 「に適した
habilis, e, *c. dat.* ～に巧みな，
habitō (1) 住む
habitus, -ūs. *m*, 振舞，衣服
　性質，稟質

hāc ［副］こちらへ，かく
hāctenus ［副］これまで，こ
　の點（所）まで
(h)anser, -eris. *m.* 鵞鳥
haud ［副］（否定詞）決して～
　ぬ，殆ど～ぬ
hauriō (4)× 抽き出す，汲み上
　げる，つくす
Helvētiī, -ōrum. *m. pl.* ヘル
　ベティア（スイス）人
herī ［副］昨日
(H)ibērus, a, um イベリアの，
　イスパニアの，-ī. *m.* 河名，
　　　　　　　　「エブロ河
hic, haec, hoc, *gen.* hūius, *dat.*
　huic ［指代］これ，この
　§353, 500
hiemō (1) 冬を越す，冬營する
hiems, -emis. *f.* 冬
hinc ［副］こゝから，かくて
hirsūtus, a, um 粗毛の，毛む
　くじやらの
hirundō, -dinis. *f.* 燕
historicus, a, um 歴史の，歴
　史的な ［名］歴史家
hodiē ［副］今日
homō, -inis. *m. f.* 人
honestās, -tātis. *f.* 廉直，正
　しさ　　　　　　「保って
honestē ［副］正しく，品位を
honestus, a, um 正しい，名
　譽ある，節義ある

honōs (honor), -ōris. *m.* 名譽, 官位

hōra, -ae. *f.* 時間, 季節

horreō (2) そそり立つ, 怖れる

hortor (1) *dep. c. ut* 〜と勸める, 激勵する §415

hortus, -ī. *m.* 庭, 園

hostis, -is. *m.* 外敵

hūc [副] こゝへ

hūmānē [副] 人間らしく, やさしく

hūmāniter [副] 人間らしく, やさしく

hūmānus, a, um 人の, 人間的な, 情誼ある

humilis, e 低い, 卑しい

humus, -ī. *f.* 大地; *loc.* humī 地上に; *abl.* humō 地から

I

iaceō (2) 横たわる

iaciō (3)× 投げる

iactō (1) 投げる, もてあそぶ, 激させる, 輕蔑する

iam [副] 今や, 既に

Iaponēnsis, e 日本の [名] *m. f.* 日本人

ibī [副] そこに, その時

īdem, eadem, idem [指代] 同じ人 (物) §357

id-eō [副] この故に

idōneus, a, um *c. dat. s.* quī 〜に適した, 力ある §423

iecur, iecoris *s.* iecinoris. *n.* 肝臟

igitur [接] されば, それ故, そこで

ignārus, a, um *c. gen.* 〜を知らぬ

ignis, -is. *m.* 火

ī-gnōrō (1) *c. gen.* 〜を知らぬ

ī-gnōscō (3) (in-) *c. dat.* 〜に宥す, 容赦する

ī-gnōtus, a, um 知らぬ; *c. dat.* 〜に知られていない

ille, illa, illud [指代] あの, あれ §354, 501 「方へ

illāc [副] その樣にして, 彼

il-lacrimō (1) 涙を催す

illīc [副] 彼處に

illinc [副] 彼處から

illūc [副] 彼處へ

il-lustris, e 輝かしい, 有名な

imāgō, ginis. *f.* 像, 肖像

im-buō (3) *c. abl. acc.* 〜で〜を滿たす, 浸み込ます

im-mineō (2) *c. dat.* 〜に迫る

im-modestia, -ae. *f.* 過度, 未熟, 不節制 「ている

immūnis, e *c. abl.* 〜を免れ

immō [副] それどころか

im-pār, -aris 不公平の; *c. dat.* 〜に及ばぬ

im-pediō (4) *c. nē* 妨げる §420

im-pellō (3) 驅る，促す，陷れる 「す
im-pendeō (2) のしかゝる，威す
im-perītus, a, um *c. gen.* 〜に未經驗の，〜を知らぬ
imperium, -ī. *n.* 主權，支配
im-perō (1) *c. dat.* 〜に命ずる；〜を支配する
impetus, -ūs. *m.* 突擊，勢
im-petrō (1) (目的を)達成する
im-pius, a, um 不敬な，不敬虔な
īmus, a, um (最上) 最奧の
im-pugnō (1) 攻擊する
in [前] *c. acc.* 〜に對して，〜まで，〜へ；*c.abl.* 〜において(時,處)，〜について(關係) §326
in-animus, a, um 生命のない
inānis, e. *c. gen.* 〜のない，を缺いた
incendium, -ī. *n.* 火事
in-cendō (3) 火をつける，刺戟する，煽り立てる，*p.p.p.* incēnsus. 「と，企て
inceptum, -ī. *n.* 始，始めたこ
in-cipiō (3) *v.* capiō *c. inf.* 〜し始める
incola, -ae. *m.* 住民
incrēdibilis, e 信ぜられぬ
inde [副] そこから 「う
indicō (1) 示す，明にする，言

ind-igeō (2) *c. abl. s. gen.* 〜を缺く，〜を必要とする
in-dignus 不當な, 恥多き，[副]
ind-olēs, -is. *f.* 天稟,才能 [-ē
ind-ulgeō (2) *c. dat.* 耽る，容す，甘やかす
infāmō (1) 非難する，不名譽な評判を立てる
infāns *gen.* -fantis 話せぬ [名] 子供，幼兒 「劣れる
inferior, -ius (比) より下の，
in-ferō 運びこむ; bellum alicuī inferre 戰をしかける
infīdus, a, um 信頼できぬ
infrā [副, 前] *c. acc.* 〜の下に，後に
in-genium, iī. *n.* 天賦，性格
ingēns *gen.* -entis 巨大な
inguen, -inis. *n.* 股
in-grātus, a, um 有難がらぬ，恩を知らぬ
in-icio (iniicio) (3) *v.* -jacio 投げ入れる，(靈感を)呼びおこす，暗示する
in-imīcus, a, um (<-amicus) *c. dat.* 〜に敵意ある；[名] *m.* 敵 「な，〜に惡意ある
in-īquus, a, um *c. dat.* 不平等
in-iūria, -ae. *f.* 不正，非行，害
inquam 云う，曰く §542
in-scītus, a, um 知られぬ，譯のわからぬ

in-scius, a, um *c. gen.*　～を知らぬ　「攻撃する
in-sector (1)　熱心に追求する，
insidiae, -ārum. *f.*　陷穽，計略
in-sidior (1)　穽をかける，たばかる，待ち伏せる　「い
in-signis, e　注目すべき，著し
īn-sipiēns *gen.* -entis　愚かな(人)
in-stituō (3)　建てる，準備する；aliquem ad *acc.*　～を～へと形成(教育)する
in-struō (3)　設備する
in-suāvis, e　不快な
insula, ae. *f.*　島
in-sultō (1) *c. dat. s. acc.*　～にとびかゝる，を侮辱する
in-teger, gra, grum　全き，無疵の，健全な
integrātiō, -ōnis. *f.*　確め，更新
intel-legō (3)×　知る，覺る，理解する
inter [前] *c. acc.*　～の間に，相互間に，中に　「する
inter-cēdō (3)　介入する，介在
inter-dīcō (3)　禁ずる
inter-ficiō (3)　*v.* faciō　殺す
interior, -ius　(比)より内の
inter-rogō (1)　訊ねる，審問する §67
inter-sum *c. dat.*　～に介在する，に關與する；*impers.*

interest *c. gen. inf.* §373　～に利害關係がある，に重要である
intestāmentō [副]　遺言なしに
intrā　[前]　*c. acc.*　～の內側に，の內へ，以內に
intrō (1)　入る
in-tueor (2) *dep.*　見まもる
in-ūtilis, e　不必要の，無益の
in-vādō (3)　侵入する，攻擊する
in-veniō (4)　見つける
in-vicem [副]　順次に，相互に
in-victus, a, um　不敗の 「憎む
in-videō (2) *c. dat.*　～を妬む，
invītō (1)　招待する，接待する
invītus, a, um　不本意の，氣の進まぬ
iocus, -ī. *m.*　戲れ，冗談
ipse (ipsus), a, um [指代]　彼，彼女，それ自身 §356
īra, -ae. *f.*　怒
īrācundia, -ae. *f.*　短氣，怒
īrāscor (3) *dep.*　怒る
is, ea, id [指代]　彼，彼女，それ §352, 499 in eō est, ut 將に～せんとす §417
iste, a, ud [指代]　それ，(君のいう)その §355
ita　[副]　かく，この樣に；*ut.* §414, 444
Italia, -ae. *f.*　イタリア
ita-que [接]　かくして，從って

iter, itineris. *n.* 旅, 行程, 道
iubeō (2)˟ *c. acc. inf. s. ut.* 命ずる §416
iūcundus, a, um *c. dat.* ～に 快い, 樂しい
iūdex, -icis. *m.* 裁判官
iūdicālis, e 裁判の, 司法の
iūdicium, -ī. *n.* 訴訟, 裁判, 判斷
iūdicō (1) 裁く, 判斷する
iūmentum, -ī. *n.* 駄獸, (中でも牛, 驢馬, 騾馬)
Iūpiter (Iuppiter) *gen.* 以下 Iovis, Iovem *etc. m.* ユピテル神
iūre [副] 正當に
iūrō (1) 誓う
iūs, iūris. *n.* 法, 掟
iussus, -ūs. *m.* 命令
iūstitia, -ae. *f.* 正義
iūstus, a, um 正しい, 正當な
iuvenis *gen.* is 若い [名] *m. f.* 若者
iuventūs, -ūtis. *f.* 青年, 青春
iuvō (1) 助ける, 喜ばす, 樂しませる *impers.* iuvat *c. acc. inf.* 樂しい, 快い §371
iuxtā [前] *c. acc.* ～の近くに, に隣あって, ～と共に

K

kalendae (Cal-) -ārum. *f.* 朔日

L

Labiēnus, -ī. *m.* (人名, カエサルの部下)
labor, -ōris. *m.* 勞働, 勞苦, 艱難
lāc, lactis. *n.* 乳
Lacedaemōn, -monis. *f.* ラコーニア (スパルタ)
lacrima, -ae. *f.* 涙
lacus, -ūs. *m.* 水溜, 池, 湖
laedō (3)˟ 傷つける, 怒らす
Laelius, -ī. *m.* (ローマ人名)
laetitia, -ae. *f.* 喜悅, 歡喜
laetor (1) *dep. c. abl.* ～を悅ぶ
laetus, a, um *c. abl.* ～を悅べる; に富める, 愉しい
laevus, a, um 左(側)の
languēscō (3) 弱る, 衰える
largiter [副] 大いに, 豊かに
lassus, a, um 疲れた, 懶い
Latīnus, a, um ラティウムの, ローマ帝國の [副] Latīnē ラテン語で [名] ローマ人
Latium, -ī. *n.* ラティウム
lātus, a, um 廣い, 擴がった
latus, -eris. *n.* 脇, 側
laudō (1) 賞める, 讚嘆する
laus, laudis. *f.* 稱讚
lectīca, -ae. *f* 轎, かご
lēgātus, -ī. *m.* 使節

lentē [副] 遲く，ゆっくりと
Leontīnus, a, um　Leontīnī
　（シケリアにあるギリシア
　人の町）市の人
lepus, -oris. *m.* 兎
Lesbia, -ae. *f.* レスボスの女
　（カトウルスの愛人）
lētus, -ī. *m.* 死
levis, e. 輕い，つまらぬ
levō (1) *c. abl.* 輕減する，〜
　を取除く
lēx, lēgis. *f.* 法律，掟　lēx est
　ut 〜との掟である §418
liber, librī. *m.* 本，書物
liber, era, erum 自由な；*c.*
　abl. 〜を免れた，〜から
　自由な
līberālis, e. 自由人の，寛宏な，
　文化的な
līberālitās, -ātis. *f.* 善良さ，
　寛大さ，溫情
līberē [副] 自由に，ゆたかに
līberō (1) *c. abl.* 〜から解放
　する，自由にする　「§372
libet (lubet) *impers. c. dat.*
　〜の氣に入る，好ましい
liceor (2) *dep.* 値をつける
licet (2) *impers. c. dat.* 〜に
　許されている；（接續詞的
　に）假令〜にもせよ §372
lignum, -ī. *n.* 木，材木
līnea, -ae. *f.* 線，境界，一行

lingua, -ae. *f.* 舌，言葉，國語
līs, lītis. *f.* 訴訟，爭
littera, -ae. *f.* 文字；*pl.* 手紙，
　文學
locō (1) 置く，賃貸する
Locris, -idis. *f.* （ギリシアの地
　方名）　　　　「に富める
locuplēs *gen.* -ētis *c. abl.* 〜
locus, -ī. *m.* 場所，場合；*pl.*
　loca §460　　　「§418
locus est ut 〜べき處である
　in locō *c. gen.* 〜として，
　の代りに
longus, a, um 長い
loquor (3) *dep.*× 話す
lūceō (2) *impers.* 夜が明ける
lucrum, -ī. *n.* 儲け，利益
lūdō (3)× 遊ぶ，奏でる
lūmen, -inis. *m.* 光，光明，眼
lūna, -ae. *f.* 月
lupus, -ī. *m.* 狼
lūx, lūcis. *f.* 光，日光，晝
luxuriō (1) *c. abl.* 過度に〜に
　富む，しげる　　「の將軍）
Lȳsander, -drī. *m.* （スパルタ

M

M. Mārcus の略　（ローマの
　人名）　　　　　　「む
maereō (2)× *c. abl.* 〜を悲し
maeror, -ōris. *m.* 悲しみ，哀悼
magis [副] より多く，むしろ

magister, -trī. *m.* 師，先生
magistra, -ae. *f.* 女の先生
magnitūdō, -inis. *f.* 大いさ
magnopere(magnō opere) [副]
　非常に，大いに「が」高い
magnus, a, um 大きい，(價
māiōrēs, -um (比) *m. pl.* 祖
　先，先人　　　　　「する
male-dīcō (3) 悪く言う，非難
mālō 更に欲する §539
malus, a, um 悪い
maneō (2)× 留る，殘る
mānō (1) 流れる，滴らす，溢
　れる　*c. abl.* 〜を
manus, -ūs. *f.* 手，手勢，兵
mare, maris. *n.* 海
Mārtius, a, um 三月の
māter, -tris. *f.* 母
māximē [副] (magis の *superl.*)
　最も多く　　　　「の §388
māximus, a, um (最上) 最大
mē, mihi *v.* ego
Mēdia, -ae. *f.* メディア(國名)
medicāmentum, -ī. *n.* 藥，療法
medicīna, -ae. *f.* 醫術，藥
medicus, -ī. *m.* 醫者
medius, a, um 中央の，間の
　[名] *n.* 中央，仲介
melior, -ius (比) よりよい §388
meminī (完了形) *c. gen. s.*
　dē 〜を記憶している，を
　思い出す §123, 2

memor, *gen.* -oris *c. gen.* 〜
　を記憶せる，心に忘れぬ；
　思い出させる
memoria, -ae. *f.* 記憶，思い出
memoriter [副] よく記憶して
mēns, mentis. *f.* 心，知性
mēnsis, -is. *m.* 月(年の)
mentiō, ōnis. *f.* 記述，言う
　こと　alicuius mentionem
　facere 〜について記述す
　る，述べる　　　　「る
mentior (4) 噓をつく，捏造す
mereō (2) (mereor) 値する
merī-diēs, -ēi. *m.* 正午
meritō [副] 當然　　　「入れ
messis, -is. *f.* とり入れ，刈り
mētior (4)× *dep.* 測定する；
　c. abl. 〜と評價する
metō (3)× 刈り入れる
metuō (3) *c.* nē *s.* ut 怖れる
　§419
metus, -ūs. *m.* 恐怖，怖れ
meus, a, um [所有代，形] 私
　の §203, 204
mīles, -itis. *m.* 軍人，兵士
mīlitāris, e 軍事の
mīlle. *n. pl.* mīlia *gen.* -ium；
　[數] 千の §362
Miltiadēs, -is *s.* ī. *m.* (アテナ
　イの將軍)
mina, -ae. *f.* ミナ (ギリシア
　の貨幣單位) 約四千圓

minitor (1) *dep. c. dat.* 〜を
威す, 脅かす
mīrābilis, e. 驚くべき, すば
らしい §236
mīror (1) 驚く, 訝しむ
mīrus, a, um 不思議な「幸な
miser, era, erum 憐れな, 不
misereor (2) *dep. gen.* 〜を
憐む *impers.* miseret 憐
を催さす §371
mītis, e 柔和な, 和かな
mittō (3)× 送る
moderātus, a, um 節度ある
modius, -ī. *m.* (度量の單位)
modo [副] 單に, 今, まあ;
nōn modo〜sed etiam. た
だに〜のみならず〜も亦
[接] もし〜でさえあれば
modus, -ī. *m.* 風, 樣, 節度,
限度
moenia, -ium. *n. pl.* 城壁
molestē [副] 苦しく, 煩わし
く, 不快に 「苦痛
molestia, -ae. *f.* 煩勞, 不安,
molestus, a, um 煩わしい, 不
快な, 苦痛な
mōmentum, -ī. *n.* 運動, 重要
性, 影響
moneō (2) *c. ut. s. acc. inf.*
〜よう忠告する, 〜と訓戒
する §416
mōns, -ontis. *m.* 山, 丘

mordeō (2)× 噛む, 苦しめる
morior (3)× *dep.* 死ぬ
moror (1) *dep.* 躊躇する, 猶
豫する, 滯在する「地惡な
mōrōsus, a, um 氣難しい, 意
mors, mortis. *f.* 死
mortālis, e. 死すべき [名] *m.*
f. 人間
mōrus, -ī. *f.* 桑の木
mōs, mōris. *m.* 習俗; *pl.*
性格 mōs est ut 〜が習
である mōrem gerere *c.*
dat. 〜に遠慮する, 從う
moveō (2)× 動く, 動議する
mulier, -eris. *f.* 女, 妻
multitūdō, -inis. *f.* 多數, 群衆
multō [副] 大いに, ずっと
multus, a, um 多くの, 夥しい
multum [副] 大いに
mundus, -ī. *m.* 世界, 人類
mūniō (4) 築城する, 護る;
sē mūnīre 守りを固める
mūnus, -eris. *n.* 贈物, 奉仕,
勤行
mūrus, -ī. *m.* 壁, 築地
mūs, mūris. *m.* 二十日鼠
Mūsa, -ae. *f.* (詩, 文藝の女神)
mūtō (1) 變える; *c.* (cum)
abl. 〜と取り換える

N

nam [接] 何となれば, とい

語彙（羅——和）

らのは
nārrō (1) 話す，物語る
nāscor (3)× *dep.* 生れる
nāsus (-um), -ī. *m. n.* 鼻
natō (1) 浮く，游ぐ 「宙
nātūra, -ae. *f.* 本性，自然，宇
nātus, -ūs. *m.* 誕生，生れ，歳
nātus, a, um *c. abl.* ～から
　生れた *v.* nāscor
nauta, -ae. *m.* 水夫
nāvis, -is. *f.* 船
-ne ［疑問の助辭］ ～か？§18
nē ［否定の助辭］ ～ない［接］
　…ないかと，ないよう．
　§ 412, 416, 419–21（目的，疑
　惑など）
nec, neque ［接，副］ また～
　ない，も亦～ない
necesse（不變化）不可缺の；
　impers. necesse est *c. inf.*
　s. ut 必須である § 370
ne-fās. *n.*（不變化）けしからぬ
　こと；nefās est *c. inf.*
　～してはいけない
neg-legō (3) 無視する，氣に
　懸けない
negō (1) 否定する，～ないと
　言う *c. acc. inf.*
neg-ōtium, -ī. *n.* 仕事，商事
nēmō, -inis. *m. f.* <*nē-homō
　何人も～ない
ne-queō（不）できない § 541

ne-sciō (4) 知らぬ； nesciō
　quō modō (pactō) どの樣
　にかは知らないが
neuter, tra, trum ［代形］ど
　ちらも～ない（二者のうち）
　§ 359–360 「せぬ
nē-ve (neu) ［副］ また～も～
niger, gra, grum 黑い
nihil (nīl)（不變）何物も～ぬ，
　gen. nihilī 何の價も～ない
nimis ［副］ あまりに
nimium ［副］ あまりに
ninguit (ningit) *impers.* 雪が
　降る *pf.* ninxit
ni-si ［接］ ～でなければ
Nīsus, -ī. *m.*（人名，アエネア
　スの部下）
nītor (3)× *dep. c. abl.* 恃む，
　倚る *c. ut.* 努力する § 416
nix, nivis. *f.* 雪
nōbilis, e. 有名な，高貴な；
　［名］ *m.* 貴族
noceō (2)× *c. dat.* ～を傷け
　る，害する
noctē (noctū) ［副］ 夜分
nocturnus, a, um 夜の
nōlō（不）欲せぬ § 539, 338
nōmen, -inis. *n.* 名，名詞
　nōmine *c. gen.* ～のかど
　で § 220 註
nōminō (1) *c. acc. acc.* ～を
　～と名づける，～に任ずる

nōn [副] (否定辭) 〜ない, ぬ
non-dum [副] まだ…ない
nōnāgintā [數] 九十
nongentī, ae, a [數] 九百
nōn-ne [疑問の助詞] 〜ではないか？（肯定の答を豫想）
nōs [人代] 我々 § 199
nōscō (3)× 知る perf. nōvī 知っている
noster, tra, trum [所有代形] 我々の; [名] m. pl. 我邦人, 現代人, 我軍
nōtus, a, um c. dat. 〜に知れている
novem [數] 九
novus, a, um 新しい, 若い
nox, noctis. f. 夜
nūbēs, -is. f. 雲
nūdus, a, um 裸の, 飾りのない; c. gen 〜を缺いた
nūllus, a, um [代形] どれも〜ぬ § 359
num [疑問の助辭] よもや〜？（否定の答を豫想）
nūmen, -inis. n. 意志, 神意
numerus, -ī. m. 數, 詩
nummus, -ī. m. 貨幣, 錢
numquam (nunquam, ne〜unquam) [副] 決して〜ぬ
nunc [副] いま
nuntius, -ī. m. 使者, 報知
nūsquam [副] (ne〜usquam) どこにも〜ぬ, 決して〜ない

O

ob [前] c. acc. 〜に對して, の爲に; quam ob rem それ故
ob-eō (不) 訪れる, 死ぬ
obiurgō (1) 非難する, 罰する
oblectō (1) たのします
oblīvīscor (3)× dep. c. gen. 〜を忘れる
oblectō (1) たのします
ob-oediō (4) c. dat. 〜に從ふ, 傾聽する
ob-ruō (3) 上に覆る, おちかかる, 埋める
ob-secrō (1) たのむ, 懇願する
obsequium, ī. n. 服從, 追從
ob-sequor (3) dep. c. dat. 〜に從ふ
ob-servō (1) 觀察する, 注目する, 尊敬する
ob-ses, -idis. m.f. 人質
ob-stō (1) c. dat. s. nē 〜を妨げる, 〜に抗ふ § 420
ob-stringō (3) しめる, 拘束する
obtūsus, a, um なまくらな, 鈍い
ob-veniō (4) c. dat. 出遇ふ
ob-viam [副] c. dat. 〜に面して, 對って; obviam īre 向っていく obviam fierī 出逢ふ

obvius, a, um 向いの, 對せる c. dat. ～に
occāsiō, -ōnis. f. 機會, 好運
occultus, a, um 隱れれ, 祕密の, 蔭の [名] n. 祕密
oc-cupō (1) v. capiō 占領する, 豫想する「う, 迎える
oc-currō (3) c. dat. ～に出逢
Ōceanus, -ī. m. 海の神, 大洋
ocellus, -ī. m. (oculus の縮小詞) 小さい眼, 可愛いい眼
octōgintā [數] 80
oculus, -ī. m. 眼
ōdī (3) (完了形) 憎む §150
odium, -ī. n. 憎惡; odiō esse alicuī ～に憎まれる; aliquem odio habere ～を憎む
of-ferō (不) 示す, 提供する
officium, -ī. n. 奉仕, 任務
ōlim [副] 嘗て, いつか
Olympus, -ī. m. オリンポス山
o-mittō (3) (ob-) 逃がす, 放棄する, やめる 「な
omnis, e. あらゆる, 各自み
onustus, a, um c. abl. ～を積込んだ, 載せた
opera, -ae. f. 仕事, 勞力; operam dare c. dat. ～に努める, 氣をつける, 仕える operae (pretium) est ひまがある (勞に値する)

opīmus, a, um. c. abl. ～に富んだ
opīnor (1) dep. 思ふ (見解)
oportet impers. c. inf. s. ut 當に～べきである §370,
oppidō [副] 大變に ⌊417
oppidum, -ī. n. 町, 市
op-pōnō (3) c. dat. ～に對置する, 反對する
opportūnitās, -ātis. f. 好運, 便宜, 機會
op-portūnus, a, um c. dat. ～に適合せる, 都合よい
op-primō (3) 壓迫する
ops. opis. f. pl. opēs, opum, (sg. は gen. acc. abl. のみ使われる) 助け, 力, 手段; pl. 富 「上級
optimus, a, um. bonus の最
optō (1) 願望する, 求める, c. ut §416, 422
opulentus, a, um. c. abl. ～に富める
opus, operis. n. 要, 仕事, 勞働, 作品; opus est c. abl. s. inf. ～を要する §370, 417, 422
ōra, -ae. f. 岸, 端
orbis, -is. m. 圓, 球, 地球
orbō (1) c. abl. ～を奪う
orbus, a, um c. abl. ～のなり, ～を失った

Orgetorix, īgis. *m.* （ガリア酋長名）
origō, -inis. *f.* 起源，源流
orior (4)× *dep.* 昇る，生れる，〜から出る
ōrnō (1) *c. abl.* 〜で飾る
ōrō (1) 言ふ，祈る，願ふ *c.* ut §416, 422
ōs, ōris *n.* 口，顏
ōsculor (1) *dep.* 接吻する
ōsculum, -ī. *n.* 接吻「唱える
os-tendō (3) さし出す，示す，
ōtium, -ī. *n.* 閑暇，安樂，安逸

P

pāctum, -ī. *n.* 契約； quō pāctō 如何にして
paeniteō (2) 悔いる； *impers.* paenitet aliquem. *c. gen.* 〜は〜を悔いる §371
palam [副] 公に，隱さずに [前] *c. abl.* 〜の前で
Palātium, -ī. *m.* （丘の名，その上にカエサルの宮殿があった）
palūs, -ūdis. *f.* 沼，池
Panaetius. -ī. *m.* （ストア哲學者）
pānis, -is. *m.* パン
papāver, -eris. *n.* 罌粟の花
pār, *gen.* paris *c. dat.* 〜に等しい，匹敵する

parātus, a, um 準備された； *c. dat.* 〜に． <parō
parcō (3)× *c. dat.* 〜を赦す，省く，せずにおく
parēns, -entis, *gen. pl.* -um *s.* -ium 兩親； *pl.* 先祖
pāreō (2) 現れる，從ふ； *impers.* pāret ut 明かである
pariō (3)× 生む，作り出す
Parīsiī, -ōrum. *m.* パリ（人）
Parius, a, um パロス島の
parō (1) 調える，備える
pars, partis. *f.* 部分，役； pars est ut 〜が任務である §418
parsimōnia, -ae. *f.* 節約
particeps, *gen.* -ipis, *c. gen.* 〜に關與する
partior (4) *dep.* 分配する
partus pariō の *p.p.p.*
parum [副] 少しだけ，少々
parvus, a, um 少さい，安い
pāscō (3)× 食を與える，牧する
pāscor (3) *dep. c. abl.* 餌をとる，（獸が）喰う
passer, -eris. *m.* 雀
passim [副] 方々に
passus, a, um patior の *p.p.p.*
passus, -ūs. *m.* 幅，一尋
pater, -tris. *m* 父

patiēns, *gen.* entis 忍んでゐる，堪忍づよい
patienter ［副］辛抱强く
patientia, -ae. *f.* 忍耐
patior (3)× *dep.* 耐え忍ぶ，蒙る，許す
patria, -ae. *f.* 祖國
paucus, a, um 少數の ［名］*m. pl.* 少數，幾つか
paulātim (paull-) ［副］少しずつ
paulō ］副］少しだけ，少しく
paulus, a, um 僅かな
pauper, *gen.* -eris 貧しい；［名］貧者 *c. gen.* に乏しい
pāx, pācis. *f.* 平和
peccātum, -ī. *n.* 罪，過失
peccō (1) 罪を犯す，過つ
pectus, -oris. *n.* 胸，心
pecūnia, -ae. *f.* 財産，富
  pecūnia pūblica 公金
pecus, -oris. *n.* 家畜，羊
pecus, -udis. *f.* 獸，羊，牛
pedester, -tris, -tre 歩行の，歩兵の ［名］*m.* 歩兵
peditātus, -ūs. *m.* 歩兵隊
pellō (3)× 動かす，押す，追拂ふ，追放する
Peloponnēsus (-os), -ī. *f.* （ギリシアの半島名）
pendeō (2)× 懸つてゐる，賴つてゐる，不確實である

pendō (3)× 量る，評價する
penitus ［副］内奥から
per ［前］*c. acc.* 〜を通つて（處）〜の間（時），〜の爲に〜によつて（理由，手段）§ 325
per-dō (3)× 亡ぼす § 219
peregrīnor (1) *dep.* 外國へ旅する，外國に滯在する
peregrīnus, a, um 外國の ［名］*m.* 異邦人
per-eō (不) 死ぬ，滅びる § 219 「した
perfectus, a, um 完い，完成
per-fero (不) 目的まで運ぶ，最後まで堪える 「成する
per-ficiō (3) *v.* faciō なす，達
perfugium, -ī. *n.* 避難所
per-gō (3) *v.* agō 續ける，話を續ける，完遂する
pergrātus, a, um 非常に快い；pergrātum *alicui* facere 非常に喜ばす
perīculōsus, a, um 危險な
perīculum, -ī. *n.* 試煉，危險，記録
Peripatēticī, -ōrum. *m. pl.* 逍遙學派の徒（アリストテレスの弟子達）
perītus, a, um, *c. gen.* 〜の經驗深い；〜に巧みな
per-mittō (3) 許す；*c. ut.* 〜さ

せる §416
perniciēs, -ēī. *f.* 崩壊, 滅亡, 災害
per-noctō (1) 徹夜する, 夜をすごす
perpetuō [副] たえず
perpetuus, a, um 持續的な, 永久の [名] *n.* 永遠
per-sequor *dep.* 執拗に追求する, 迫害する, 述べる
persevērō (1) 固執する, 堪え凌ぐ
per-spiciō (3) 見通す, 眺める, 見渡す
per-suādeō (2) *c. dat.* ～を説得する
per-turbō (1) ひどく亂す, 混惑させる
per-veniō (4) 到達する
pēs, pedis. *m.* 足, 尺; *pl. abl.* pedibus 徒歩で
pestis, -is. *f.* 惡疫, 破滅, 害惡
petō (3)× 求める, 赴く
Philocōmasium, -ī. *n.* (ギリシア婦人の名)
philosophia, -ae. *f.* 哲學; *pl.* 哲學說, 哲學諸學派
pietās, -ātis *f.* 溫厚さ, 敬虔, 孝行
piger, -gra, -grum 懶惰な, 鈍い
piget (2) *impers. c. aliquem gen.* ～の故に～を不快にする, 立腹させる §371
pigritia, -ae. *f.* 怠惰
pila, -ae. *f.* 球
piper, -eris. *n.* 胡椒
piscis, -is. *m.* 魚
pius, a, um 敬虔な, 溫厚な
placeō (2) *c. dat.* ～の氣に入る *impers. c. dat.* ～の氣に入る §372
plācō (1) 鎭める, やわらげる
plānē [副] 明かに, 全く
plaudō (3)× 拍手する, 賞讚する
plēbs, -bis. *f.* 大衆
plēnus, a, um *c. abl. s. gen.* ～に滿ちた, ～で充ちた
plēr-us, a, um-que (*sg.* は稀) 大部分の, 大多數の
pluit (3) *impers.* 雨が降る; *c. abl.* ～を降らす §369
plūrimus, a, um (multus の最上級) 最も多くの, 極めて多くの; [副] plūrimum もっとも; quam plūrimum *c. inf.* 出來るだけ多く～する
plūs *gen.* plūris (*sg.* は *n.* のみ) (multus の比較級) *c. gen.* より多くの～
plūs [副] いっそ, もっと
pluvia, -ae. *f.* 雨
poena, -ae. *f.* 償金, 身代金, 罪

poēta, -ae. *m.* 詩人
pol ［感歎詞］ 全く
polliceor, pollicitus sum (2) *dep.* 約束する
pollis, -inis. *m* 粉
pōnō (3)× 置く，据える
pōns, pontis. *m.* 橋
populus, -ī. *m.* 人民，國（民）
portō (1) 運ぶ
portus, -ūs. *m.* 港
positus, a, um pōnō の *p.p.p.*
possum× 出來る，能う §536
post ［前,副］ *c. acc.* 〜の後で，後に §96, 325
post-eā ［副］ そのあとで
post-quam ［接］ 〜してから，〜した後に §431
postrī-diē ［副］ 次の日に
postulō (1) 要請する
potestās, -ātis. *f.* 力，能力，權威
potior (4) *dep. c. abl.* 〜を所有する，占める，支配する
potius ［副］ むしろ
prae ［前］ *c. abl.* 〜の前に，〜の爲に，〜に比して §324
prae-beō (2) *v.* habeō 提示する，示す，提供する，生ぜしめる
prae-ceptum, -ī. *n.* 規準,指令
prae-cipitō (1) つき落とす,顚落する，沒落する
prae-cipuē ［副］ とりわけ，就中

prae-clārus, a, um 輝かしい，美しい，立派な
prae-ditus, a, um *c. abl.* 〜を備えた
prae-ferō (不) えらぶ，示す；*c. dat.* 〜よりも好む
prae-ficiō (3) 主位におく，首長にする，指揮權を與える
praemium, -ī. *n.* 褒美
prae-sentia, -ae. *f.* 現前にあること；in praesentiā 現在のところ
praesidium, ī. *n.* 護衞, 守備隊
prae-stāns, *gen.* -tis 有名な；*c. gen.* 〜に優れた
prae-stō (1) 前に立つ；*c.dat.* 〜より優れている；*impers.* praestat *c. inf.* 〜の方がよい §370；果たす「すぐ
praestō ［副］ すぐそばに，praestō esse そばに居る，すぐ役に立つ
prae-sum *c. dat.* 〜の上に立つ，〜を統帥する §347
praeter ［前］ *c. acc.* 〜をこえて，以上に
praeter-eō (不) 過ぎ去る
prae-videō (2) 豫見する
prae-vidus, a, um 豫見せる
pretium, -ī. *n.* 價値，價格
prex, precis. *f.* 祈禱（*pl.* を

ふつう用いる）§464
prīdem ［副］ 以前に
prī-diē ［副］ 前日に
prīmō ［副］ 先ず，始めは
prīmum ［副］ 先ず，第一に，はじめて
prīmus, a, um 第一の，先頭の; prīmō quōque tempore 最初の機會に，出來るだけ早く
princeps, -cipis. *m.* 首長，第一人者
prius ［副］ さきに（proより）
prius-quam ［接］ 〜以前に，〜せぬうちに §431
prīvō (1) *c. acc. abl.* 〜から (*acc.*) 〜を (*abl.*) 奪う
prō ［前］ *c. abl.* 〜の前で，のわりに，に應じて，のために，のかわりに §324
probō (1) 是とする，立證する
procul ［副］ *c. abl. s. c.* ab 〜から遠く離れて
prō-currō (3) 進む
prō-dō (不) 明かにする，傳える，述べる 「戰う
proelior (1) *dep.* 戰をする，
proelium, -ī. *n.* 戰鬪，會戰
profectō ［副］ すぐさま，確かに，卽ち 「役立つ
prō-ficiō (3) 進む，進步する，
pro-ficīscor (3) *dep.* 出發する，進む

prō-fugiō (3) 逃れる，避ける
pro-hibeō (2) 阻む，禁ずる
prō-iciō (3) 投げ出す，企てる
pro-inde ［副］ そこで，從って，同樣に proinde āc sī 宛も〜の如く §445
prō-mittō (3) 先に行かせる，保證する，約束する *c.* ut *s. fut. inf.*
prōnus, a, um 傾ける，好意ある，容易な
prope ［前］ *c. acc.* 〜の近くで，の傍に ［副］ 殆ど
propinquus, a, um *c. dat.* 〜に近い
proprius, a, um *c. dat.* 〜に固有の，獨特の
propter ［前］ *c. acc.* 〜の近くに，爲に 「伴う，護衞する
prō-sequor *dep.* ついて行く，
prosper (prosperus,) a, um 繁榮せる，幸運な; prosperae rēs 幸福，好況
prō-sum, prōd-est, c. dat. (不) 爲になる，利益がある
prō-videō (2) 豫見する，備える; *c. dat.* 〜の面倒をみる
prōvincia, -ae. *f.* 州，地方
Prōvincia, -ae. *f* （ローマ領南ガリア）

prō-vocō (1)　呼び出す，挑む，激發する

proximē　[副]　次に

proximus, a, um　極く近くの；*c. dat.* 〜に隣れる；proximō annō　來年；proximum est ut　まず〜せねばならない §418

prūdēns, -entis　賢明な，思慮ある. *c. gen.* を辨えてい

prūdenter　[副]　賢明に しる

prūdentia, -ae. *f.*　思慮深さ，知識，賢明さ

pūblicus, a, um　公の，國民の，普通の；rēs pūblica 國事，國家

pudeō (2)×　恥じる，恥じしめる；*impers.* pudet aliquem. *c. gen.* 〜は〜の故に恥じる §371

puella, -ae. *f.*　少女

puer, -erī. *m.*　少年，僕

pueritia, -ae. *f.*　幼少時代（ほぼ十七歳まで）

pugna, -ae. *f.*　戰

pugnō (1) *c. cum abl. s. dat.* 〜と戰う，爭う　「い

pulcher, -chra, -chrum　美し

pulchrē　[副]　美しく

pulchritūdō, -inis. *f.*　美しさ

pulsō (1)　打つ，叩く

pulsus　pellō の *p.p.p.*

pūpa, -ae. *f.*　人形

puppis, -is. *f.*　船尾，船

purpureus, a, um　眞紅,紫の

pūteō (2)　腐っている，臭氣を發する

puteum, -ī. *n.*　井戸，泉

putō (1)　想う，評價する

Pȳthagorās, -ae. *m.*　（ギリシアの哲・數學者）

Q

quā　[疑副]　如何にして？ どこを通って？　[關副]　〜を通って　　　「§66, 67

quaerō (3)×　訊ねる，求める

quālis, e　[疑形]　如何なる？；[關形] 〜の如き；tālis〜 quālis〜 〜の如きその樣な

quam　[副]　〜よりも　[關副] 〜ほど，〜の如くに；tam 〜quam 〜ほど，それほど 〜quam *c. superl.* 出來るだけ〜　[疑副]　どれほど？ どれ位？ §358, 394–7

quam-diū　[疑副]　いつまで〜か？ [關副] 〜する間は，までは §432

quam-quam　[接]　〜けれども，〜にも拘らず §443

quam-vīs　[接]　である限り；*c. conj.* 〜けれども，假令〜にもせよ；§442

quandō [疑副] 何時?; [副] (num, nē, sī の後で) 何時か, 或時 [接] 〜する時

quantum [疑副] どれほど?; [關副] 〜ほど

quantus, a, um [疑形] どれだけの〜?; [關形] 〜ほどの

quattuor (quattor) [數] 四

-que [接] と, そして (常につけたす語の後につく) §18

queō できる §541

quī [疑副] どの樣に?

quī, quae, quod [關代] 〜する (人, 物) §133 [疑形] どの? §135 [不定形] 誰(何)か? §141

quia [接] 何となれば〜だから

quī-cumque, quae-, quod- [關代] 誰(何)であろうと〜人(物)は §136

quid [疑副] 何故? §139

quī-dam, quae-dam, quid (quod)-dam [不定代] 或る人(物); [不定形] 或る

quidem [副] 確かに, 實際, こそ, 全く

quī-libet, quae-, quod (quid)- [關, 不定代] 誰(何)にせよ〜人(物)は §136

quīn [疑副] 何故〜ぬか? [接] 〜ことを §414

quī-nam, quae-, quod [疑形] どの〜が一體?; [疑代] 誰(何)が一體?

quīnquāgintā [數] 五十

quīnquiēs [副] 五度

Quīntiliānus, -ī. m. (ローマの有名な修辭學者)

Quīntus, -ī. m. (ローマ人の名)

quis, qua, quid [不定代] 或人(物), 誰(何)かしら §141

quis, quid [疑代] 誰が? 何が? §134, 504

quis-nam, quid- [疑代] 一體誰(何)が?

quis-piam, quae-, quod- [不定代] 誰か, 何か

quis-quam, quaequam, quid (quod)〜 [不定代] 誰であろうと, いずれも

quis-que, quae, quid [不定代] どの, 誰でも, それぞれ §143. ut quisque＋比・最上級 〜であればあるほど益々〜 §396

quis-quis, quid-quid [不定代] 〜するものなら誰(何)でも

quī-vīs, quae-, quod- [不定代] 誰(何)であれ, 君のえらぶ人(物)は, 誰(何)にせよ

quō [副] 〜するだけ; quō eō (共に比較と) 〜すればするほど益々〜 §413, 396

quō [疑副] どこへ？ [關副]
　～ところへ　　　　「§ 139
quod [接] ～というわけで
quōdammodō (quōdam modō)
　云わば，まず
quō-modo [疑副] どの様にし
　て～？ [關副] ～の如くに
　して　　　　　「時，嘗て
quon-dam [副] 何時か，或
quon-iam [接] ～だから，の
　故に § 408
quo-que [接] また　「度？
quotiēns (quotiēs) [疑副] 何

R

rāritās, -ātis. *f.* 稀なこと
ratiō, -ōnis. *f.* 勘定，策，考，
　理性
ratus, a, um reor の *pf.*
re-cēdō (3) 退く，戻る
receptus, a, um recipio の
　p.p.p.
re-cipiō (3) うけとる，回復す
　る，得る；se recipere 退
rēctā [副] 眞直にしく，戻る
rēctē [副] 正しく，正當に
rēctus, a, um 正しい，眞直の
re-cumbō (3) 臥す
re-cūsō (1) 却ける；*c.* nē
　拒む § 420
red-amō (1) 愛を返す，愛に
　應える

red-dō (3)× 返す，報いる，與
　える
red-eō [不] 歸る
red-undō (1) *c. abl.* ～に富
　む；～で溢れる
re-ferō [不] 還す，告げる；se
　referre 赴く
rē-fert, *impers. c. gen. inf.* ～
　に關する，大切である § 373
rēgīna, -ae. *f.* 女王，王妃
regnō (1) 支配する，統治する
regnum, -ī. *n.* 統治，主權，王
　國　　　　　　　　「る
re-linquō (3) 遺棄する，立去
reliquus, a, um 殘りの，他
　の [名] *n.* 殘餘；reliqu-
　um est, ut *c. conj.* ～さ
　えすればよい，～するだけ
　でよい § 418
re-mittō (3) 送り還す，赦す，
　ゆるめる
re-moveō (2) 遠ざける *p.p.p.*
　re-mōtus 遠い
re-novō (1) 更新する，再び
　始める
reor (2) *dep.* 考える，信ずる，
　勘定する
repentē [副] 突然，不意に
repentinus, a, um 突然の，に
　わかの
re-periō (4)× (再び)見出す，偶
　然出逢う

re-petō (3) 再び求める，導く，再びはじめる，くり返す
repleō (2) 再び滿す，みたす
rēpō (3)× 這う，ゆっくり進む
re-prehendō (3) 抑える，非難する
re-primō (3) v. premō 抑える，止める
repudiō (1) 却ける，拒否する
re-pugnō (1) c. dat. 〜に抵抗する §346
re-quiēscō (3) 憩う
rēs, reī. f. 事物，財産，pl. 事情，狀況；rēs pūblica 國家
re-sciō (4) 偶々知る，確める
re-scīscō (3) 認める，確める
re-sistō (3) c. dat. 抗する
re-spondeō (2) 答える
restrictē [副] 嚴密に
re-tineō (2) v. teneō；抑える，愼しむ
retrō [副] 後へ，後方へ
reus, -ī. m. 被告，罪人
re-vertor (3) dep. 還る，戻る
rēx, rēgis. m. 王
Rhēnum flumen. n. ライン川
Rhodus, -ī. f. ロドス島；loc. Rhodī 〜で
rīdeō (2)× 笑う，嘲笑する
rīsus, -ūs. m. 笑聲，笑
rītē [副] 形式に則って，然るべく，正しく
rīvulus, -ī. m. 細流
rōbur, -oris. n. 樫の赤材，堅固さ，體力
rogō (1) 訊ねる，要求する
Rōma, -ae. f. ローマ；loc. Romae ローマで
Rōmānus, a, um ローマの [名] ローマ人
rosa, -ae. f. バラの花
ruber, -bra, -brum 赤い
rudēns, -entis. m. 綱
rumpō (3)× 破る，碎く
rūs, rūris. n. 田舎
rūsticor (1) dep. 田舎で生活する 「農夫
rūsticus, a, um 田舎の [名]

S

sacer, -cra, -crum 聖い，禁斷の
sacrificō (1) c. abl. 〜を犧牲に獻げる
saeculum, -ī. n. 世代, 世紀, 時代
saepe [副] しばしば
sagāx, gen. -ācis 銳敏な，賢い
sāl, salis. m.n. 鹽，海
saltō (1) 踊る
salūtāris, e c. dat. 〜に好意ある，有益な
salūtō (1) 挨拶する

salvē (2) (命令形) 達者であれ！(挨拶用語) §471
salvus (salvos) a, um 全い，健康な，安全な
sānē [副] 確かに，全く
sanguis, -inis. *m.* 血
sānus, a, um 健康な，確かな
sapiēns, *gen.* -entis 賢い [名] *m.* 賢人
sapienter [副] 賢く，理に從って
sapientia, -ae. *f.* 知慧，良識，學問
sapiō (3)× 賢い，辨えがある
sat, satis [副] 十分な，十分に
scandō (3)× 登る，攀ぢ登る
scelus, -eris. *n.* 犯罪
schola, -ae. *f.* 授業，講義，學校，學派
sciō (4) 知る，分別する
Scīpiō, -ōnis. *m.* (ローマの人名，有名な政治家，將軍)
scītus, a, um 巧みな，なれた
scopulus, -ī. *m.* 岩，崖
scrībō (3)× 書く，書き記す
scrīptiō, -ōnis. *f.* 書くこと，書き物，辯論の稿，訴狀
scrūtor (1) *dep.* 探る
secundum [前] *c. acc.* ～に從って，～に沿って，～によると
secundus, a, um 次の，第二の，惠まれた；rēs secundae 順境，幸福な狀態
sed [接] 併し
sedeō (2)× 坐す
sēdēs, -is. *f.* 席，座
semel [副] たゞ一度
sēmentis, -is. *f.* 播種
sēminō (1) 播種する
semper [副] いつも，常に
senectūs, -ūtis. *f.* 老年，老境
senex, *gen.* senis 老いた [名] 老人 §494
senīlis, e 老人の
sēnsim [副] 少しずつ，徐々に
sēnsus, -ūs. *m.* 感覺，知慧，考，氣持，意義
sententia, -ae. *f.* 考方，意見，判決，文，句
sentiō (4)× 感ずる，思う
septimus, a, um 七番目の
septuāgintā [數] 七十
sepulchrum, -ī. *n.* 墓
sequor (3)× *dep.* 從う，追う；sequitur ut *c. conj.* ～という結果になる §417
sermō, -ōnis. *m.* 對話，會話，話，文體
sērō [副] 遲く
serō, sēvī, satus (3)× 播く
serpēns, -entis. *m.* 蛇
serviō (4) *c. dat.* ～に隷從する，仕える

servus, -ī. *m.* 奴隷
sēstertius, a, um '2.5倍の'
　［名］*m.* 2.5 アスに相當する貨幣（約十圓弱）
sevēriter ［副］酷しく
sevērus, a, um 嚴しい, 氣難かしい
sex ［數］六の
sī ［接］もし～ならば, ～かどうか §433-436, 452-4 ; ō sī *c. conj.* ～であればよいが §192
sīc ［副］そのように, かくして
Sicca, -ae. *f.m.* (人名) ; *f.* (都
siccō (1) 乾かす　　 ⌊市名)
siccus, a, um 乾いた
sīc-ut ［副］さながら, ～同樣に
sīdus, -eris. *n.* 星
silentium, -ī. *n.* 沈默 ; silentiō (*abl.*) ひそかに
sileō (2) 默る
silva, -ae. *f.* 森
sīmia, -ae. *f.* 猿
similis, e. *c. gen. s. dat.* ～に等しい, ～に似た §348
simplex *gen.* -icis 單純な, 素朴な, 素直な
simulācrum, -ī. *n.* 肖像, 像
sin ［接］ ＞sī nē ; 然し, もし, だがまた
sine ［前］ *c. abl.* ～なしに
singulāris, e 一つの, 獨特の,

優れた
singulī, ae, a 一つずつの
sinō (3)× *c. inf.* を許す ; 置く
sinus, -ūs. *m.* 襞, 胸, ふところ
sistō (3)× 立つ, 置く, 据える
sī-ve (seu) ［接］または, 或はもし～なら
socer, -erī. *m.* 義父
societās, -ātis. *f.* 交友, 同盟
sociō (1) 分つ, 共有する, 同盟する
socius, -ī. *m.* 友, 仲間, 同盟軍
Sōcratēs, -is. *m.* (アテナイの哲人) §477
sōl, sōlis, *m.* 太陽
sōlācium, -ī. *n.* 輕減, 慰め
soleō (2)× *c. inf.* 習慣である ; ut solet いつも通り
sollicitus, a, um 動搖せる, 惱める, 思い煩う
sōl-stitium, -ī. *n.* 夏至, 夏
solum, -ī. *n.* 土地, 土壤
sōlus, a, um ［代形］一人の, 唯一の §359, 360
solvō (3)× 分解する, 解く, 支拂う
somniō (1) 夢みる
somnium, -ī. *n.* 夢
somnus, -ī. *m.* 眠り
soror, -ōris. *f.* 姉妹
sors, sortis. *f.* 籤, 運 ⌈む
spatior (1) *dep.* 散步する, 進

spatium, -ī. *n.* 空間, 走路;
longō spatiō (*abl.*) はる
かに §95, 172
speciēs, -ēī. *f.* 外貌, 相, 種類
spectō (1) 眺める
speculum, -ī. *n.* 鏡
spērō (1) 期待する, 望む *c.*
fut. inf. s. ut §405, 416
spēs, speī. *f.* 希望「風, 靈
spīritus, -ūs. *m.* 呼氣, 息,
splendidus, a, um 輝く
sponte [副] 自ら進んで
stabilis, e 堅固な, 長持する
statim [副] 直すに, すぐと
statua, -ae. *f.* 像
statuō (3) 建てる, 定める, 決
心する *c.* ut 416
statūra, -ae. *f.* 丈, 丈高
stēlla, -ae. *f.* 星
stillō (1) 滴らす, 滴る
stō (1)× 立つ, 價する
Stōicus, a, um ストアの [名]
m. ストア哲學者
studeō (2) *c. dat.* 〜に努める,
追求する *c.* ut §416
studiōsus, a, um. *c. gen.* 〜を
求める, 〜に熱心な
studium, -ī. *n.* 熱心, 努力, 愛
好; *pl.* 學問
stultitia, -ae. *f.* 愚事, 馬鹿さ
stultus, a, um 愚かな, 頓馬
な [名] *m.* 愚者

suādeō (2)× *c. dat.* 說得する
suāvis, e 甘美な, 快い
sub [前] *c. abl.* 〜の下に, 〜
の許に, 〜の底に, 〜と同
時に, 〜と共に; *c. acc.*
〜の下へ, 〜の頃に, すぐ
〜と共に §326
sub-eō (不) 近づく, 從う
sub-iugō (1) 軛の下を通らせ
る, 征服する
sub-levō (1) *c. dat.* 扶ける
sub-nixus (-nīsus), a, um *c.*
abl. 〜に賴った, を信賴
せる *v.* nītor×
subsidium, -ī. *n.* 援軍, 護衞,
支援「助する
sub-veniō (4) *c. dat.* 〜を援
suc-cīdō (3) *v.* caedo 短く刈る
suc-cumbō (3) 弱まる, 打ち
負かされる; *c. dat.* に
降服する
suc-currō (3) *c. dat.* 〜を援
助する, 救援する
sūdō (1) 汗を流す, 發散する
suī (*gen.*) *dat.* sibī, *acc. abl.*
sē *s.* sēsē. [再歸代] §202
彼 (彼女, それ) 自身; per
sē 自身で, それだけで
sulfur, -uris. *n.* 硫黃
sum (不) 存在する, 〜である;
§535. est ut 〜もありう
る §417. *c. dat.* esse 〜

のもの，のため § 83, 84
summē [副] 最も，非常に
summus, a, um (super の最上級) 最も高い，至上の
super [前] c. abl. 〜の上に，〜について c. acc. 〜の上へ，〜の頃に，〜に加えて § 326
superō (1) より優れている，打ち負かす
suprā [前] c. acc. 〜以上に，〜の前に，〜について
sūs, suis m.f. 豚
su-spiciō (3) 見上げる，尊敬する，疑う
suspicor (1) dep. 疑う
sus-tentō (1) 支える，延ばす
sus-tineō (2) 支える，制する，
suus, a, um 彼(彼女，それ)自身の § 203, 204

T

taberna, -ae. f. 店,旗店,廠舎
tabula, -ae. f. 板；pl. 書いた物，本
taceō (2) 默る，默っている
tacitus, a, um 寡默な，默せる
tāctus, a, um tangō の p.p.p.
taedet (2) impers. 退屈させる § 371
tālis, e この様な(種類の)
tam [副] それ位(程度)，かくも
tam-diū (tam-diū) その間は，限りは
tamen [接] 併し，他方
tam-quam [副] 恰も，同様に
tan-dem [副] 遂に，最後に
tangō, tetigī, tāctum (3) 觸れる，さわる
tantum [副] それだけ; tantum〜quamtum 〜だけ，それだけ
tantus, a, um かゝる大きさの，こんな程度の; tantī (gen.)，それほどの値の，tantō (abl.) それ位に
tardus, a, um のろい，遅れた
tēctum, -ī. n. 屋根，家
tēla, -ae. f. 布
tellūs, -ūris. f. 大地，土壌
temeritās, -ātis. f. でたらめ
temperō, s. -or (1) dep. にも.調える，抑える，節度を守る
templum, -ī. n. 社寺
tempus, -oris. n. 時，時代，機會 tempus est ut 〜すべき時である § 418
tenebrae, -ārum. f. pl. 暗闇，夜
teneō (2)× 保つ，占領する，抑える
tener, -era, -erum 柔い，若い
tentō (temptō) (1) 觸れる，驗す，試みる
tenuis, e 痩せた，細い，繊細な
terō (3)× 擦る，消耗する，費す. p.p.p. trītus

語彙（羅――和） 289

terra, -ae. *f.* 土地，陸，國
terror, -ōris. *m.* 恐怖
tertiō ［副］ 三度目に
tertius, a, um 第三の
testor (1) *dep.* 證する，證人（據）にする
Teutonī, -ōrum. *m.* テウトン族（ゲルマニア住民）
Theophrastus, -ī. *m.* （ギリシアの哲學者）
thēsaurus (thens- とも) -ī. *m.* 庫，財寶
Thrāx -ācis. *m.* トラキア人
Thrasybūlus, -ī. *m.* （三十人僭主を追放したアテナイ人）
Tiberis, -is. *m.* （ローマを通る河の名）
tigris, -is. *m. f.* 虎
timeō (2) 恐れる，氣遣う *c.* nē §419
timor, -ōris. *m.* 恐，心勞
tolerō (1) 耐える，支える
tollō (3)× 上げる，取除く *p.p. p.* sublātus
tonat (1)× *impers.* 雷が鳴る
tōnsor, -ōris. *m.* 剃手
tot ［指形］（不變化）それほど（數）多くの
totidem ［指形］（不變化）／度，それだけ（數）の
totiēns (totiēs) ［副］ その度に §358
tōtus, a, um ［代形］すべての，全部の §359
trabs, trabis. *f.* 木材，角材
tractābilis, e 扱い易い，素直な
trā-dō (3) ＜trāns-dō 渡す，ゆずる，裏切る，傳える
trā-dūcō (3) 導き渡す，過ごす
trāns ［前］ *c. acc.* ～を横切って，超えて
trāns-eō 過ぎ行く，渡る
trāns-abeō 貫く，こえていく
trecentī, -ae, -a ［數］ 三百の
trēs, tria ［數］ 三の
tribus, -ūs. *f.* 藩，種族
trīgintā ［數］ 三十の
trirēmis, -is. *f.* 三段櫂の軍船
tristis, e 悲しめる，不幸な，暗い，嚴しい
tū ［代］ 君は §200
tueor (2) *dep.* 見守る，監督する *pf.* tuitus, tūtus
tum ［副］ その時
tumulus, -ī. *m.* 塚，墳
tunc ［副］ その時，當時
turbō (1) 亂す，擾亂する
turbō, -binis. *m.* 旋風，渦
turpiculus, a, um いくらか醜い
turpis, e 醜い，恥ずべき
turris, -is. *f.* 塔
tūtus, a, um 安全な，保護された
tuus, a, um 君の §203-4

tyrannus, -ī. *m.* 僭主, 暴君

U

ūber, -eris. *c. gen. s. abl.* 〜に富んだ, 滿ちた

ubī [疑副] どこに？ [關副] 〜ところに, 時に, 〜すると

ūllus, a, um どれかの §359

ultrā [前] *c. acc.* の向うに, 向側に

ultrō [副] あちらに； ultrō citrō あちこち

umerus, -ī. *m.* 肩

umquam (un-) [副] (否定詞と共に) かって〜(ぬ)；けして

unda, -ae. *f.* 浪, 海, 水

unde [疑副] 何處から？；[關副] 〜ところから

ūniversus, a, um 悉くの, 全體の 「唯一の §505

ūnus, a, um [代形] 一つの,

urbs, urbis. *f.* 都市, 都 (ローマ) 「まで *c. ad*

usque [副] ずっと續けて, 〜

ūsus ūtor の *pf.*

ūsus, -ūs. *m.* 使用, 享受, 必要, 交際, 經驗； ūsus est *c. abl.* 〜を要する； ūsū venit たまたまおこる

ut (utī) [關副] いかに, 〜のように, 〜の如くは [接] *c. conj.* 次の如き内容の句を作る (目的) (達成, 結果) (説明) (禁止, 妨害) (危惧, 懸念) (疑惑) §412–22； ut prīmum 〜や否や； ut〜sīc (ita) しかし, 一方〜； §430, 444–5

uter, utra, utrum [代] どちらか (二つのうち) §359

ūtilis, e *c. dat.* 〜に有益な

ūtilitās, -ātis. *f.* 有用さ, 利益

uti-nam [副] *c. conj.* 〜ならんことを (願望) §192

ūtor (3)ˣ *dep. c. abl.* 〜を用いる, 利用する, 樂しむ, 交わる

utrum [疑] utrum〜an 〜か或いは〜か？

uxor, -ōris. *f.* 妻

V

vacō (1) *c. abl.* 〜に缺けている； 暇である； *impers.* vacat *c. inf.* 〜する暇がある §370

vacuus, a, um 空の； *c. abl.* 〜を缺いた §222

vādō (3)ˣ 步む, 行く

valdē [副] 強く, 激しく, 大變に

valeō (2) 丈夫である, 力がある, 値する, 訣別する； valē, valēte (命) さようなら

vātēs, -is. *m.* 豫言者，詩人
-ve ［接］ 或は §18
vectīgal, -ālis. *n.* 稅
vehō, vēxi, vectum (3)× 運ぶ
vehor (3) *dep.* 乘っていく；*c. abl.* 〜に乘る
vel ［副］ 或は，むしろ
vēlōx, *gen.* -ōcis 迅速な
vel-ut (velutī) ［副］ 恰も，さながら velut sī 宛も〜の如くに §404, 5
vēnālis, e *c. abl. s. gen.* 〜で賣られる，金づくの
vendō (3) -didi, -ditum *c. abl. s. gen.* 〜で賣る §221
vēneō, (不) *v.* vēnum eō；賣られる §221
veneror (1) 敬う
veniō (4)× 來る
vēnor (1) *dep.* 狩をする
venia, -ae. *f.* 恩惠，宥免
Venus, -eris. *f.* ヴェヌス（美
vēr, -ris. *n.* 春　　しの女神）
verbum, -ī. *n.* 言葉，文句，辯舌
verēcundia, -ae. *f.* 廉恥心
vereor (2) *dep.* おそれる，氣遣う *impers.* veritum est 〜することを恐れる
vēritās, -ātis. *f.* 眞理，眞實
vērō ［副］ 確かに，如何にも，だが

versus (versum) ［副］ *c. acc.* に反對して，對って
versus, -ūs. *m.* 句，詩
vertō (3)× 轉ずる，向う，變る
vērum ［接］ だが，しかし；nōn sōlum〜vērum etiam 〜のみならずまた〜
vērus, a, um 眞の
vēscor (3) *dep. c. abl.* 〜を食う
vesper, -erī *s.* -eris. *m.* 夕方
vester, -tra, -trum 君らの
vestiō (4) *c. abl.* 〜を着せる，〜で裝う
vetō (1)× *c. inf. s.* ut 〜を禁ずる，許さぬ
vetus, *gen.* -eris 古い，年とった veterēs 古人
vetustus, a, um 年とった
via, -ae. *f.* 道，方法，旅行；*dbl.* viā きちんと，法に適って，組織的に
vīcīnus, a, um, *c. dat.* 〜に隣れる
vicissim ［副］ 交る交る
victor, -ōris. *m.* 勝利者
victōria, -ae. *f.* 勝利
victrīx, -īcis. *f.* （女の）勝利者
vīctus, -ūs. *m.* 衣食，暮し
videō (2)× 見る，覺る，注意する；*dep.* videor 見える，思われる

viduus, a, um 鰥夫の; c. abl. ～を缺いた, ～を失った
vigeō (2) 活發である, 盛であ
vigilia, ae. f. 徹夜, 夜警 ｌる
vigilō (1) 夜番する, 徹夜する
vīgintī [數] 二十
vīlis, e (價が)安い, 下らぬ, 無價値の　「vinctus
vinciō (4)× 縛る p.p.p.
vincō (3)× 勝つ, 征服する p.p.p. victus
vīnum, -ī. n. ぶどう酒
vir, virī. m. 男, 夫
virgō, -inis. f. 乙女, 處女
virtūs, -ūtis. f. 勇氣, 德, 才能
vīs, vīs. f. abl. vī. 力, 暴力, 亂暴; pl. vīrēs 勢力
vīta, -ae. f. 生, 生命, 生活
vitium, -ī. n. 缺點, 惡德, 不善
vitrum, -ī. n. ガラス, 瑠璃

vituperō (1) 非難する, 責める
vīvō (3)× 生きる, 暮す; c. abl. ～を食べて生きている
vīvus, a, um 生命ある
vix [副] 辛うじて, 殆ど～ぬ
volgō (vul-) [副] vulgō (abl.) 一般に
volgus (vul-), -ī. n. 群衆, 俗衆
volitō (1) 飛ぶ, 飛翔する
volō (不) 欲する, 意欲する §469, 539
voltus (vul-), -ūs. m. 顏, 貌
volucris, -is. f. 鳥
voluntās, -ātis. f. 意志, 意圖
voluptās, -ātis. f. 快樂, 喜悅
volvō (3) 轉す, 轉る, 遍歷する
vōs [代] 君たち §200
vōx, vōcis. f. 聲, 言葉
vulnus (vol-), -eris. n. 傷
vulpēcula, -ae. f. 小狐, 狐
vulpēs (vol-), pis f. 狐

[補 遺]
aedificium, ī. n. 建物
bellus, a, um きれいな
col-lābor (3)× 崩れる
con-vocō (1) 呼び集める
costa, ae. f. 肋骨
dif-fundō (3)× 擴散する
ex-terreō (2) 驚かす
forma, ae. f. 形, 美
memorō (1) のべる, 告げる
minimus, a, um 最小の

mortifer, era, erum 致命の
nōnnūllī 何人かの, いくらか
pate-faciō (3b)× 開く　ｌの
pavor, ōris, m. 恐怖　「める
prae-dīcō (1) 言いふらす, ほ
quasi あたかも…の如く, ほとんど　「いう
queror (3)× こぼす, 不平を
sus-cipiō (3b)× うける, 蒙る
tempestās, tātis. f. 天候, 嵐,
vērnus, a, um 春の　ｌ時

和――羅

あ 行

挨拶する　saluto (1)
愛人　amans, dilectus
(〜の)間　dum, inter, per
會う　video (2), viso (3)
遭う(目に)　patior
敢てする　audeo (2)
惡人　malus
(夜が)明ける　luceo (2)
明日　cras
與える　do
暖い(夏の)　aestivus
溫み　ardor
新しい　novus
集める　lego (3), colligo (3)
アッティカの　Atticus
アテナイ　Athenae
アテナイ人　Atheniensis
あまりに　nimium
雨が降る　pluit
アメリカ　America
誤る　erro (1), fallor (3)
歩み　pes
爭う　pugno (1) certo (1) c. cum 〜
アラビア人　Arabs
凡ゆる　omnis
現れる　appareo (2)
或者は〜或者は〜　alii〜, alii〜

憐れな　miser
憐れむ　misereor (2) c. gen.
意，意を用いる＝世話する
言う　dico (3), loquor (3)
(〜でないと)言う　nego (1)
家　aedes; domus
以外　praeter
怒　ira
生きる　vivo (3)
行く　adeo, eo
幾らの？　quantus? quanti?
意見　consilium, sententia, opinio
醫師　medicus
以前＝曾つて
以前に　antea
一層〜だから，一層〜
　　eo＋比較級, quo＋比較級
痛む　doleo (2)
イタリア　Italia
何時？　quando?
いつか　aliquando
いつも　semper
僞りの　falsus
田舎　rus
(〜や)否や　ut primum〜
犬　canis
祈る　oro (1)
今　nunc
今から　abhinc

居る (そこに) (praesto) sum,
要る opus est ⌊ad-sum
色　color
(～の) 上を　super c. acc.
受入れる　re-(ac-) cipio (3)
嘘をつく　mentior (4)
歌う　canto (1)
疑う　dubito (1)
美しい　pulcher, formosus
馬　equus
　馬でいく (in) equo vehor
海　mare
　海を越えて　per maria
賣る　vendo (3)
　賣られる　veneo
運命　fatum; fortuna; sors.
永遠 (久)　aeternitas
永久 (遠) に　in perpetuum (aeternum)
圓　circulus
援軍　auxilia; subsidium
　援助に來る　auxilio alicui venire
(～に) おいて　in c. abl.
追う　sequor, pello (3)
狼　lupus
大きな　magnus
大勢の　copiae c. gen. pl.
(～の) お蔭で　gratia c. gen.
(罪を) 犯す　pecco (1)
贈物　donum
　贈物にする　dono do (mitto)

贈る　dono (1)
送る　mitto (3)
怒る　irascor (3)
修める　colo (3)
教える　doceo (2)
訓える　moneo (2)
恐れる　timeo (2) vereor (2)
畏れる　vereor (2)
落ちる　cado (3)
劣った　inferior
踊る　salto (1)
伯 (叔) 母 (父方の)　amita
覺えている　memini c. gen.
思う　arbitror(1), censeo(2), opinor(1), reor(2)
　何とも思わぬ　nihili facere
赴く　eo, me confero (3)
泳ぐ　nato (1)
凡そ　fere
愚かさ　stultitia
愚かな人　insipiens, stultus
終　finis
恩知らずな　ingratus
恩寵　venia
女　femina; mulier

か 行

カエサル　Caesar
歸る　redeo, me recipio
鏡　speculum
～限りは　quamdiu～ tamdiu
書く　scribo (3)

語彙（和――羅）　　　　　295

隠さずに　aperte
學問　ars, disciplina
火事　incendium
數　numerus
風　ventus
頑な　difficilis; morosus
學校　schola
曾つて　olim
悲しげな　tristis
(～は) 可能である (ない)　fieri (non) potest ut (quin)～
～かどうか　utrum～an
神　deus
髪の毛　crinis
體　corpus
ガリア人　Galli
川　amnis; flumen, fluvius
　川で　in fluvio
感謝する　gratias ago
感ずる　sentio (4)
完全な　perfectus
氣をつけて　cum cura
記憶　memoria
記憶する　memini
機會　facultas
聞く　audio (4)
訊く　rogo
キケロー　Cicero
危險　periculum
　危險をおかす　currere periculo
技術　ars

狐　vulpes, vulpecula
氣づく　animadverto (3)
氣に入る　placet (2), lubet (2)
昨日　heri
義父　socer
騎兵隊　equitātus
君 (の)　tu (tuus)
君ら (の)　vos (vester)
決める　placet (2)
逆境　res adversae
境域　fines
球戯をする　pilā ludere
希望　spes
希望する　spero (1)
金　aurum
　金の　ex auro
藥　medicamentum, medicina
グラックス　Gracchus
繰返す　repeto (3)
來る　venio (4)
軍事　(res) militaris
軍勢　copiae
軍隊　exercitus
經驗ある　peritus c. gen.
決して (～ない)　(ne～) quidem; n(e) unquam
缺點　vitium
劍　gladius, ensis
元氣づける　confirmo (1)
健康な　sanus
賢者　sapiens
賢明さ　prudentia

こう　sic, ita
後悔する　paenitet (2)
行狀　mores
好運　fortuna
幸福に　beate
蒙る　patior (3)
劫掠する　depopulor (1)
古人　veteres
こゝへ　huc
こゝで　ibi
心　animus; cor; mens
試みる　conor (1)
答える　respondeo (2)
國家　res publica
〜毎　quoque
　五年目毎に　quinto （實は sexto) quoque anno
事柄　res
如く　sicut
　〜の如く，又〜も然り　talis 〜, qualis
(〜する)毎に　quotiens
ことになる　fit ut〜
〜ことを！　utinam！
言葉　verbum, dictum
この　hic
好ましい　gratus
小屋　taberna (-culum)
これ　hoc; istud
懇願する　obsecro (1)
今度は　nunc
困難な(に)　difficilis, e

さ 行

最初の　primus
幸な　felix; beatus
榮える　floreo (2)
慧しい　prudens
魚　piscis
寒さ　frigus
去る　recedo (3)
散歩する　spatior (1)
死　mors
併し　sed
四月　Aprilis
指揮官　dux, praetor
指揮する　praeficio (3)
仕事　offiicium, opera
獅子　leo
使者　nuntius
事情　res
詩人　poeta
自身　ipse
下(に)　sub
從う　oboedio (4), sequor
親しい　amicus
しとげる　efficio (3)
死ぬ　morior (3), obeo
屢々　saepe
事物　res
自分の　suus
島　insula
市民　civis
使命　praeceptum, mandātum

修士	magister	税金	vectigal
執着する	persevero (1)	精出す	operam do
主人	dominus ; domina	生物	animal
首長	princeps	世話する	curae est aliqui de ~
出發する	proficiscor		
自由	libertas	前日に	pridie
將軍	dux	僭主	tyrannus
稱讚	laus	先生	magister, magistra
稱讚する	laudo (1)	占領する	potior (4)
少女	puella	相	species
少年	puer	像	statua
城壁	moenia, murus	聰明さ	prudentia
女王	regina	祖國	patria
書物	liber	そこに	ibi, istic
知らない	nescio (4), ignoro (1)	そして	et, -que
知る	scio (4)	その	iste
信仰	fides	その間	tamdiu
人材	magna indoles	その時(折)	tum, tunc
辛抱する	persevero (1)	空	caelum
水夫	nauta	それ	id, istud
姿	forma	それから(後で)	postea
すぐ	confestim, statim	剃手	tonsor
優れた	superior, eximius	それだけ	tantum, tanto
勸め	consilium	それだけ(ほど)の	tantus
勸める	hortor (1)	それ故	quocirca ; enim
ずっと	multo	存する	sum ; exsisto
住む	habito (1), in-habito (1)	そんな(こと)	talis (talia)
爲る	ago (1), gero (3), facio (3)		
坐る	sedeo (2)	**た 行**	
生	vita		
生活する	vitam agere	大變に	multum ; multo ; magnopere
丈(せい)	statura	太陽	sol

高い　altus, carus（價が）
互に　invicem, alii alios
高さ　altitudo
澤山の　multi, plures, copiae c. gen.
〜だけ　solus; solum
〜だす（始める）　incipio (coepi)
助ける　iuvo (1), sublevo (1); subvenio (4)
訊ねる　quaero (3); rogo (1); interrogo (1)
戰　pugna; proelium（合戰）
（〜と）戰ふ　dimico (1), pugno (1) c. cum.
正しく　honeste
他人　alius
恃む　credo; nitor, fido (3)
田畑　ager
默って　tacite
默る　taceo (2) sileo (2)
爲に（のために）：causa, gratia c. gen. ob; pro;（〜するため）：ut
保つ　sustineo (2) sustento (1)
〜たら　cum〜, ubi〜
誰（の）?　quis (cuius)?
誰も〜ない　nemo; nullus
垂らす　demitto (3)
だんだんと　gradatim, sensim
地　terra, tellus
地域　fines
小さな　parvus

父親　pater
（〜に）ついて　de
追放する　expello
仕える　servio (4); operam do
塚　tumulus
月　luna, mensis（年の）
着く　pervenio (4), advenio (4)
告げる　nuntio; aliquem certiorem facio de
都合よい（く）　commodus, -e
傳える　trado (3)
（愼しむ）口をつゝしむ　linguis faveo
努める　operam do
燕　hirundo
出かける　proficiscor
手紙　epistula, litterae
手紙を出す　scribo (3), litteram mitto ad s. dat.
敵　hostis; inimicus
出來るだけ〜　quam＋最上級
でたらめ　temeritas
出ていく　exeo, discedo (3), egredior (3)
〜ても　et si〜
塔　turris
遠く　multo, longo spatio, longe
同時に　eodem tempore
到着　adventus
到着する　advenio (4), pervenio (4)

同等な par
逗留する commoror (1), maneo (2) dēversor (1)
咎め crimen
時 tempus
德 virtus
どこから unde
(〜の)ところでは apud
(二つのうち)どちら(も〜ない) uter (neuter)
突進する impetum facio
隣りの proximus, finitimus
飛びまわる circumvolito (1)
友 amicus
(〜と)共に cum
乏しい tenuis, egenus
虎 tigris
捕える capio (3)
鳥 avis

な 行

ない non, haud
あまり〜ない non nimis
決して〜ない nunquam
何も〜ない nihil
また〜ない neque
(〜の)中に in; inter
長い longus
長く(い) diu, diutinus
泣く fleo (2)
泣くこと fletus
投げ出す proiicio (3)

爲す ago (3), facio (3)
何故？ cur, quid？
何か aliquid, quid
何か新しいこと quid novi
何程の？ quantus？
波 unda
涙 lacrima
涙する lacrimo (1), illacrimo (1)
習い mos
何でも omne, quidque
(〜なことは)何でも quidquid 〜
何度も saepenumero, saepe
憎まれる aliqui odio sum
憎む odi; odio habeo
逃げる fugio (3)
日本 Iaponia
日本人 Iaponensis
人形 pupa
願う opto (1), oro (1)
眠る dormio (4)
年長の maior natu
農夫 agricola
殘る(す) maneo (2) relinquo (3)
殘りの reliquus
〜ので quod〜 quia〜
野原 campus

は 行

馬鹿な stultus
烈しく acriter

恥多く　indigne
始める(た)　incipio (coepi)
畑　ager
發見する　reperio (4), invenio (4)
鳩　columba
話す　loquor
離れている　absum ab
母親　mater
速い(く)　celer, (cito)
ばらの花　rosa
春　ver
パン　panis
日　dies
　一日中　tota(o) die
羊　ovis
必要である　opus est *c. abl.*
人　homo; vir
(〜する)人は　qui〜
等しい　par
一人の　solus, unus
非難する　vitupero (1)
暇　otium
婦人　femina, mulier
臥している　iaceo (2)
プラタイアイ　Plataeae
平和　pax
　平和に　in pace
べきである　debeo (2), oportet (2)
(〜と〜とは)別のことだ　alterum〜 et alterum〜

へつらう　adulor (1)
蛇　serpens
返事する　respondeo (2)
變ずる　muto (1)
ボエオチア　Boeotia
報告する　aliquem certiorem facio
星　stella
欲しない　nolo
欲する　volo, cupio (3)
〜ほど〜　tam〜quam; ut の句で
〜ほどよい　quo＋比較級, eo melius
歩兵(の)　pedester
賞める　laudo (1)
ホメロス　Homerus
亡す　extinguo (3) perdo (3)
本　liber

ま 行

毎日　cottidie, quotidie
マイル　mille passus
前に(〜する〜)　ante, prius (quam)
優る　praesto (1) excello (3)
增す　cresco (3)
まず(始めに)　primum
また(再び)　iterum
まだ(〜ない)　nondum
町　oppidum
間違う　erro (1), fallor (3)

〜まで donec (〜するまで);
　　usque (ad)
學ぶ disco (3)
護る defendo (3)
まるで velut si, proinde ac si
(〜に) みえる videor (2)
短い brevis
みじめさ miseria
水 aqua
亂す turbo (1)
(〜に) みちた plenus
見つける invenio (4)
見つめる intueor (2)
認める conspicor (1)
ミナ mina
身代 pecunia
都 urbs
見る video (2), specto (1),
　　aspicio (3), conspicio (3)
ミルティアデース Miltiades
見分ける cerno (3)
民衆 volgus, (vulgus)
向いの obvius
息子 filius
娘 filia
難かしい difficilis
無料で gratis
群 caterva
命ずる iubeo (2)
命令 iussus
召使 servus
〜も亦〜 quoque

もう iam
盲目の caecus
用いる utor (3)
持前(の) proprium, (-us)
持つ habeo (2), est mihi
最も maxime
要める quaero (3), rogo (1)
探める anquiro (3)
戻る redeo (4), me refero (3)
森 silva

や 行

約束する polliceor (2), pro-
　　mitto (3)
やさしい simplex, mitis
社 templum
野獸 bestia, fera
易い facilis
　言うに易い dictu facilis
安い parvi est
休む requiesco (3)
野蠻人 barbarus
夕方になる vesperascit
友軍 socii
友情 amicitia
友人 amicus
雪が降る ningit
許す sino (3), permitto (3)
(天氣が) 良い serenus
〜ように ut〜
よく (屢々) saepe
翌日 (その) cras; postridie

横たわる　iaceo
讀む　lego (3)
よもや～ではあるまい　num
より (も)　quam
よりむしろ　magis quam
夜　nox
　一晩中　tota nocte
(して) よろしい　licet (2)

ら 行

來年　proximo anno
利益がある　prosum
陸　terra
　陸を越えて　per terras
掠奪　depopulatio
掠奪する　depopulor (1) *dep*.

〔補 遺〕
思うの項に　censeo, puto,
　　sentio を加える
黑い　niger, āter

理由　causa
諒解する　cognosco (3)
老人　senex
ローマ　Roma
ローマの　Romanus

わ 行

若者　iuvenis
忘れる　obliviscor (3)
(の)わけで　causa, ob, propter
どういうわけか知らないが　nes-
　　cio quo pacto
私 (の)　ego (meus)
笑う　rideo (2)
我々 (の)　nos (noster)

軍艦　nāvis longa,
ねこ　fēlēs, gen. fēlis
のべる　memoro (1)

文法用語索引

重要文法範疇として，動詞・名詞・格・代名詞・形容詞・句の六項に關する通例の用語は，始めに組織的にまとめて引用に便した．その他の項，あるいは簡單に上記六項目中に索り難いと考えられるものは，邦語と歐語とに分類し，各自アイウエオ順およびアルファベット順で表示してある．各項目における數字 は § を附した節の番號を示す．

I. 重要文法範疇について

動詞について

　動詞變化について　21–8
　規則動詞について　30–2
人稱語尾　34 (現在)，117 (完了)，
　210, 215 (受動)
直說法・能動・現在　第一，第二，
　　第四變化　36–8
　　第三變化　33–5
　　未完了過去　61–4 (用法)
　　未來　87–90 (用法)
　　現在幹の形成について
　　　附．IV.
　　完了　115–23
　　完了の用法　123
　　完了幹の形成　118
　　過去完了・未來完了　148–54
　　その用法　182–4
　受動・現在　210–11, 214
　　未完了過去　212, 214
　　未來　213–4
　　完了　244

　　過去完了　245
　　未來完了　246
　受動形および式一般について
　　その意義　216
　　その行爲者　217
　　受動式への轉換　他動詞 218
　　　　自動詞 (非人稱的構成) 376
　　　別動詞の使用　219
　　非人稱的受動式　375–6
　接續法・能動　179
　　——現在　180–1
　　——未完了過去　182
　　——完了　183–4
　　——過去完了　185
　　同上・受動・現在　281
　　——未完了過去　282
　　——完了　283
　　——過去完了　283
　　——(3 b) の受動形　284
　接續法の用法
　　單文における：　勸告 189, 命
　　　令 190, 禁止 191, 願望

192 の 4), 相談, 懷疑, 反
問, 讓步, 鄭重な表現 192
の 5)~7)
命令法 331 以下
 用法 235-6
 第一命令形 332
 第二命令形 333
 特異なる語形 334
 否定の命令（禁止）334, 337
 nōli による形式 338-9
Defectiva 471
Deponentia 253-6
 その接續法 285
Gerundium 377-8
Gerundivum 379-82
Supinum 232-6, 318
古風な動詞變化 附. III. c.

名詞について （ ）の中は卷尾變化
   表の番號を示す
第一變化 52-3 (478)
第二變化 74-8 (479)
 -io- 幹 77 (479)
 -ro- 幹 78 (480)
第三變化
 總說 163-4, 294-5, 307
 -i- 幹 165-9 (482)
 ——中性名詞 168 (484)
 ——省約語幹 169, 270-1 (483)
 子音幹 262 以下, 294 以下
 mutae 263-9, 273 (485-6)

-tiōn- 272
 sibilans 269-300 (487)
 nasales 301-4, 305-7 (487)
 liquidae 301-3, 305-7 (488)
 分詞形 311
第四變化 314-9 (489)
 domus 319 (489)
第五變化 320-1 (490)
特異なる變化 附. I. (485 以下)
 Abundantia 459
 Heteroclita 460
 單數のみの語 461
 複數のみの語 462
 意味の特殊化 463
 缺格の語 464
 不變化の語 465
古風なる名詞變化形 附. III. a.
ギリシア名詞の變化 472-7

格について Casus
 格の理念
主格と呼格 50
 ——述語として 58
 ——その一致 584
呼格形について 53, 76
對格 c. accusativus
 對象（他動詞の目的語）object (external) 50
  對格を二つとる動詞 67
  目的とその補足語 68
  對格と不定法をとるもの 66, 416
  目的地點 terminal 94

距離, 程度 extent, degree 125-6
　——per と共に 125
內部目的語 Inner Object (internal) 127
限定 limit, respect 174
前置詞と共に 325-6
副詞としての對格 341, 344

屬格 c. genitivus
　限定, 說明（形容詞的）adnominal 50, 80
　敍述 predicate 204-5
　所有・歸屬 possessive 80
　同位語的 appositional 81
　主語的 subjective 82
　客語的 objective 82
　部分的 partitive 144
　　同, 形容詞最上級と共に 395
　價値, 價格の表明 price 145, 221
　述語として elliptic 204
　性徵の表示 quality 205
　關聯の表示 relationis 206
　前置詞と共に 327
　形容詞と共に 207, 221
　動詞と共に 207, 221
　　賣買の動詞と 221
　　裁判, 罪狀の動詞と 206, 220

與格 c. dativus
　利害關係 50, 83
　間接目的語 50, 83

所有, sum の變化と 83, 237
目的意圖, 述語的 84
d. energicus et sympathicus 238
d. ethicus 239
立場の表明 indicantis, or d. of reference 240
形容詞と共に 348
動詞と共に 346-7

從格 c. ablativus
　位格的
　　場所の localis 95
　　時の temporis 96
　具格的 instrumental
　　用具 110
　　隨伴 sociative (cum と) 109
　　樣子 modī 111
　　敍述, 性狀 descriptive, of quality 112
　　價格の price 145
　從格的 ablative proper
　　分離 separation 170
　　起源, 原因 171
　　素材, 材料 176
　　差違の程度 172
　　判斷の準據 175
　　限定 limit, respect 173
　　行爲者の表示 217
　　比較の對象 394 の 2)

獨立從格句 ablative absolute 258

その解釋について 259
前置詞と共に 324, 326
副詞として 342
形容詞と共に 222
動詞と共に 221-2
　分離の動詞と 170 (222 の 1)
　賣買の 〃 221
　その他 222

位格
その形式 95
副詞として 343
小地名の對格, 從格, 位格について 94, 95

代名詞について
分類 130
代名詞の特異な格形 131
關係代名詞 132 以下
　その語幹について 132-3
　先行詞との一致 137
　quī, quid 132-3 (503)
　quīcumque, quīlibet, quīvīs quisquis 136
疑問代名詞
　quis, quid? 132-4 (504)
　quī? 135 (504)
　quisnam? ecquis? 136
指示代名詞 351 以下 (499-502)
　hic 353, idem 357, illl 354, ipse 356, is 352, iste 355
所有代名詞 203 以下

その使用について 204
前置詞と (*gen.* をとる) 327
動詞・形容詞と 204
部分の屬格として 204
refert, interest と 373
人稱代名詞 198-203 (497-8)
不定代名詞 140-3
　quisque 143, 396 の 3)
代名形容詞 359-60 (505)
古風な代名詞變化について 附. III. B.

形容詞について
ラテン語の形容詞變化について 101
形容する名詞との一致 101
その位置 105
名詞への轉換 106
第一・第二變化所屬 102-4 (491-2)
第三變化, -i- 幹 195-7 (493)
──子音幹 308-10 (494)
──分詞形 311 (494-5)
代名形容詞 359-60
形容詞と補足語 108
　c. gen. 108 の 2), 207, 221
　c. dat. 108 の 1), 348
　c. abl. 108 の 3), 222
形容詞の比較 386-90
　比較級 386 (496)
　最上級 387
　不規則な比較 388

文法用語索引

不完全な比較　389
　magis を用いる　〃　390
　前置詞よりの　〃　392
比較の語法　396
比較の方法　393-6

句について

從屬文　400, 403-4, 413
　從屬句における接續法　286-7
　――時稱對應　287-91
　接續詞 ut, ne の省略　422
　O.O. における從屬句　450
關係代名詞句 quī その他　137
　目的, 傾向, 理由句として
　　の　423
理由句 quod その他　139, 408-9
　接續法を用いる　409
目的句　412-3

內容(對象)句　415-6
傾向, 結果の句　414
　內容(對象)句　415-6
主語的內容句　417
說明的內容句　418
危懼, 懸念の句　419
禁止, 妨害の句　420
疑惑(對象, 內容)句　421
時の句, 狀況の句　426-32
　cum の句　427-9
　同時的　430
　前・後の時　431
　包括的　432
條件句　433-7
　O.O. における　452-4
讓步句　440-3
比較句　444-5
不定法句　(次節不定法の項を見よ)

II. 邦語による文法用語

ア行

一致　主語と述語 54; 動詞 39; 繋
　　詞 58; 關係詞と先行詞 137,
　　138; 形容詞と名詞 101
位格　95, 343
エトルスキー　序 1
音節　12-4
音節の長さ　14

カ行

回說受動式　216
回說未來不定法　448
格　48
格の概念について　49 (用法につ
　　いては名詞, 格の項を見よ)
間接疑問文　289-90
間接話法　450 以下
間接命令　450-1
規則動詞　(動詞の項を見よ)

疑問文の形式 97
句 (前節，句の項に一括して示す)
句讀點 19
繋辭 58
語幹 51
語順 98

サ行

子音組織 7
時稱の名稱 26-7
時稱の對應 287-91
從屬文 400, 403-4 (なほ句の項を見よ)
重母音 6
主語と述語 54
主語と動詞 39
述語的用法 (與格の) 84
省約形 (動詞, 完了幹の) 122；151
省約語幹 (第三變化 -i- 幹) 169；270-1；483
敍述說的用法 107
數詞 361-5
　數の表わし方 364
　普通數詞 362 (506)
　順序數詞 363 (506)
　配分數詞 (507)
　度數副詞 (507)
　ローマ數字による表現 365 (507)
　unus, duo, alter, tres の變化 (505)
接續詞

並列 401-2
從屬 403
ut などの省略 422
接頭辭 prefix 328
前置詞 322-8
　その由來 322-3
　從格をとるもの 324
　對格をとるもの 325
　兩格をとるもの 326
　屬格をとるもの 327
　接頭辭として 328
　前置詞より出ている比較形容詞 392
相關詞 358

タ行

第一時稱 288
第二時稱 288
代名形容詞 359-60
中動相 250-1
直說法の意味 40 (動詞の項を見よ)
定動詞 21, 28
同位語 54
同位語的用法 (屬格の) 81
獨立從格句 258-9
獨立不定法句 407

ナ行

人稱語尾 (動詞の項を見よ)

ハ行

比較 385-7

その方法 392-7（なお形容詞，副詞の項参照）
比較句 （句の項を見よ）
非人稱動詞 368-74
非人稱的受動構成
　自動詞の 375
　與・從・屬格をとる動詞の 376
非人稱的構成 Gerundive の 381
複合動詞 328
　その幹母音の弱化 328（なお動詞變化表末尾注意を參照されたい）
不定法
　能動現在 30, 33, 36
　――未來 155-6, 276
　　完了 119
　不定法能動の形式 155
　受動現在 211
　　完了 248
　　未來 235
　未來回說式 448
　用法
　　動詞の補足 65, 416 末尾
　　名詞として 157-8
　　對格＋不定法 159, 160
　　不定法句（句の項を見よ）160, 405-7
副詞 340 以下
　その由來，成立 340

對格より 241, 344
從格より 342
位格より 343
接尾辭により 344
形容詞よりの形成法 345
副詞の比較 391
文の構造 400 以下
分詞について 274
　能動現在 275, 311
　――未來 276
　受動完了 (*p.p.p.*) 225-31
　同　未來（Gerundivum と同じ）277, 379 以下
　句としての **p.p.p.** 247
並列文 401-2
母音組織 5

マ行

默音 mutae 8
文字 1-2

ラ行

ラテン語の由來　序 1
　名稱　序 1
　古典ラテン語　序 1
ラテン文字 2
兩數 25
　duo, ambo 362 (505)
歷史的現在 40 の 4)

III. 西歐語による文法用語

Apodosis 434
Ablaut 附. V.
Abtönung 附. V.
abundantia 459
accent 16–7
 その影響 16（なお複合動詞の
  項を見よ）
 accent の變化
  〃 位置
 なおenclitica, proclitica を見よ
ac-sī 445
agent, gerundiva の 380
 〃 passive の 217
aspiratae 9
attractio 138
ave 471

Consecutio temporis 287–91
copula 58
correlativa 358, 397

Defectiva 471
defectiva in casibus 464
denominativa 附. IV.
deponentia 249 以下, 253–7,
 285
 その p.p.p. について 259
diphthongi 6

Enclitica 18

Fore 155
fore ut 448
futurum fuisse ut 450

Gerundia 377–8
gerundiva 379–82
 人稱構成 380
 非人稱構成 381
 gerund の代用 382
 g. における行爲者 380

Heteroclita 460
historical present 40 の 4）
hypotaxis 400

Impersonal verbs 368–74（非
 人稱動詞の項を見よ）
-io-praesentia 附. IV, III, 4）
 および IV
-io-verbs 37（および上項を見よ）

K 音について 3

Labio-velar sounds 8

M の發音について 10
mediae 8
medium (middle voice) 250–1
metaplasta 460
mutae 8
mute stems （第三變化の項を見よ）

Nasal infix 附. IV, III, 3）

nōlī 334, 338

Oratio Obliqua 446–54

Parataxis 400
partial obliquity 451
periphrasis ; -stic （同説の項を見よ）
proclitica 18
protasis 434

Quaestio obliqua 289, 290, 451
quantity 14

S の發音について 10 の 2）

salve 471
scansio 15
semideponentia 256, 285
supinum 232–6
　その形成について 318
　受動未來不定法における 235
syllaba 12–3
　その切り方 13

Tenues 8
thematic vowel 35

Verba studii et voluntatis 416

『ラテン語入門』

問 題 解 答

1. §11.

キケロー, ピュータゴラース, スュンマクス, ディオニューシウス・トラークス, ユーリウス・カエサル, ゲスタ・ディーウィー・アウグスティー, アウルス・ゲルリウス, アリストパネース・コーモエドゥス, ヌンク・エト・イン・アエテルヌム, クォト・ホミネース・トト・センテンティアエ, レクィエースカト・イン・パーケ.

　注意：上例において aspirate の發音は ˙ を附して區別し, y の發音その他は近似音を以てした.

2. §20. （アクセントを有する綴に ´ を附す）

クォー・ウースクェ・タンデム・アブーテーレ・カティリーナ・パティエンティアー・ノストラー？ クェム・アド・フィーネム・セーセー・エッフレーナータ・ヤクタービト・アウダーキア？ ニヒルネ・テー・ノクトゥルヌム・プラエシディウム・パラーティー, ニヒル・ウルビス・ウィギリアエ, ニヒル・ティモル・ポプリー, ニヒル・ホールム・オーラ・ウォルトゥースケ・モーウェールント？

3. A. §42.

君は歌う(っている). 彼らは罪を犯している. 君らは坐っている. 我々は誤っている, そして何も學ばない. 彼らは生きているが, 丈夫ではない. 彼らは辨えがなくて, 何も感じない. 私は見て, そして聞いている. 君は坐して睡っている. 君らは笑っているが考えてはいない. 私は何も聞いていないので, 知らない (quod＝because;

quod non audio ならば "私は聞いていないものは知らない" とも解せる。この場合 quod＝what, 關係代名詞)。

3. B. §43.

nihil cupiō.　iacent.　peccātis.　salūtāmus.　audīs sed nihil discis.　nihil sentiunt quod dormiunt.　sedētis et tacētis.　iam nōn vīvit.　cadimus et iacēmus.　rīdēs et nihil facis.

4. A. §59.

我々は月と星々とを見ている．婦人は女王に手紙を送る．詩人の娘たちは人形 (*plur.*) を愛している．君らは農夫であって島に住まっている．我々は農夫らの女主人に感謝をする，彼らが我々に氣をつけてくれるので．森の道 (*plur.*) で彼らは農夫らを見て挨拶をする．店で少女らは踊っている．君ら詩人は女王によく仕える，そして娘らのために歌う．水夫らはよく氣をつけて島に到着する．

4. B. §60.

pūpārum.　rēgīnae.　fēminīs.　(cum) grātiīs.　grātiā poētārum.　cum fīliā nautae.　litterās (epistulam) puellae.　agricolae in tabernīs īnsulae habitāmus.　silvae grātiā neque aquam nec lūnam vidētis.　puellae poētae epistulās cum cūrā scrībunt.　rēgīna causā fīliārum nautīs grātiās agit.　agricolae dominae serviunt (operam dant).　sumus nautae īnsulārum.　poēta puellīs pūpam (pūpās) dat.

5. A. §72.

君らは住まっていた．彼らは (いつも) 送った．我々は思って (感じて) いた．君は臥っていた．私は氣をつけて (癒して) いた．彼は知らずにいた．彼は少年時代に叔母さんとアテーナイに住まっていた，そして學問にはげんでいた．月には水は有りえない．もし君らが上手に踊ろうと欲するなら，まず歌うことを學ぶべきである．彼らは長らくローマに住んでいた，出てゆくことを敢てしなかったので (よう出てゆかなかったので)．そうではない．また我々は笑

わざるを得ない．君は私に女主人に信頼するよう命ずるが（を信じ
ろと命ずるが），私は（信じ）得ない．
  5. B. § 73.
tacēbāmus.　iacēbās.　saltābant.　sciēbam.　habitābātis.
dormiēbat.　puella pūpam habēbat.　cum magistrā cantābātis.
causam scīre volumus (cupimus, cupiēbāmus).　fīliae agricolae
amitam saepe vidēbant.　neque possunt deābus grātiās nōn
agere.　semper disciplīnae operam dabās.
  6. A. § 85.
主人の友達らを．敵（軍）の馬たちの．醫者の言葉(*plur*.)．神々
の怒(*plur*.)．救援に來る（こと）．友情の鑑．閑暇は惡徳を生む．
追從は友人らを，眞實は憎みをもたらす（生む）Terentius, Andria
68 より．我々は神々の社(*plur*.)を見る．（私の）舅は安樂に生
を送っていた．先生たちは少年らに，女王の贈物である（同格）本
(*plur*.)を褒美に與える．友軍は敵（軍）と交戰している．（その）婦
人たちは農夫らに嫌われている(*dat. of purpose*)，感謝することを
知らないので．
  6. B. § 86.
fīliī dominī.　animīs amīcōrum.　numerum inimīcōrum.
gladiīs sociōrum (手段なるとき)；ā gladiīs s. (…から).　dōna
deōrum.　puella rēgīnae semper odiō est.　nec cum inimīcīs
dīmicāre (pugnāre) cupiēbāmus (volēbāmus).　socer fīliīs librōs
dōnō saepe mittēbat.　in proeliō nōbīs auxiliō (subsidiō) semper
veniēbātis.　equōs amīcī in agrō vidēre nōn possum, quod mihi
ōtium dē-est (quia haud mihi ōtium est).
  7. A. § 99.
君は手紙を書くだろうか．彼らは本(*plur*.)を送るだろう．まさ
か友人の息子は狼たちを捕えはすまいね．町へ君らは到着するだろ
う．我々は先生に挨拶するだろう．そのとき君は暇を持ちえるだろ

う．五年後に彼らは祖國に歸るだろう．スカエウォラとスキーピオーはいつも友情に留まっていた（仲よしであった．前二世紀後半の政治家たち）．息子たちの先生に彼らはいつか感謝するだろう．來年我々はギリシア語を勉強するでしょう．また長く眠ることも彼らはできないだろう，敵の軍勢が着くだろうから．まさか君らは主人や奥さんに嫌われはしないだろうね．

7. B. §100.

itane dīcent? audiēmus. num poteritis rīdēre? sciēs. puella amitam vidēbit. saltābō. nihil-ne sentiet rēgīna? et nōnne aget deō grātiās? (et nunquam-ne deō grātiās aget? 單なる疑問として解するとき). non poterimus causā ventī undārumque Athēnās crās pervenīre (non poterimus). magistrō semper odiō erāmus, quod nunquam disciplīnae operam dabāmus. erant ōlim et in Japoniā lupī.

8. A. §113.

河のすぐ傍にある（隣れる）社．陣營に適した場所に．戰に經驗をつんだ男に（から）．知慧に滿ちた策（思慮．*plur. nom. acc.*）．どういう譯か（知らないが）これは女王にとって非常に（それほどの）氣がかり（に）なことであった（女王が大變意を用いて，大切にして，いた）．君らは我々の息子に對して親切（公正）でない．また彼らは馬たちを，大なる危險なしには一つの場所へ集めることができなかった．二三年のうちに彼は全ガリアを征服するであろう．彼は友人たちの不幸に（を）喜んでいる．

カトゥルス（ローマ，前一世紀の抒情詩人）

"やあ今日は，あまりひどく小さくないお鼻の娘さん（性狀の *abl.* §112)，足もきれいでなく眼も黑くなく，指も長くはなく口もさっぱり乾いてない，またほんとにあまり優美な言葉づかいでもない（娘さんよ），

フォルミアエの身代限りをした男の女友達よ．"（"ギリシア

ラテン抒情詩集 " 二三六參照)

8. B. §114.

in agrō proximō templō. librōs poētārum rēgīnae amīcōrum. miserīs puellīs nesciīs fātī. dē caelō plēnō stēllārum. proximō annō poterō in Italiam meō commodō adīre. magistra multīs cum puellīs et pulchrīs redībit. nuntiī (lēgātī) equō (equīs) Rōmam continuō (statim) advenient. tunc pilā lūdēbāmus. medicus miserae fēminae medicāmenta semper grātiīs dōnābat (dabat). magnō cum perīculō lupōs vīvōs capere vultis.

9. A. §128.

我來り, 見, 征服したり. そこに居て見た人々が, このように我我に傳えた. 十年の間彼は故國を離れて (述語的用法, 'peregrīnus として', 副詞と考えてもいい), イタリアに滯留した (maneō の pf.). アレクサンデルは凡そ二十歳のとき統治をはじめた (王位についた). 君は私の叔母を憶えているか.

(カトゥルスの詩) カトゥルスよ, 安逸がお前にとり禍をなすのだ, 安逸におごってあまりにも放縱にふるまう. 安逸はむかし王たちや榮えた (惠まれた) 都たちをも亡したのだ.

9. B. §129.

nihil dīximus. tantum-ne audī(vi)stis? per decem annōs beātam vītam ēgērunt (これは單なる事實として述べたもので, もし持續を表すものとすれば agēbant がよい. vīxērunt, vīvēbant を用いることもできる). Cicerō sexāgintā ferē annōs nātus (sexāgēsimō ferē annō vītae) mortem obiit (mortem はなくてもよい). tunc dormīre voluistī. inter malōs amīcitia essa nōn potuit. tum dominus cum dominā equō in oppidum advēnit. servī multīs cum lacrimīs sē prōiecērunt (prōstrāvērunt<-sterno) et rēgīnam obsecrāvērunt (rēgīnae supplicāvērunt). Goethe abhinc annōs ferē centum et quīnquāgintā flōruit.

10. A. §146.

惡い（人々）を宥す者は，善い（人々）を害する者である．誰でも彼でも（すべての人）に，コリントスへ赴くことが起りはしない（赴ける廻り合わせにはならない）．涙において種を蒔くものは，喜悦において刈り入れるであろう．各々の人が自分で自分を評價するだけ（quantī facit），それだけの價値に友人たちから評價されるのである（fit は facit の受動として用いられる）．何にもあれ私が言おうと試みることは（みな）詩であった（詩をなした）．もし怒りっぽさになにか善いことがあるなら，すぐ（この場で）言ってくれたまえ（未來＝命令）．何となれば，信というのは，君が見ないところのものを信ずることでなくて（以外の）何であろうか（nisi est crēdere の略）．思慮を缺く者が，いかなる思慮（方策）を與ええようか（quid consilī とつづく）．人はみな自分の運命の作り手である（格言）．

10. B. §147.

scīsne (scīn とも綴る) aliquid novī? quantī istud est? parvī (est). tunc inimīcōrum cōpiae appāruērunt. cūius amita fēmina (est)? puerī natāre nihilī fēcērunt. quidquid nō (vī) stis, dīcētis. sextō quōque annō nostrum oppidum magna incendia habet (habēmus in nostrō oppidō と考えてもいい．またラテンの順序の數え方は inclusive なので'五年毎'が'六年目毎'に當るわけだから sextus になる．しかし，五年毎が五年目毎と考えるなら，quinto とそのまま譯しても字通りではある）．

11. A. §161.

辨えがあるというのは，どんなに値打のあることか（大切なことか）．そいで，その方は私が見ておこう（引受けた）．私が君らから離れていったら（別れていった折には），何處にも君らは私を見出さぬであろう．君はひとりで來ようと約束した．カエサルは敵の軍勢がライン河を渡ったことを認めた（-vertit は現在形でも完了形でもあ

りえる）．以前にまわりに立っていた人々は，お互いに話し始めた．それゆえ忠告を與えたり，受けたりする（ということ）は眞の友情の特質であって，それも一方では寬大に，手嚴しくなく（忠告を）やり，他方（受ける者）も，よく辛抱して大人しく，反抗的にではなく受くべきである．誤つというのは人間的なことである．それで（というのは），むかしアルガントーニウスとかいう人があって，その人は，八十年間王位にあり，百二十年間生きた（百二十歳まで）のであった．

11. B. §162.

discessērunt quī ante vīderant. cum (ubi) magister vēnerit, omnia dīcam. meminerāsne verba (dicta) rēgīnae? memineritisne rēgīnae? tyrannum ōderāmus. alterum dīcere et alterum facere. prōmīsērunt puerī sē statim reditūrōs. dīxī mē ignōrāre. dīxerās (dīxistī) tē poētam vīdisse, at nunc negās?

12. A. §177.

長城は町から二日の行程ほど離れていた．四ヵ月後に私はパリへ歸った．彼は友人達を，祖國から出てゆくように說得する（歷史的現在：した）．鳥類は他の（餘の）動物から私の考えでは全く（全天ほど）違っている，翔りまわることができるという點において．此の戰いの後でアテナイ人らはミルティアデースに，七十隻（からなる）艦隊を與えて，夷人ら（ここではペルシア軍を指す）を助けた島島を，戰爭によって降服させるよう命令した．ソクラテースの家で私は若者たちの多勢の群を見た（にあった）．

12. B. §178.

mēnse Aprīlī. magnam catervam piscium. per maria ac terrās. iuvenēs canibus pānem dedērunt. super (summam) turrim multae avēs (cōpiae avium) circum-volitābant. in aedibus amitae parvam statuam ex aurō (aurī) invēnī. quīnque mēnsibus post, nescio quō pāctō in fīnēs barbarōrum sē rettulit.

13. A. §193.

どうか私を (*dat.* で) 宥して下さい (宥すようにおたのみします) §422 参照. 誰か彼は (不定法の主語→*acc.*) 愚かな者だという人もあろう (言うこともあろう・可能). 私としては, 自分が正氣でいるあいだは (sanus → 述語的用法 §107, "While, as long as, I am sane.") 何物をも愉しい友人に比較しないだろう, しようとは思わぬ. 誰が, 君は知らなかった, と言い得るだろう (斷定的). 神々が汝を宥したまわんことを. パナエティウス (ギリシアのストア哲學者) がそこに, その場に居合わされたらと私は思う (臨席してたらよかったのに). 私はどうすればよかったろう (What were I to be doing?). けしてヒベルス河を渡るな. 君らは狼たちをけして恐れることはない (恐れるな). 不信心な者らが捧げ物で神々を宥めようなど敢てせぬよう, 敢て…するな. 友人からは我々は正しいことを要求し, 友人のためには正しいことを爲ようではないか. 常に (ために盡そうと) 努めて怠らず, 一方助言を寬大な心で敢て與えるようにすべきだ. 彼らが畏れている あいだは (畏れている限りは) 憎ませるがいい (かまわぬ).

13. B. §194.

possint in patriam redīre (liceat eīs … がなおよい). sit nōbīs fīnis miseriae. dīcant tē stultum fuisse. utinam piscēs essēmus, ut (ūsque) ad īnsulam natāre possēmus (natārēmus). nē vōs tālia dīxeritis. exeant ingrātī! dīlectī, dīligāmus invicem (あるいは aliī aliōs. コリント前書のパウロの語). dī dent vōbīs veniam!

14. A. §208.

思慮を缺いている者らを敎えることは, 無駄なことであった (operae *dat.* est: is worth while). 祖國のために死ぬことは, たのしくかつ榮えあることだ. この世界 (諸國の圈において) での最高支配權をローマ國民がつくりあげた. 君らのうちの大多數者は

敏捷な歩兵である．主人のある如く，その如くに召使もある．憐れや，私はどこへ (quō?—wither?) 赴ったらいいだろうか (相談の接續法)．それに私は敢て君に忠告したり，激勵したりなどできない，卓越した知慮の人物であり，すぐれた勇氣をもつ騎士である君を．まず第一にペロポンネーソス戰役において，トラシュブーロスは多くのことをアルキビアデースなしに（力を借りずに多くの戰果を收めた）爲したが，それらの功をみな悉く彼（アル）は，ある生來の人德 (bonum) とでもいった (quidam) もので自分の手柄にした (lucrī faciō='get the credit of')．

14. B. §209.

putātisne (an cēnsētis) canēs fēlēsque (et feles) animālia esse? nōn est (officium) meum tē docēre. virōrum fortium est tacitē perseverāre. colligimus (virōs) disciplīnae mīlitiae (mīlitāris) perītōs. plērīque nostrum amnem Sumidae nōn vīderāmus. cōnferāmus nōs prō omnibus in fīnēs plēnōs bēstiārum ferārum. meminerint prūdentiae. nōndum tantō (multō, longō spatiō) ā moenibus aberāmus cum amnem aquae tenuem invēnimus.

15. A. §223.

手紙（單．複．とも）が書かれている（書かれつつある．または書かれた：歷史的現在）．こう言われている．彼は金（錢）で祖國を賣った．君らは捕えられつつある（命令形でもありえる）．我々は祭壇へ連れて行かれる．彼らは知らないのだと思われていた．よもや君は捕えられることを欲したのではなかろうね．彼らは敗れることを知らない（征服されることを）．私の家は，私が前に買ったくらいの價格で (quantī) 賣ってほしい（賣られてありたい）．詩神たちの許へは，廣い街道が走るように與えられてはいない (nōbīs.‘我々に’が略，即ち‘我々が廣い道を走ってゆくことは許されてはいない’の受身）．ところで，それは不合理なことである，即ち忠告される者

が，當然受ける筈の不愉快を受けないで，却って當然持たぬ (vacare) 筈の不愉快を受けるということだ（それが不合理だ）．何となれば，彼は自分が間違をした (se paccavisse) ということは苦にしないで，(忠告者から) 叱られるということを不快に感ずるというのだから．私の召使は盜みのかどで訴えられるというのを毛一筋ほどにも思っていない．私は金錢が入用だ．

15. B. §224.

capiēmur.　semper amīcī nostrī habēbāminī.　aedēs meae parvī vēnībunt.　omnia aurō vēneunt (venduntur).　nōn sīvit (sinō より) (sē) laudārī.　cupiēbant (voluērunt, cupiērunt) audīrī.　quantī venditur (vēnit, cōnstat) piscis iste?　quantī facis (pendis) piscem istum? (vēnit piscis iste?)　quīnquāgintā minīs.　tantī cārus est.　saepe furtī arcessēbātur.　egō capī nihilī faciō.　speculō tibi opus est tālī formā?

16. A. §240.

娘たちを歌うように呼び出しましょう．彼をメーディアへ（軍隊の）冬ごもりをしに歸るよう強制した．召使たちは食事に（食事をするよう）呼び集められた（歷史的現在とす）．私は一體どうなるんだろう（何が私にこれからあろうとするか）．この事が正しい人物に起り得るということ（不定法＝主語）は，けして私には說得されえなかった（受動式の構成＝'私は…を承認し得なかった'）．神々に挨拶をしに彼は家へ歸った (se refero)．彼らは援助を乞いに，使節たちをカエサルの許に送った（歷．現．）．欲しない犬たちを狩をしに連れてゆくのは，愚かなことだ．この葡萄酒は君に (ethical) 夏至まで保つでしょう．あなたは（私に對して ethical）その（不埒な）男の厚顔無恥を辯護しようというのか．クィンティア（婦人の名）は多くの人（の眼）には美しいと見える．私にとっては（私から見ると）色白で背が高く，すらっとはしている．それから我々が臥しに引き下ると，語るのも不思議な夢が私を訪れた．

問 題 解 答　　　　　323

16. B. §241.

opera facilis dictū, difficilis factū. puellae magistrum salūtātum in scholam rediērunt.　quid meae pecūniae futūrum est (fīet)? captum īrī. servī sē in īnsulam missum īrī nesciēbant. tunc dormītum (cubitum) īvimus. animus mihi dolet. quid mihi edepol fēcistī? puerī mihī curae erunt. cōpiae pedestrēs (pedestrium. 前者は *adj*. 後者は名詞) Athēniēnsibus auxiliō mittantur (eant).

17. A. §260.

(彼は etc.) 捕えられた．(彼らは) 受け取られていよう．あなた (女性) は詐謀を用いた．君らは敵軍を追跡していったのだった．私はそんなことを考えました．まさか君はそんなことを大膽にも約束しといたのではあるまいね．もしヘルウェティア人らが，私の承諾なしに (河を) 渡ろうと試みるなら，我々は (それを) さし止めることができる．というのは，この君らが住まっている全ての大地 (地球) は，まあ小さい島のようなものだ．そしてあの海に取卷かれている．その海を'アトラスの' (大西洋) と，しかも大きいというので，(それを) 大西洋と地上では君らは呼んでいるのだ．向うからまた此方からと種々言葉を交わして (*abl. abs.* '言葉が交わされて')，その日は我々に過ごされた (我々は日没まで語りあった)．このような事態を認めると，コンシディウスは馬を飛ばして (*abl. abs.* '馬が手綱を放たれて，馳けさせられて') カエサルの許に馳けつけ，彼 (カエサル) がラビエーヌスに占領を命じた (ラ. に占領されることを意圖した) 丘が，いまや敵軍に占められている，と告げた．それを聞いた後で，彼がいうには，'私は十分に生きた．何となれば私は敗れることなしに (不敗でもって) 死ぬのだから'と．それから鐵 (の刄) を引き拔いて (*abl. abs.*)，直ちに息が絶えた．

17. B. §261.

sīc arbitrātus (-ta 女性ならば) sum (ratus, opīnātus その他で

もよい). sīc (ita) nōbīs vīsum est (videor より). loquentur. tanta-ne passus es? semper mentiēbāminī. hostēs oppidō potītī dēpopulārī coepērunt. adulārī vidēbiminī. regīna sī profecta erit, nōs et proficiscēmur. est proprium stultitiae aliōrum vitia cernere, oblīvīscī suōrum. id, quod antea pollicitī erant, efficere cōnātī sunt.

18. A. §278.

軍團長（各 legio に六人ずつ居て，二ヶ月交替でその指揮をとる陸軍長官）．マスター・オヴ・アーツ（人文研究科を卒業した者に與えられる稱號）．一晚中雨がふった．賢者には一語が十分である (est 省略)．（それらは）すべてトラキア人の許では大いに稱贊に値する (*dat. of purpose*) ことであった．城壁は七尺の高さであった．風はアテーナイから出て來た者（現.分.→名詞）に對して（規準の *abl.*'…から見ると'）逆に吹いていた（歷.現.）．これらの事情にひきつけられ，かつはオルゲトーリークスの勢力に動かされて，彼らはできるだけ多數の駄獸を買い集め，できるだけ多く播種をなし，近隣の部族と平和や友誼を固めることに決めた．アンティキュラはロクリス州にあり，コリントス灣を入ってくる者に對し左手の方に位している．それらのことからして容易に覺ることが出來る，エパミーノーンダースは同じ具合に，全ての人を他の術においても負かすであろうということが．(Ep. は以下の不定法句の主語たる對格．'彼が'としてもよい．omnēs が主語なら superātūrōs となるはず).

18. B. §279.

principēs Arabum. magister artium est. laudēs senectūtis. rēgī rēgum. celeribus pedibus. amantī nihil difficile est. datā facultāte omnia (facere) poteritis. spērāmus pācem perpetuō (in perpetuum) permānsūram (esse). 受身で sustentum īrī なども考えられる. ex urbe ēgressīs tumulus obvius est.

Plataeae ā Boeōtiā venientibus primum oppidum est Atticae.

19. A. §292.

我々は出かけようよ．話し出そうか默ってたものか．彼らが恐れているあいだは（限りは）憎んでもよい．その良いこと（德, 益）を享受しなさい，君が（享受）できるあいだに．汝は私が汝に言ったことを不思議に思ってはならない．もう一方の側も聽かれるがよろしい（裁判の語．'片手落ちはいけぬ'との意）．誰か戀する者を欺き得ようか？(Vergilius, Aeneis, 4, 296) それで彼らは私に訊ねるのです (quaero ex aliquo の構成)，一體どういう風にあなたがスキーピオー・アーフリカーヌスの死を堪えておいでになるか，ということを（間接疑問文）．彼がいうには，だが自分にはおかしく思われる，自分のものであるガリアで，自分が戰いで征服したガリアで，ローマ國がどんな用事があるのか（所有の *dat.*）ということが（直接話法ならば，まず mihi mīrum vidētur, quid negōtiī sit p. R. in meā Galliā *etc.* となる）．これに對して A. は返答するには，自分はアエドゥイー族の受けた損害を看過しないだろう．カエサルは好む時に手合わせをするがいい（步みよる→戰で），（そうしたら）彼は，不敗のゲルマニ族が戰において，その武勇により何を（爲し）得るか，を覺るであろう，と．(B.G. 1. 34).

19. B. §293.

virtūtem sequāmur (virtūtī oboediāmus でも). requiēscat in pāce. nē cōnēminī (nōlī cōnārī) mentīrī. loquātur. ne gladiīs quidem (nunquam) ūtantur. ignōrātis quālia (quanta) passus sim et cūr (quid でも) īrāscar. rogāvit unde profectī essētis. ovis, vulpem cōnspicāta, quaesīvit, quid sē ibi opus esset et quem vellent vīsere.

20. A. §312.

戀する人々は (sunt 略) 正心なき者らである．戀人らの怒り（喧嘩）は愛の更新である．時勢に從うということは，つねに賢者の業

と見做された (habeor の完了). 睡りとは, 冷たい死の映像ならずして何ぞ. 何となれば人間が死ぬということは何の奇であろうか, その全生涯は死に至る行旅に外ならぬところの人間が死ぬことが. このことが恒心である人物に起り得るということは, 私には決して說得され得なかった (私は信じ得なかった), 卽ち, 精神が, 死すべき肉體にあるあいだは生きていて, その體から出て行くと, 死んでしまうなどいうことは. 彼らは揚言して, ゲルマン人らはとても巨大な大きさの體 (體において非常な巨大さの, 敍述, 性狀の從格)であり, 戰においては信じえぬほど武勇でかつ熟練しているとしきりに言いふらした. されば彼は前に (私が) 敍べたところの (その人から生れたと我々が言った) 父から生れ, その素性は立派であったが (abl. of quality), すでに祖先から貧乏に殘された (テーバイの志士エパメイノーンダースの傳).

　　　ウェルギリウス「アエネーイス」第九書 (エウリュアルス討死
　　　の場).

…そのときすっかり膽を冷やして正心もなく,
ニーススは大聲をあげると共にもはや闇に隱れて
いることも, かほどの悲嘆を忍びおおせることもできなかった.
「私だ, 私だ, ここに爲た者が居る, 私に双を向けろ.
ルトゥリー人らよ, 全ては私の黠計なのだ, その男は何も
こんな事を敢てしも爲しえもしなかった. このことには天と見て
居た星とを證人に呼ぶ (hoc は內部目的語と見てよかろう.'この事については').
それほども彼は不運な友 (私) を愛しすぎたのだ.」
こう言い放った. しかし激しい勢で打ち込まれた (敵の) 劍は
肋骨を貫いてまっ白な胸を引き裂いた.
エウリュアルスは死の昏迷にうち倒れた. そして美しいその手肢に
血汐は流れ, 肩へと頸はくずれて落ちかかった.

宛かも眞紅の花が鋤に切り取られて
命絶えつつ萎えかかるよう，あるいは罌粟の花が
頸ももものうげに，烈しい雨に重みをかけられ，項(うなじ)をひくく
垂れるが如く (lasso collo は叙述の從格).

20. B. §313.

ineunte vēre hirundinēs redeunt (vēre novō でも). sēnsim (gradātim) crēscit sōlis ārdor. mēns sāna (sit) in corpore sānō (Juvenal. 10, 356). ars longa, vīta brevis. veterēs dīcunt artem longam, vītam brevem esse. hominis est errāre, insipientis est persevērāre (Cicero, Phil. 12. 2.). hirundinēs aestīvō tempore praestō sunt, frīgore pulsae recēdunt. ita falsī amīcī (Cicero. ad. Her. 4. 48.). fortūna audentēs iuvat. sapiēns mōrēs suōs sine crīmine mūtat.

21. A. §329.

彼は衣食その他の生活樣式（くらし方，victus は食事など，cultus はより文化的な面）の儉しさにおいて全ての人に優った．學校用の圖表（書）．敵軍に見えるところから．順境において (res adversae に對す)．腕力（體力）にすぐれた（男 etc.）．國事における經驗．日每に寒さが增してゆく．日として一行なきはなし（每日何か書きつける，ということ）．

"信とは何ぞや．汝の見ぬものなり (est を補う)．希望とは何ぞや．大なるものなり．愛とは何ぞや．大いに稀なるものなり"（キリスト敎の三美德を諷するもの，"ケンブリヂのふざけ話"より）．小川の跡を追って，事物の根源を見ないというのは，遲鈍な性の者のなす業である．A. はこれらの數日中（自分の）軍隊を陣中に抑えておいて，每日騎兵戰（ばかり）をしかけて來た．これらの人々の言葉によってまた恐怖心から段々と，戰爭にごく馴れている（大なる經驗をもっていた）人々までも，兵士や百人卒長や騎兵隊の長をしていた者たちまでが，あいついですっかり攪亂されていった（恐慌

に陥った．物語の *impf.*)．

21. B. §330.

sub speciē aeternitātis. omnium diērum. rēbus in adversīs. duo mīlia passuum. posteā (dein) domum rediit. dē rē pūblicā. virtūs (virtūtēs でも，考え方で) fideī et speī. causam adventūs. cōram lēgātiōnum conventū ita (sīc) coarguit. propter invidiam cīvēs suī eum exercituī praeficere nōluērunt. multīs diēbus post, iussū Caesaris equitātum auxiliō mīsērunt. hīs rēbus cognitīs Caesar Gallōrum animōs verbīs cōnfirmāvit pollicitusque est sibi eam rem cūrae futūram.

22. A. §349.

ゆっくり急げ．恐れる勿れ．額 (面，外貌) に信頼する勿れ．汝はまさに努めてかく思うがよかろう，汝が可死なのではなく，この肉體が可死なのであると．それ故 (されば) 汝は神であることを知るべきである (キケロ，スキーピオーの夢 14 節)．彼が言うには，心丈夫で居よ，そして恐れを捨てよ，して私が言うであろうことを，記憶に留めよ．悪人どもを宥すものは，即ち善い人々に害を加えるものである．汝悪によって打ち克たれるな，しかして善において悪に克て (新約．ローマ書)．

"おお，神々よ，もし御身らの意が慈悲にあるならば (憐れむことが汝らの爲すことなら)，それともかつて御身らが，(人の) 將に死なんとする際に最終の救助，援護をあたえたもうたことあらば，この憐れな私を眺めまして，もし私が一生を淨らかに過ごしたとせば，この害悪，この災難を私に (私より) 取り除きたまえ．"

22. B. §350.

nōlī flēre (nē flēbis その他でもよい)．sīs (sītis) fēlīx (fēlīcēs). statim (cōnfestim) venī hūc あるいは hūc properā. estōte vōs prūdentēs sīcut serpentēs, simplicēs sīcut columbae (聖書の句). dīc mihi, crās istud quandō veniat (間接疑問文である)．　nōlī

問題解答

turbāre circulōs meōs. Ō formōse puer, nimium nē crēde colōrī (詩の語法である。crēdideris とでもいうところ). sit medicus senex, tōnsor iuvenis. mementō (mementōte) morī. miserēre nostrī (nōbīs は後代の語法). ōrā prō nōbīs. ēloquere apertē. ita (sīc) adhortāre eum.

23. A. §366.

汝ら他人に (litt. 他の人に) 寬恕せよ。正に彼自身の言葉を私は聞く。何の理由もなしに (without any cause). 彼らは六日目毎にやって來る。私は彼から四通の手紙を貰った。何となれば人はみな自身をみずから愛するからである。美徳は正にそれ自身が自己にとって價値がある (ものである). 彼はこう思っていた, もし A. が再び (市民らに) 受入れられた場合には, 自分は (se) 軍隊において何の重要性をも失うであろう (of no account になるだろう) し, またもし何かまずい事が起ったとしたら (敗北などしたらば), 自分一人がその失敗の責任を負わねばならぬ (負わされるであろう) と. それは私に全く嬉しいことでしょう。それでさらにその事を正にあなたと論じたいと思って居ましたところを, F. が魁げてしまったのです。そういう譯ですから, (もしそうして下されば) 私共兩方にとって隨分と嬉しいことをして下さる (二人ともを喜ばせて下さる) ことになりましょう。ヘルウェティイ人らは彼の突然の到着に動搖して, 彼ら自身は二十日かかっても爲し遂げるのが極めて難かしかったこと (idquod), 即ち河を渡るということを, 彼 (Caesar) はたった一日で遂行したというのを聞いて (cum intellegerent), 使節を Caesar の許に送った.

23. B. §367.

hās litterās (hanc epistulam) lege. quae sunt haec animālia? leōnēs illī sōlī oboediēbant (dictō audientēs erant). aliī in campīs spatiābantur, aliī in fluviō natābant. egō nūllīus causā cum nūllō pugnāre (certāre) volō (nēmō の gen. abl. は殆んど

使用されず *dat.* も尠い)．　　sine ūllā causā tōtō diē īrāscitur. neuter vestrum falleris. ūnī ē duōbus hunc librum dabō. cīvitās nostra duōbus mīlibus passuum ā flūmine aberat. moenia illa ingentia (magna, grandia) vīgintī pedēs alta et octingentā mīlia passuum longa erant.

24.　A.　§383.

　君の怠惰さには（私は）厭になる（倦々する）．こうして陣中ことごとく，みな寢ていた（一般的にいう言い方）．何となれば僭主と一緒の生活と，友人との生活とは違ったものである（違うように生活される）．すでに私がもう此處から立ち去る時刻である．正しい事をなすということは，萬人にとって大切なことである．お前が生きてようと死のうと，私には何の關りもない．それを知らなかったというのは（いっても）君にとり何にもならない（何の重要性もない）．人はみな自分の運命を悔いるものである．ユーピテルに許されていること（でもみな）は牛に許されてはいない（人により爲てよいことと，惡いこととある．古諺. Iovī は Jūpiter の *dat.* bovī と rime している)．何となれば彼について記録を傳えた人々の間で一致した意見は（constat の内容句が下の不定法句），惡德においてもまた美德においても，彼に（比較の從格）卓越するものは何もなかった，ということである．生を嘆ずるというのは私の好むところではない，また私の一生（生きてきたということ）を私は後悔しないのである．というのは，わずらい（病氣，心配）の襲うところの人を，また（その同じ人を）恐怖が（*acc.* ＝ 主語）襲うということは必然である necesse est＋不定法句)．何となれば恐怖というのは，即ち將來のわずらいの（を）いろいろ心配して待ち設けることに外ならないのだ．ガイウス・ブルートゥスは祖國を自由にしようとして（することにおいて）殺された．もし汝が私の泣くことを欲するなら（泣かそうと思うなら），まず第一に汝自身が（*dat. auctoris*）悲しまねばならない．彼はまた（idem＝et is）節制で情ふかく，また驚嘆すべ

問 題 解 答　　　　331

きほどまで忍耐ぶかく,機會を利用するに賢く,軍事に熟練し,とりわけ托された祕密をよく守り,(人の言を)聽くのに熱心であった."今こそ飲むべきとき,今こそ自由な足で大地を踏みならす(踊りの拍子をとる)べき時である.""げにも時は移りゆき,日月も年も過ぎ去ってゆく,そして過ぎ去った時は決して還らず,さらに何が次に來るかを知り得ない.(されば)各人に與えられただけの生存の期間 (quod temporis), それでもって人は (quisque) 滿足すべきである.""私が多數のゲルマニ人をガリアへ連れ込んだという點については,それを私はガリアを攻撃する爲ではなく,自己を防衞するため (causā 略)に爲しているのである."この合戰がすんでから (*abl. abs.*) カエサルはアラル河に橋を作るよう配慮した(作らせた),そしてさらにこうして軍隊を渡(河)させた.

24. B. §384.

tōtā nocte pluit (pluvit). opportuit tē id statim fēcisse. vōs linguīs favēre (tacēre) decet. herī (per-)multum ninxit. tunc tibi quoque exīre licēbit. paenitēbit (eum) aliquandō ⟨suae⟩ temeritiae (eius). praestat morī quam indignē (indigniter) vīvere. amīcī sublevandī causā librōs vendidit. quōcircā (eam ob rem *etc.*) lībertātī perfectae defendendae opera nōbīs danda est. virtūs prīmum vōbīs colenda est ad beātē vīvendum.

25. A. §398.

彼はもっと多くの力を持っている.彼は溫厚さにおいて他に優っていた,そして彼より何人も(天性の)すぐれた生れの者はなかった."さらに (quid=moreover) また賢明な者ほど平らかな心で死に,愚かな者ほど安らかならぬ心で死ぬというなら(理由句に近い),遠くまでよけいに目が利く魂 (animus is) は(目が利くから)自分がより優れたところへ赴くのを見る一方,(その人の)眼が鈍い人間はそれを見ぬ,というように君らは考えないだろうか."より大きなことを許されている人が(大なる權能を有する者が),より小さな

事柄を許されぬという筈はない（より小なる權能をさし止めらるべきではない）．この大多數の人々から惡評を被っている男を，三人の極めて權威ある歴史家が最大の賞讚をもって稱揚した．そのうちでもことに二人は特に口の惡い人間であるのに，何故かはしらぬが，彼を賞揚することについては見解を同じくしたのである．さればこのような人々の間における友情は，殆んど私の言い（現せぬ）えぬほどの大きな優點をいくつも持っているのである．その人と（quicum）すべてを自分自身と同じように話しあうことが出來るような，（そんな友）人を持つより樂しいことが何かあろうぞ．

25. B. §399.

quō citius, eō melius. quam diūtissimē istīc (ibi) dēversāre (dēversēris, manēbis). quālis pater, tālis fīlius. vulgō vectīgālia magis timēbantur quam tigrēs. habet (inest) plūs audāciae, (sed) prūdentiae minus (parum pr.). morī multō facilius est quam honestē vīvere. is (ille *etc.*) duōbus mēnsibus nātū māior est quam egō. nuntius miserrimam mātrem dē morte fīliae ēius certiōrem fēcit. dux eō magis vituperandus erat quod (anteā) dē adventū exercitūs hostium certior factus erat. sed maximum est in amīcitiā superiōrem parem esse īnferiōrī.

26. A. §410.

ローマ市民を捕縛するというのは大それた行爲（罪）である．これまでで友情について私がどう思っているかを（私は）言い得たと私は考える．"古いものはみな（古いものほど），ちょうど古さをもっているその酒のように，いっそう甘美であるべきだ，そして，世間でいう諺の，友情のつとめが滿たされるには，數升もの鹽を一緒に食わねばならぬ，というのは本當のことである．"（長い間一緒に食事をする，くらすことが必要．1 modius は約 4.7 升．）中立でいるということは，もう許されないだろう．"陪審官たちよ，私が死に送られようということについては，私にはよい事が起ろう，とい

う大なる希望が私を支配する."("ソクラテスの辯明"のラテン譯より.) それで溫厚なアエネーアースは, 慈ふかい光明が與えられる (朝になる)や否や, 出ていって新奇な土地を探って見ようと決心した, そして仲間の者らに詳しい報道をもたらそうと."詩神よ, 我に(くさぐさの)事由を敍べよ, いかなる神意が傷つけられた(神がなぜ恨みを抱いて)ため, あるいは神々の女王が何を心に含んで(怒って), これほど多くの災厄を轉じ, 敬虔の心顯著な人物にかくも多くの艱難を受けるように仕向けたかを(語れ)."

カエサルはこれらの種々な理由によってライン河を渡ることに決定した, しかし船で渡るということは, 十分に安全でないと考えもし, また自己の, 同時にローマ國の品位(にふさわしいもの)ではないと考え定めた.

26. B. §411.

trāditur Homērus caecus fuisse. ille mī pār esse deō vidētur. dīcitur Colombus Americam repperisse. ipse iubet tē mortis meminisse deus. eōdem tempore Aeduī Caesarem certiōrem faciunt (fēcērunt), sibi dēpopulātīs agrīs praeter agrī solum nihil esse reliquī. postrīdiē (posterō diē) eius diēī Caesar tōtum exercitum proficiscī iussit. animadvertimus eum ūnum ex omnibus trīstem capite dēmissō terram intuerī (B. G. 1. 32.).

27. A. §424.

C. は Dumnorix に見張り番をつけた. 彼が何を爲るか, 誰々と話しをするかを知り得んがために. 我々が人生から友情というものを根柢から除去すべきだというどんな理由があるか, そ(友情)のために何らかの不快事, わずらいを受けないようにと(目的, 否定). 法規は短くあるべきである, よく知らぬ人々から一層容易に守られんがために. それ故カトーの前にその人物さえも置かぬよう(優れりとせぬよう)氣をつけなさい, アポロー(神)が君のいうところに從えば最も賢い人だと判斷を下したその人(ソクラテスのこと)を

さえも．それどころか，いっそう餘計に非難をする（ための）いわば把手，いいがかり，機會を自分に與えてくれるように，できるだけ度々友人が過ちを犯すよう（ことを）願い求めるのが必然であろう（necesse est＋inf. の構成）．それ故に（かかるわけであるから）その君のいう苦痛，それを（我々が，nōbīs を補えば）友人のためにしばしば受けなければならぬその苦痛も，人生から友情を奪い去るほどの力はないこと（non tantum … non plus quam となる），ちょうど德というものが，いろいろな氣遣いやわずらいをもたらすという廉で却けらるべきでないのと同樣である．されば老いたる人人はこの幸運を樂しむことを許されている，また年齡も，その他のいろんな事への，とりわけ農耕への，關心，熱心を我々がもつのを妨げないのである．私は（ふだんから）聞いていた，P. は，我々が普遍的な神聖な理性から分れて出たところの魂をもっているということを決して疑わなかった，と．

私には本當の友情というものはもっと豐かなものだと考えられる，そして嚴重にけちけちと自分が貰った以上に返してやらぬよう見張っていたりせぬと．それでまた何かこぼれて出はせぬか，同等以上に何か餘分を友情へ（の枡目）盛り込みはせぬかなど心配すべきではない．

とうとう彼は僭主（Dionysius II.）に彼を出てゆかせてくれるよう賴み込んだ，もう自分は幸福でありたいとは欲しないからといって（言說內容なので，quod の理由句まで不定法句に變じた attraction である）．D. は，その人に對してつねに何かの恐怖がさし迫っているような人には何物も幸福ではない，ということを十分に宣明したとは見えないかね．

A. が言うには，'君が祖國の勝利を却けるからには，せめてこのこと，即ち敵のすぐ傍に陣營を張らないように忠告する（moneo nē … illud はそれを代表する内部目的語）．何故なら君の兵士たちの無節度からして，Lysander（スパルタ軍の大將）に，君らの軍隊を

擊退する機會が與えられる恐れがあるのだ.' (periculum est ne の構成. 危懼の句に屬する).

彼は, 國家にとって Marcus Brutus の軍隊が危険であると思うどころではなく, それに國家の最も堅固な護衞を見出した位であった.

船隊は風のために, 港へ着くことが出來ぬように妨げられていた (妨げられて, 港へ着くことができなかった).

私は, あなたに留まるよう命ずるのを殆んど控えることができない. それから, 我々が寝室に引き取ると, 私を旅行(の疲れ)と, 夜おそくまで起きていた爲とで (me…qui: 理由の關係代名詞句→接續法), いつもより固い深い眠りが把えました. その際スキーピオー・アーフリカーヌスよ, あなたは祖國に對しあなたの心の才能と思慮との輝き(卓越)を示さねばならない(であろう). まさに祖國のために現すべきである(將來その折に).

それが恥ずべきものだということを疑い得ぬものを (quae), 有用だという外觀に引きずられて是認するような人が多くある.

27. B. §425.

ut amēris, amābilis estō. nēmō tam difficilis (mōrōsus, sevērus) erat quīn haec audiendō (audiēns) illacrimāret. optō (ut) mihi respondeās (respōnsum dēs). nē oblīviscerētur saepenumerō nuntium rogāvit ut (sua) verba repeteret. verēbāmur nē iam profecta esset. quam ob rem placuit illīs ut ad eum lēgātum mitterent. poterit fierī ut ego fallar (未來のとき). fierī nōn potest quīn tu falsus sīs (errāveris). facere nōn potuī quīn ad tē quotīdiē (cottī-diē) scrīberem (litterās mitterem). cōnfēstim veniās ōrō.

28. A. §438.

彼が船から上陸すると, 全市の市民がみな彼一人をたずね求めて, また金製の花冠を公けに贈與した. こうして, 彼は國事について論

議が交わされるとか哲學の話が行われるとかいう集會に出た場合には，その話が落着するまでは（しないうちは）その場を立ち去らなかった．人は誰もみな自分が愛されてると覺るときには，そうするものです．何もかもみな吟味して，それが眞實なのを見出すまでは (until はまれ．as long as がふつう)，探究を怠らなかった．やさしい快樂が殘るであろう間は，生（この世）に留まることを意圖すべきである．（それから）何日もまだ經たないうちに，レオンティーノイ市から救援軍が到着した．君が，(人が, ideal 2 person) 親切に對して悪いしかえし（收穫）を得た場合には（得るというのは）つらいことである．彼がどこかの町へ到着すると，いつもその椅輿を寢室までもってゆかせるのが定りだった．いまやもうこの事（こうした事）をやろうと夜分に準備していた折しも，家々の主婦たちが突然みなの集っているところへ馳せつけ，涙と共に自分らや子供たちを敵軍の手に委ねないようにと懇願した．もしもっと暇ができたら，もっといろいろ書いて送ろう．行爲は，意圖が正しいのでなかったら，正しくはないであろう（正しいとはいえぬであろう）．私はまったく（それに）異議はないだろう，もし私自身が自信があったならば．しかし，あなたが友情の（に）言及なさったからには，それに我々はひまなのですから，もしあなたが友情についてどうお考えか，どんな指圖をお與えかお談（論議）し下さったら (disputaris=disputaveris)，私にとって大變うれしいこと，有り難いことでしょう．もし君が私に書いてよこさなかったら（完了接續法），推量さえも（疑念をおこしさえ）できない．

"おお女神よ，もし最初のおこりから繰りかえして述べようならば，たとえ我々の辛苦の年毎の記錄を聞く暇がお有りにしても，その前に夕方の星がオリュンポスを鎖して (*abl. abs.*) 太陽を沈めるでありましょう．" また全く立派な人々の死後にその榮譽が長く留ることもないであろう，もし彼ら自身の精神が（はたらいて…efficit ut …）我々がその追憶をいっそう永く保って行くように少しも

させないとしたなら．私としては決してそう信ぜしめられる（説得される）ことができなかった，人の精神が，可死の肉體の中にある間は生きていて，その體から出てゆくと死んでしまう，などとは．

28. B. §439.

dum haec loquimur, lūcēre coepit. Gracchus tamdiū laudābitur, dum (または quamdiū) memoria rērum Rōmānōrum manēbit. loquēbāmur dōnec vesperāvit (vesperāsceret). quotiēns (または cum) rosam vīderam, totiēns (tunc) incipere vēr arbitrābar. (illa) ut mē aspēxit, statim fugit. hostēs, ut prīmum nostrōs equitēs (equitātum) invēnērunt, impetum acriter in eōs faciunt (fēcērunt). saepe magna indolēs, priusquam reī pūblicae prōdesse potuit, extincta fuit (Cic. phil. 5. 47.). eī, cum patriā essent expulsī, ab Athēniēnsibus receptī sunt (Nepos. Ep. 6.)

29. A. §455.

もとよりあらゆる美徳は我々を自身へ誘ない寄せるが，しかも正義と自由寛容の徳は最もその力がつよい (id は'そうする作用'をさす). しかしながら (quamquam は *adv.*) よし青年にもせよ，自分が（にとり）夕方まで生きるであろうということが確實に解っている（と思う）ほど愚かな者があろうか．自分の考（ること）が，たとえ非常に立派なことでも，人の嫉視をおそれて（恐れのために；*abl. causae*) 敢て言いえぬような人も間々ある．たとえすべての人が（反對して）騒ぎ立てようと，私は自分の考を述べよう．たとえどんなに我々がそれらのストア學徒を攻撃しても，私は彼らのみが（眞の）哲人ではないかと恐れる．何となれば，種々な生命のない事物，たとえば官位とか榮職とか，建物とかいうものには喜びを感じながら，德を具えた生命あるもの，愛することも，または言ってみれば愛しかえすこともできるところの者には喜びをそんなに感ぜぬ，などいうことほど馬鹿らしいことがあろうか．何となれば，ま

た德を何か固陋な，あたかも鐵でできたものにしたがる人々（のいうこと）にも聽從すべきではない．それ（quae，德）こそは何事についてもそうだが，ことに友情においては柔和な，またさらに扱いやすいしなやかなものであって，友人の幸いにあっては，いわば擴散し，その不幸にあっては收縮するといった具合のものである．M. は，彼が出かけた時と同數の船舶を率いてアテーナイへ歸って來た．D. が答えるには，Sequani 族は彼らのみが (soli) かげでさえも苦情をあえて言うことができず，その場に居ない A. の殘酷さを，まるでそこに眼前に彼が居るかのように恐れおののくという，このことが，他の種族の（運命）以上にみじめな Sequani の運命である，といった．その人と君が (ideal 2 person) あらゆることを君自身と同樣にあえて語りえるような人 (eum-quōcum) を持つのにまさって樂しいことがあろうか．どうしてまた幸福な場合でも，それ（幸福な事態）を汝自身と同樣に喜んでくれるような人を持たなかったら，その事をそんなに樂しむこと (frūctus) ができようか．

29. B. §456.

crās etsī pluet, proficīscar.　prōmīsērunt sē postrīdiē profectūrōs (esse) etsī multum plueret.　crās sī tempestās serēna erit, spatiātum rūs eāmus.　hortātus est mē ut postrīdiē sī tempestās serēna esset×, proficīscerēmur.　rogāvit mē num vellem postrīdiē rūs īre, sī serēna esset× tempestās (× は futūra esset でも).　dīxit (illa) sē prīdiē (herī) profectūram fuisse, sī serēna fuisset tempestās.　neque dubitābam quīn postrīdiē profectūrī essētis quamvīs quantum (multum) pluisset.　mentīta negāvit (sē) unquam tē vīdisse proinde āc sī ipsa eō locō (ibi) adfuisset.　erat eādem sententiā āc tū.

30. §457.

ガリア戰記，1. 31.

彼らに代って D. が語るよう．Aeduī 族はそれらの度々の合戰

と損害のためうちのめされて，以前はガリアでも自分らの武勇とローマ國からの（との）友交によって一番に勢力があったのであるが，将來人質を返してくれと要求せぬこと，また長く彼ら（Sequānī 族をさす）の指揮と主權の下にあることを（quominus）拒まないであろう（ということ）を，宣誓によって國家に義務を負わせるよう強制された（自瀋に義務を負わせざるを得なかった）.

　二三年のうちに（ローマ人は）みなガリアの境域から追い出されるであろう，またその上にゲルマニ人がみなライン河を渡ってくるようになろう（と言った）.

■岩波オンデマンドブックス■

ラテン語入門

1952年10月25日	第 1 刷発行
1993年 9 月10日	第40刷発行
2016年 5 月10日	オンデマンド版発行

著者　呉　茂一
　　　くれ　しげいち

発行者　岡本　厚

発行所　株式会社 岩波書店
　　　　〒101-8002　東京都千代田区一ツ橋 2-5-5
　　　　電話案内　03-5210-4000
　　　　http://www.iwanami.co.jp/

印刷／製本・法令印刷

© 呉忠士 2016
ISBN 978-4-00-730411-8　　Printed in Japan